# 미디어글쓰기 원리와 실전

미디어글쓰기 원리와 실전

**초판1쇄 인쇄** | 2013년 6월 24일
**초판1쇄 발행** | 2013년 6월 28일

**지은이** | 구교태
**펴낸이** | 신일희
**펴낸곳** | 계명대학교출판부
**출판등록** | 1970. 9. 1 (신고번호 제 347-1998-1호)

**주소** | 대구광역시 달서구 달구벌대로 1095
**전화** | 053) 580-6233 · **FAX** 053) 580-6235
**홈페이지** | www.kmupress.com

**값** 12,000원
ISBN 978-89-7585-636-5 93700


※본 연구는 2012년도 계명대학교 비사연구기금으로 이루어졌음.

# 미디어글쓰기 원리와 실전

구 교 태

계명대학교 출판부

# 서문

미디어글쓰기의 중요성이 커지고 있다. 영상시대가 도래하면서 약화되리란 예측을 뒤집는 결과이다. 미디어 빅뱅 현상으로 과잉된 정보를 담아내야 할 필요성과 복잡한 삶 속에서 논리적, 합리적 판단과 표현의 중요성이 커지면서 나타난 결과이다. 본 저서는 이러한 사회적 기대와 요구를 고려하여 학자적 입장에서 미디어글쓰기 관련 다양한 논의들을 정리하고 분석한 내용들을 다루고 있다.

미디어 이용자들은 스트레이트 뉴스로부터 다양한 피처(feature)기사 보도에 이르기까지 여러 포맷의 글들을 소비하고 있다. 미디어글쓰기가 사회적으로 주목받는 데는 소통 중심적인 글의 형태와 구성 때문이다. 오랜 저널리즘 활동을 통해 미디어글쓰기가 복잡한 사건이나 이슈를 효과적으로 전달할 수 있는 수단이라 평가받을 만큼 미디어글쓰기는 많은 노하우들을 축적하고 있다. 정보 형태에 따른 글의 구성과 효과적인 리드(lead) 작성 유형들이 대표적인 예라 할 수 있다.

목적과 기능에 맞게 뉴스 형식도 유연하게 변화되어 왔다. 특정 인물에 대한 심층 정보를 생생하게 전달할 수 있는 수단으로 인터뷰 기사가 있는가 하면, 이슈나 사건을 깊이 있게 진단, 평가, 제안하는 기획기사도 개발되어

왔다. 미디어글쓰기가 창의적인 작업이라 할지라도 특정 절차와 기교에 대한 학습이 필요한 이유이다.

미디어글쓰기를 잘하기 위해서는 체계적으로 개선된 다양한 글쓰기 형태와 유형들을 익히는 노력이 필요하다. 미디어를 통해 매개되는 글은 사적 글쓰기와 달리 대중에게 공개되고, 노출될 때 의미가 발생한다. 그래서 아무리 좋은 글이라 할지라도 사람들에게 읽히지 않는다면 무의미한 작업일 수 있다. 이러한 문제를 해결하기 위해 가장 경제적인 방식으로 글쓰기 방식이 발전되어 온 것이다. 글쓰기 방식의 진화를 통해 글은 역사를 움직이고, 문화 변화 혹은 창조의 동인이 되기도 하였으며, 많은 사람들에게 오락적 흥미와 감동을 던져주기도 하였다. 이것이 미디어 글의 힘과 능력이다.

글쓰기 능력을 높이면 자신의 경쟁력도 커진다. 인력을 채용할 때 언론 관련 기업뿐만 아니라 거의 모든 기관에서 글쓰기 능력을 평가하는 추세이다. 취업 스펙하면 떠오르는 것이 적절한 어학점수, 학점, 수상 및 실무경험 등을 꼽는다. 그러다 보니 정작 오랜 시간 투자해야만 효과를 볼 수 있는 글쓰기를 소홀히 한다. 물론 글쓰기 지침서가 부족한 것도 이러한 인식 형성에 한 몫 하였을 것이다.

필자는 평소 미디어글쓰기를 강의하면서 글쓰기 관련 국내외 저서들 중에서 학문적 접근과 실무적 논의를 함께한 서적이 부족하다는 생각을 가졌었다. 언론사 기자로 취업한 제자가 글쓰기에 대한 어려움을 호소하며 책 추천을 요청했을 때도 빠른 판단을 내리기가 쉽지 않았다. 일선 기자들의 글쓰기가 기본기가 약한 학생들에게는 넘어야 할 벽처럼 보이기도 하였고, 학문적 접근은 실무와의 접점을 찾는데 어려움이 있었다.

미디어글쓰기는 지속적으로 변하고 있다. 특히 매체가 바뀔 때마다 그 특성에 맞는 새로운 방식으로 변신해왔다. 본 저서는 미디어글쓰기의 변화를 쫓기보다 지켜야할 기본적인 원칙들은 무엇인가를 집중적으로 살펴보고자 하였다. 이를 위해 기존 글쓰기 관련 이론적 논의뿐만 아니라 주요 원칙들을 기준으로 실제 기사들을 분석하고 설명하는 작업을 시도하였다.

새로운 미디어글쓰기 책을 집필하면서 미디어글쓰기를 공부하는 사람들에게 또 하나의 고민거리를 던져놓을 수 있다는 불안감도 있었다. 그러나 글쓰기부터 편집에 대한 기초적 개념들을 이들에게 알려주고자 하는 욕심에서 출발된 책으로 이해해주길 부탁한다.

본 저서 집필에는 대학원 재학시절 신문사에서 일한 경험과 저널리즘 공부를 하면서 일선 기자들과 대화를 통해 습득한 노하우들이 많은 영감을 주었다. 또한, 학교 홍보 일을 하면서 언론에 대한 새로운 이해도 미디어글쓰기 집필에 도움이 되었다. 이 저서가 언론인의 길을 가고자 하는 이들에게 작은 힘이 되길 소망한다.

2013년 6월 계명 동산에서

구교태

# 차례

Chapter 01

# 글쓰기의 이해

01

# 글쓰기의 **이해**

## 제1절 글의 종류와 특성

커뮤니케이션(communication)은 의미전달(delivery), 공유[1], 존재 등의 의미를 내포하고 있다. 의미전달은 화자가 상징적 기호들을 동원하여 목표가 되는 대상에게 메시지를 전달하는 것을 말하며, 공유는 커뮤니케이션 참여자간 의미 공유를 지칭한다. 존재는 커뮤니케이션을 실존적인 측면에서 바라본 관점이다. 커뮤니케이션 활동을 통해 대상의 존재를 인식할 수 있다는 것이다. 마치 우리가 뉴스를 통해 특정 연예인이나 정치인의 존재를 아는 것과 같다.

글은 커뮤니케이션의 중요한 수단이다. 커뮤니케이션 특징 중 하나는 사람들 사이의 메시지 교환 행위가 정확한 의미(meaning) 전달을 뜻하는 것은

1) 커뮤니케이션(communication)의 어원은 라틴어인 커뮤니스(communis)에서 나왔다고 한다. Communis는 공유 혹은 일반적으로 수용된 관점(the generally accepted view) 등을 의미한다.

아니라는 점이다.[2] 그래서 글도 의미 전달과 효과적 공유를 위해 오랜 시간에 걸쳐 다양한 장르로 변화해 왔다. 글의 역할과 기능을 따져 김열규(2010)는 글을 묘사, 서사, 설명, 그리고 논증으로 나눈다. 묘사는 사물이나 객체 그 자체의 모습이나 인상을 세세히 글로 옮겨놓는 것을 말한다. 서사는 역사서나 소설처럼 사건의 줄거리를 글로 옮겨놓은 것이고, 설명은 사물이며 객체의 속성이나 특성들을 알기 쉽게 글로 옮겨놓은 것이다. 영어의 'argument'에 해당하는 논증은 자기의 주장을 논리적으로 펼쳐 글을 접하는 사람이 글쓴이의 주장을 받아들이도록 만드는 글을 의미한다.

황성근(2005)은 글을 크게 실용문과 문예문으로 구분하고 있다. 실용문은 일상생활을 하면서 실제로 필요한 글을 의미하며, 묘사문, 서사문, 설명문, 논문 등이 해당된다. 문예문은 문학적·예술적인 글로서, 시와 소설, 희곡, 수필, 평론 등이 해당된다. 문예문은 감동을 주는 것이 주된 목표이기에 재미있게 써야 한다. 반면 실용문은 사실이나 정보 전달에 주안점이 있으므로, 가능한 짧고 명료하게 써야 한다.

실용문 유형별로 기술하는 방식도 다소의 차이는 있다. 묘사는 기술하고자하는 대상을 문자 언어로 그려내는 방식을 따른다. 글쓴이는 구체적이고 감각적으로 작성하여야 한다. 이때 추상적인 것을 최소화해야 한다. 세부적으로는 설명적인 묘사와 암시적 묘사가 있고 주관적인 묘사와 객관적인 묘사가 있다. 설명적 묘사는 사물에 대한 정보를 제공하는 목적이 강한 반면 암시적 묘사는 사물의 느낌이나 인상에 대한 정보를 담아내는데 치중한다. 주관적 묘사는 사물에 대한 주관적 관찰에 대한 글쓴이의 심리적인 반응을

2) 개인적 해독 자원들(resources)이 다르기 때문에 동일한 메시지도 다르게 해석될 수 있음을 말한다. 커뮤니케이션은 상징적 기호가 전달(transmission)된 후 의미가 해독(decoding)되는 순차적이고 역동적인 과정을 가진다.

표현하지만 객관적인 묘사는 사물의 객관적인 상태를 서술하는 것을 의미한다.[3] 서사는 사건에 대한 기술을 의미한다. 하나의 사건이 발생하게 되면 그 사건의 발달과 전개, 결말에 대해 기술하는 것이 서사이다.

설명은 어떠한 사실에 대한 지식을 알려주는 역할을 한다. 어떤 제품에 대한 특징이나 사용에 대한 정보를 담은 글이 이에 해당된다. 논증은 확실하지 않은 사실이나 원칙에 대해 진실여부를 증명하는 기술방식을 말한다. 논증의 방식은 연구 논문에서 흔히 볼 수 있다.

미디어글쓰기의 경우, 묘사는 탐방 관련 글이나 인물인터뷰 등에서 그리고 서사는 사건 사고의 스트레이트 기사에서 자주 사용된다. 스트레이트 기사가 서사적 성격을 가진다면 글의 내용은 역사가의 진술과도 유사한 방식으로 정확하고 객관적으로 전개되어야 할 것이다. 예를 들어, '매우 크다' 라는 표현은 막연한 부분이 있어 '키 190㎝' 라는 구체적 사실로서 전달되어야 한다. 한편 설명은 생활정보 글에서 사용되고 논증은 사설이나 칼럼 등에서 자주 등장한다. 미디어글쓰기는 글의 묘사, 서사, 설명, 논증 방식을 모두 취하고 있다. 미디어글쓰기를 잘하면 다양한 글쓰기에 능숙하게 되는 이유가 여기에 있다.

미디어글쓰기를 수행하는 기자와 문예문을 작성하는 작가는 글의 내용과 형식 등에서 많은 차이를 보여 준다. 기사에서는 문체가 중요치 않지만, 문학에서는 중요한 요소이다. 기사는 서술이나 설명을 잘해야 하지만 문학에선 상대적으로 묘사를 잘해야 한다. 문장도 기사에서는 단문이 권장되지만 문학작품은 단문을 고집하지 않는다. 작가들은 클라이맥스를 가급적 지

---

3) 설명적 묘사와 객관적 묘사는 객관적인 글쓰기가 강조되는 미디어글쓰기에서 많이 활용되는 방식이다. 정확한 정보를 과학적으로 전달하는 기법을 강조하며 전달 동기에 의해 작성된 글이라 할 수 있다.

연시키는 편이지만 기자는 빨리 드러내야 한다. 수많은 기사들과 경쟁해야 하는 기자는 독자의 관심을 초기에 끌 수 있는 글을 작성해야 한다. 독자의 관심을 끌 수 없는 글은 정보 시장에서 밀려날 수 밖에 없다.

**표 1-1. 글쓰기 유형별 특성**

| | 기자적 글쓰기 | 작가적 글쓰기 |
|---|---|---|
| 글의 성격 | 사실성, 빠름의 미학 | 상상력, 느림의 미학 |
| 글의 스타일 | 단문 | 단문과 장문 |
| 글의 구조 | 두괄식 | 미괄식 |
| 글의 특징 | 서술적, 의문을 주면 안 된다. | 묘사적, 호기심을 부른다(복선). |
| 글의 문체 | 건조체(문체에 신경 안 씀) | 수사적(문체가 중요함) |
| 글의 목표 | 정확하고 신속한 전달 | 재미와 감동 선사 |
| 글의 내용 | 욕망의 글쓰기(비평, 주장) | 영혼의 글쓰기(감동, 울림) |
| 글의 시각 | 비판적인 시각 | 감성적인 시각 |

출처 : 임정섭(2012). 글쓰기훈련소, p.62.

글을 잘 쓰려면 무엇보다 많이 쓰는 게 중요하다. 유능한 의사가 되기 위한 필요조건은 충분한 임상경험이듯, 유능한 기자가 되기 위해서는 기사와 문장을 많이 접하고 직접 만들어 봐야 한다. 글을 많이 쓰려면 시간이 날 때마다, 펜과 연필 혹은 컴퓨터가 보일 때마다 적는 습관이 중요하다. 글 쓰는 게 재미있다면 독서도 즐거울 수 있다. 다른 사람의 글을 읽다 보면 글 쓰는 방법도 저절로 터득할 것이다. 책을 읽다보면 그 문장들이 자연스럽게 자신의 것이 될 것이다. 물론 이것은 짧은 시간 내에 이뤄지지는 않는다. 그래서 글쓰기엔 인내가 필요하다. 자신의 글쓰기 흔적들을 저장하는 것도 중요하다. 훌륭한 참고서가 될 수 있다.

거창하게 글을 시작하기보다 밖으로 나가 자연이나 사물의 모습을 글로 옮겨보는 것도 좋은 글쓰기 훈련이다. 이때 자신의 생각이나 느낌을 자제하고 사실이 정확하게 드러나게 쓰는 것부터 시작하자. 정확하고 자세하게 보는 연습도 글쓰기 향상에 도움이 된다. 모습, 색깔, 움직임, 소리 등을 그림 그리듯 원고지에 담아내는 과정도 중요하다. 다음의 〈조선일보〉 기사는 존 라이스 GE 부회장을 인터뷰한 기자가 인터뷰 질문에 앞서 현장을 얼마나 세밀하게 관찰하였는지를 잘 보여주고 있다. 이를 통해 독자들은 생생한 느낌으로 인터뷰 현장을 바라볼 수 있고, 그에 대한 이해도 높일 수 있다.

> … 인터뷰를 하는 동안 책상 한쪽 구석에 낯익은 용기가 눈에 띄었다. 한국산(産) 홍삼 농축액이었다. 그는 비밀을 들켜 버렸다는 쑥스러운 표정을 지으며 "몇 년 전부터 친구가 권해 준 한국 홍삼을 먹고 있다"고 말했다. 그의 건강 유지 비결은 한국산 홍삼과 세계 어디로 가든 메일 새벽5시에 하는 아침 운동이다. … [4]

글쓰기에 관심 있다면 자신 만의 관찰 기록을 만들어 볼 수 있다. 우리의 감각을 최대한 활용하여 다음과 같이 캠퍼스 풍경을 옮겨보자. 바라보는 시선을 날카롭게 하는데 도움이 되는 훈련이다. 객관적, 설명적 묘사를 통해 외부 사실을 전달하는데 유용한 방법이다.

> 두 학생이 걸어가고 있다. 한 친구가 옷깃을 세우고 환한 미소로 '목련 꽃 정말 예쁘다' 라 말한다. 다른 친구의 찡그렸던

---

4) 조선일보, 2013년 3월 23일, C4면. " '15분 만에 짐싸는 사나이' … 1년에 40개國 출장, 건강 유지 비결은 홍삼" 이라는 제목의 인터뷰 기사.

얼굴도 꽃을 보자 금세 밝아졌다.

미디어글쓰기에서 세밀한 묘사는 정보의 치장이 아니라 기사의 핵심과 연결되어야 한다. 묘사 기법이 '말하지 말고 보여주기(Do not tell but show)' 역할과 조화를 이룰 때 독자는 현장을 체험하듯 생생함을 느낄 수 있다. 힘들게 살면서 많은 돈을 사회에 기부한 사람을 소개하는 기사에서 독자가 '구멍 난 바지에 오른쪽 어깨를 일곱 번이나 기운 외투를 입고 나타난 노신사'를 언급하는 문장을 접했다고 가정해 보자. 묘사된 내용을 통해 독자는 소개된 기부 행위에 많은 감동을 받고 숙연해질 가능성이 높다.

창의적 글쓰기를 위해 아이디어나 개념들을 독창적 방법으로 결합하는 훈련도 도움이 된다. 특정 이슈나 대상에 대해 직유나 은유를 사용하여 여러 개념들을 표현하고 모아보면 관련 지식도 넓히고 언어 자원도 풍부해질 것이다. 예를 들어 표절 관련 피처 기사를 작성하는 경우 자신의 생각을 정리하기 위해 아래 빈칸을 채울 수 있는 문구들을 다양하게 적어보자. 이러한 과정을 통해 표절과 관련된 메시지를 작성할 수 있다. 이러한 과정을 반목하다 보면, 제시된 개념을 새로운 시각으로 다양하게 바라보는 방식을 향상시킬 수 있다. 매우 다양한 창의적이고 기발한 대답들을 만날 수 있으며, 이슈에 대한 폭넓은 시각을 가질 수 있다.

____은 ______와 같다.

__________이기(하기) 때문이다.

그러므로 ________________.

다음은 위의 방법을 활용하여 '미디어 글쓰기' 과목을 수강하는 학생들이 표절에 대해 진술한 예들이다. 주어진 개념에 대한 힌트를 얻어 자신의 상상력을 확장해 볼 수 있는 훈련이 될 수 있다. 주장된 진술들에 대해 몇 가지 정보들을 추가적으로 검색, 수집한다면 좋은 글이 될 수 있다.

> · 표절은 절도와 같다. 타인의 아이디어를 훔치는 행위이기 때문이다. 그러므로 아이디어 도난을 막을 기술적, 제도적 장치가 필요하다.
> · 표절은 죽음과 같다. 창작활동을 멈추도록 만들기 때문이다. 그러므로 표절금지는 지켜야 할 중요한 규칙이다.
> · 표절은 마약과 같다. 중독성이 있기 때문이다. 그러므로 시도하지 않으려는 자신의 의지가 중요하다.

논증의 틀을 가진 논리적 글쓰기의 방법으로 김열규(2010)는 (1)옳은 판단, (2)옳은 주장(명제), (3)곧은 논리의 3대 원칙을 주장하고 있다. 여기서 옳은 판단은 다루고자 하는 사건이나 현상에 대한 글쓴이의 올바른 판단을 말한다. '어떠한 당내 경선 방법이 민주적일까?', '무상급식을 어디까지 확대하는 것이 바람직한가?' 등과 같은 물음에 대해 객관적 판단을 내려야 할 때가 있다. 옳은 주장을 제시하기에 앞서 스스로 묻고 답하는 철저한 판단 과정은 매우 중요하다.

자신의 판단을 세운 저자는 이를 다른 사람들에게 납득할 만한 논리적 주장들을 세워나가야 한다. 글쓴이가 내세우는 주장은 명제가 된다. 논증적인 글을 작성하는 사람은 세 가지 요소를 절차적으로 고려하면서 글을 구성하여야 한다. 먼저 자신의 주장(명제)을 제시한다. 그리고 반박할 다른 사람의 주장이나 생각의 문제점을 지적한다. 그런 다음 자신의 명제가 옳음을 논리적으로 증명한다.

정확한 주장처럼 보이지만 비논리적인 사례들을 주변에서도 쉽게 찾아볼 수 있다. 예를 들어 '대통령 선거의 결과를 예측하는 것은 절대 불가능하다' 라는 문장은 의문을 유발시킨다. '예측하는 것' 과 '절대' 불가능하다는 말은 스스로 모순적인 주장이다. 더구나 사회과학적 접근법이 발전하면서 다양한 예측 모델들이 개발되었고 이를 통해 개표방송까지 이뤄지는 시대에 살고 있지 않는가. 절대 불가능하다는 극단적 표현보다 '예측하기 대단히 어렵다' 는 진술이 적합할 것이다. 또한 '우리나라가 급속히 발전하게 된 가장 큰 원동력은 교육열이다' 라는 문장도 비논리적인 표현이다. 중요한 요인일 수 있지만 '가장 큰' 이라고 판정할 수는 없기 때문이다. '가장 큰 원동력 중 하나는' 이라는 표현을 써도 '가장' 과 '원동력 중' 이 내포하고 있는 여럿이라는 의미와 충돌하는 모양새다.

설득적인 주장의 기초가 되는 명제(proposition)는 대개 'A는 B이다' 식으로 진술된다. 명제가 명확하게 진술될수록 글의 힘이 전달된다. '경선에서 소속 당원들의 의견을 담아내는 것이 민주적이다' 와 '경선에서 오픈 프라이머리 방식을 따르는 것이 민주적이다' 라는 진술을 비교해보자. 당원들의 의견을 모으는 과정이 어떠하든 당원들의 다양한 생각을 존중하고 이를 반영하는 노력은 분명 민주적 과정이라 생각될 여지가 높다. 그러나 제기된 두 번째 명제의 경우, 우리의 정치가 정당 정치인 점을 고려하면 일반 국민들까지 당내 경선에 참여하는 것이 바람직한지에 대해서는 논란의 여지가 있다.

제기된 명제들 모두가 중요할 수 있지만 이것들이 저자가 최종 목표로 하는 주장과 맞닿아 있지 않으면 무용지물일 것이다. 따라서 주장된 각 진술들을 연결하는 논리가 필요한 것이다. 논리적 구성의 대표적 예라 할 수 있는 아리스토텔레스(Aristotle)의 삼단논법을 생각해보자.

> 명제 A : 인간은 죽는다.
>
> 명제 B : 홍길동은 인간이다.
>
> 명제 C : 홍길동은 죽는다.

위의 세 가지 명제는 각자 그 자체로 명확하다. 제기된 각 명제들은 인간 홍길동이 인간이기에 죽을 수밖에 없음을 말하기 위한 것이다. 앞서 예시된 '경선에서 소속 당원들의 의견을 담아내는 것이 민주적이다' 라는 사례를 위의 삼단논법에 적용해보자.

> 명제 A : 현대 민주정치를 위해 정당은 필수적이다.
>
> 명제 B : 당원들의 의견으로 정당은 존재한다.
>
> 명제 C : 민주주의를 위해 정당 구성원의 의견은 무엇보다 중요하다.

삼단논법을 통해 오픈 프라이머리 방식을 반대하는 입장을 정당 조직의 관점에서 논리적으로 펼 수 있다. 정당 정치의 중요성을 강조하면서 오픈 프라이머리 방식을 반대하는 논리를 세운 것이다. 이러한 과정을 통해 당내 경선에서 오픈 프라이머리 방식을 도입하는 것을 지지 혹은 반대하는 입장에서 논증하는 방식을 연습하고 다른 사람과 의견을 교환한다면 글의 설득력을 키우는데 도움이 될 것이다.

## 제2절
## 미디어글쓰기의 이해

미디어글쓰기는 매체를 통해 매개되는 정보를 담아내는 방식을 다룬다. 미디어라는 전제가 있기에 매체별 특성에 따라 글쓰기 형태도 변할 수 있다. 예를 들어 방송용 글은 신문보다 호흡이 짧고 더 구어체이어야 한다. 하지만 미디어글쓰기의 보편적인 특징들도 존재한다.

먼저 미디어 글은 매체를 통해 일반인들에게 공개된다는 특성을 가진다. 매체는 온오프라인에 걸쳐 다양하고도 지속적으로 변화하지만 공중에게 공개되어 있다는 일관된 특성을 가진다. 그래서 기자는 작성한 글에 대해 반론 가능성이 있는지를 늘 염두에 두어야 한다. 그래서 자료 수집을 철저히 하고 체계적이고 객관적인 방식으로 글을 전개하여야 한다.

둘째, 미디어 글은 공개되기에 공적인 형태를 유지하여야 한다. 개인의 비밀스런 내용이 아니기에 모두가 이해할 수 있는 방식의 내용이 필요하다. 사적 관심보다 공적 관심을 쫓아 주제를 설정해야 하고 보편적 언어를 사용하여 메시지를 구성해야 한다.

셋째, 미디어글쓰기는 작성된 글이 많은 사람들에게 노출된다는 점에서 글에 대한 책임이 따른다. 취재 활동에서부터 기자의 윤리가 요구되며, 기자와 언론사는 보도된 내용에 대해 책임을 져야 한다. 잘못된 뉴스가 공개될 경우 이로 인한 물적, 정신적 피해는 상상을 초월할 수 있다. 제품에 대한 그릇된 정보로 회사가 문을 닫을 수도 있으며, 개인 명예가 실추되어 사회 활동을 수행하기 어려운 상황으로 내몰릴 수도 있다.

미디어글쓰기는 개인적 글쓰기 역량뿐만 아니라 외부적 환경에 의해서도 영향을 받는다. 언론보도에 영향을 미치는 요인들로는 내·외적인 여러 요인들이 있다. 구체적으로는 개인적 차원, 언론기관의 관행적 차원, 언론사 내의 조직 차원, 언론 외적 차원, 이데올로기 차원으로 분류된다(Shoemaker & Reese, 1996).

개인적 차원에서 언론보도에 영향을 미치는 요인으로는 기자의 성격과 배경, 경험, 태도, 가치관, 신념 등을 들 수 있다. 이것들이 보도내용에 직접적인 영향을 주지는 않지만, 기자들의 직업적 태도와 역할에 영향을 주어 내용에도 관여할 수 있다.

언론기관의 관행은 기자들이 업무를 수행하는데 있어 형식적이고 일상적이며 반복되는 일과 형태를 말한다(Shoemaker & Chang & Brendlinger, 1987). 관행은 제한된 시간과 공간 안에서 가장 만족스러운 뉴스를 가장 효과적으로 소비자에게 전달하려는 언론의 필요성에서 비롯되었다. 언론사는 뉴스 제작을 위해 효과적으로 정보를 수집하고 이를 평가할 수 있는 체계화된 관행을 만들어 왔다. 언론기관의 관행은 기자 개인의 성향과 같은 개인적 차원 그리고 언론사 상황이나 정치·경제적인 요인 등이 복합적으로 연결되어 형성된 것이다. 기자들의 고질적인 보도 관행으로 지적되는 것은 출입처와 기자단의 구성, 관급기사에 의존하는 취재형태, 양비론적 보도태도 등이 대표적이다.

언론사 조직도 중요한 요인이다. 언론기관이 뉴스내용에 미치는 영향은 개인적 차원과 언론기관의 관행적 차원보다 훨씬 거시적이다. 대부분의 언론 조직이 추구하는 가장 중요한 목표는 경제적 이윤이다. 최근 많은 언론사들이 경제적인 압력에 직면하고 있다는 점이 보도 내용 결정에 영향력을 미칠 수 있다. 조직의 내적 주요 요인으로는 언론사의 규모, 언론사주의 정치적 성향, 언론 조직의 목표, 언론의 소유형태 등이 있다.

미디어글쓰기 활동에 영향을 미치는 언론 외적 영향으로는 정보원과 광고주, 정부와 기업 등의 사회기관, 경제적인 환경 등을 들 수 있다. 정보를 제공하는 취재원이나 이익단체와 같은 사회집단이 언론 활동을 통제하는 사회적 통제 요인이기도 하다. 또한 정치권력이 자기의 권력을 유지, 발전시키기 위해 행사하는 정부적 차원의 통제가 있을 수 있다. 이는 법적 규제, 면허, 세금, 재정적인 지원 등을 통한 통제로 구체화된다. 나아가 언론기업은 재정적 또는 경제적 지원을 주는 조직으로부터 도움을 받기도하지만 이들에 의해 통제되기도 한다. 언론 내용이 광고주와 수용자에 의해 직·간접적으로 영향을 받는다는 연구결과들이 있다(Altschull, 1984). 특히, 광고수입은 기업의 존폐와도 관련되기에, 큰 광고주일수록 더 큰 위력을 행사할 가능성이 높다.

마지막으로 이데올로기도 차원도 언론보도 내용에 상당한 영향을 미치는 주요 요인이다. 이데올로기는 의미와 가치, 신념, 그리고 세계관 또는 계급관으로 추상화될 수 있는 비교적 공식적이며, 분명한 체계로서 규정된다(Williams, 1977). 이데올로기는 언론 내용에 영향을 주는 다른 요인들을 모두 포함하는 가장 거시적인 것으로 이해될 필요가 있다. 즉 이데올로기는 언론인들의 태도와 신념, 언론 관행, 언론 조직, 정보원 등 외적 요인들보다 언론 내용에 가장 포괄적인 영향을 가지고 있다.

## 1. 미디어글쓰기 형식과 표현

미디어글쓰기의 기본 형식은 '역삼각' 혹은 '역피라미드(inverted pyramid)' 형태이다.[6] 이 형식은 미국 AP통신이 처음 개발한 것으로 알려져 있다.[7] 첫머리에 기사의 가장 중요한 리드를 먼저 제시한 다음, 이를 뒷받침

할 수 있는 상세한 내용들을 본문에 배치하는 형태이다. 이러한 글쓰기 방식을 활용하면 독자는 정보 이해도를 높이고 기사의 정보 중요성도 쉽게 파악할 수 있다. 뿐만 아니라 신문 편집 작업도 용이하다. 지면이 허락되지 않는 경우 뒷부분부터 삭제하여도 큰 무리가 없기 때문이다.

피라미드형 기사 작성은 시간 순으로 글을 진행하는 형태를 말한다. 어떤 사건의 발단에서부터 시간적 혹은 논리적 순서로 차례로 서술하다가 마지막에 결론을 제시하는 방식이다. 이러한 글쓰기 방식은 피처(feature) 기사에 많이 사용되며, 독자의 관심을 지속적으로 끌 수 있다는 장점을 가지고 있다. 마지막으로 혼합형은 앞서 언급된 두 방식을 혼합한 형태로서 리드가 제시되고 시간 순서대로 나머지를 서술하는 방식을 말한다. 이는 역피라미드형과 피라미드형의 장점을 고루 갖추고 있다는 평가를 받고 있다.

**그림 1-1.** 기사 구성에 따른 기본형태

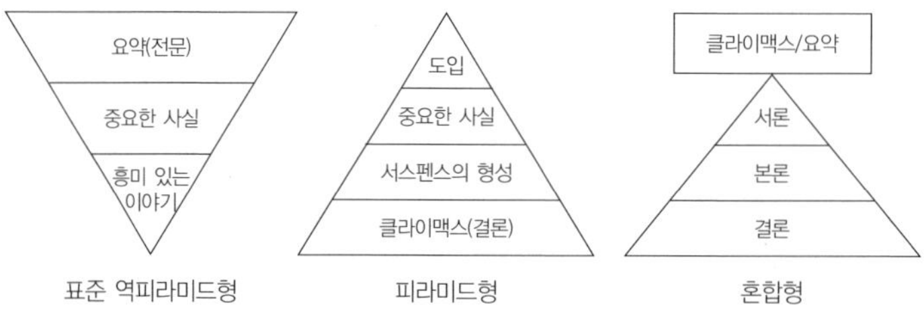


---

6) 역피라미드 구조는 글의 순서가 '요약 리드(summary lead)' – '뒷받침(backup) 내용(인용, 사실)' – '지지 주장(supporting points)' – '결말(ending)' 로 전개된다.

7) 대표적인 세계 통신사는 API, UPI, Reuters, AFP가 있다. 이들의 뉴스 생산이 서방 세계에 집중되어 유사한 뉴스 잣대를 가지고 정보흐름을 통제함으로써 세계 정보 질서를 해친다는 비판을 받고 있다. 특히 3세계에 대한 정보가 갈등 지향적이고 흥미 중심적 기사가 많아 왜곡된 세계상(world view)을 가질 수 있다는 문제점이 제기되었다. 이를 개선하기 위한 운동이 신국제정보질서(New World Information Order)이다.

미디어를 통해 글을 쓰는 사람은 다른 사람(전문가)의 이야기를 전하고자 노력하여야 한다. 이때 객관성을 확보하여 기사의 가치를 높이려는 노력이 중요하다. 특정 사안을 경험한 사람의 사례, 대안에 대한 전문가의 이야기 등에 초점을 맞춰야 한다. 주장은 가능하면 사설이나 칼럼에서 표현되어야 한다.

모든 사람이 만족할 만한 좋은 글을 쓰기는 어렵다. 기사를 작성할 때 단 한 사람의 독자를 머릿속에 그려두는 방법도 편한 자세를 유지하는 데 도움이 될 수 있다. 그 사람에게 이야기를 들려준다는 느낌으로 자신의 독특한 경험을 던져줄 필요가 있다. 문장 구성도 독자의 집중도를 높이고 수용할만한 논리적 구성을 통해 자연스런 흐름이 되도록 하여야 한다. 또한 공적인 글쓰기이기에 객관적이고 공정한 사실 중심의 보도가 필요하고, 글을 작성하는 사람은 마감시간을 지켜 독자에 대한 서비스에 소홀하지 말아야 한다. 언급된 내용들을 간략히 요약하면 다음과 같다.

- 사실과 주장을 분리하라.
- 장소와 시간을 밝혀라.
- 마감시간을 지켜라.
- 쉬운 전달을 위해 노력하라.
- 독창적인 자기 기사를 쓰라.
- 문장 전개 배열을 논리적으로 구성하라.
- 취재대상에 대한 정보를 구체적으로 밝히는 노력이 필요하다.
- 비판기사에는 당사자의 해명이 필수적이다.
- 간결한 기사 작성에 힘쓰라.

글쓰기의 주제는 독창적이어야 한다. 흔한 주제일 경우라도 새로운 각도에서 바라본다면 의미 있는 작업일 수 있다. 또한 큰 기사를 선호하기보다 직접 경험하고 취재하여 주변 이야기를 기사화하는 것도 바람직하다. 이런 측면에서 기자는 평소 폭 넓은 경험이 필요하다. 경험한 것일수록 생동감 넘치는 표현에 도움이 된다.

미디어 글을 읽는 사람들에게 신당동 000번지라는 표현보다 계명대학교 건너편이라는 표현이 쉽게 전달될 것이다. 널리 알려진 지명을 이용하는 것도 독자에게 편한 인상을 줄 수 있다. 뉴스 발생 장소가 사람들에게 잘 알려진 곳이 아니라면 과거 의미 있는 행사가 있었는지를 살펴보는 것도 바람직하다. 예를 들어 “영국 여왕이 방문한 적이 있던 00호텔에서 화재가 발생했습니다.”라고 한다면 독자는 그 장소를 더욱 친숙하게 생각할 수 있다.

문장 전개 배열을 구성할 때는 누구의 입장에서 기사화할 것인가를 헤아려야 한다. 정보원을 밝힐 때, 홍길동이라는 표현보다 학생 홍길동이 보다 신뢰성 있는 정보이다. 비판기사의 경우 정보는 균형 있게 전달되어야 정보의 신뢰성은 커지고, 반론은 줄어든다.

미디어글쓰기를 할 때, 유의해야 할 사항들은 4C(concise, correct, clear, concrete)로 정리될 수 있다.

### 1) 간결성(concise)

문장이 간결하면 내용을 올바로 이해하기 쉽다. 또한 주목도를 높여 문장에 힘이 실린다. 사람들이 긴급한 상황을 만났을 때 짧고 간결하게 말하는 것을 생각해볼 일이다. 다양한 분야에 관련된 복잡한 상황들을 전달할 때는 모든 사람들이 이해할 수 있도록 간단명료하게 작성하여야 한다. 간결성을 유지하기 위해 문장 구조는 복문, 중문보다 단문이 바람직하다. [8)]

문장뿐만 아니라 기사의 간결성을 위해서는 여러 개의 사례를 동일하게 나열하기보다 가장 중요한 것만 취하도록 노력하는 것도 도움이 된다. 주어진 공간에 담아내야 할 기사의 내용을 선별하는 작업을 한다면 보다 간결한 기사를 만들 수 있다. 예를 들어, 원고지 4매 분량의 기사가 필요하다면 8매 분량의 기사를 작성하고 이 가운데 핵심적인 내용을 선별한다면 보다 간결한 기사를 만들 수 있다.

간결한 문장을 위해서는 의미의 중복이 있는지[9], 한 문장 안에 반복된 단어가 있는지도 살펴봐야 한다. '각 회사마다' 라는 말은 '각' 과 '마다' 가 의미상 중복이다. '각' 과 '별' 도 중복이기에 '각 회사는' 또는 '회사마다' 가 적합하다. 또한, '한 시간당' 보다 '시간당' 으로 쓰는 것이 바람직하다.

'그는 후보 사퇴한 날 그 무렵부터 이후 크게 달라졌다' 라는 문장은 특정한 시기인 '후보 사퇴한 날' 이 제시되었기에 '그' 가 불필요하다. 또한, '무렵부터' 는 '이후' 와 중복되고 있다. '그는 후보 사퇴한 날 이후 크게 달라졌다' 와 같이 써야 한다. '우리부터 먼저 나가자' 라는 문장도 '부터' 가 '먼저' 의 뜻을 내포하고 있다. '우리 먼저 나가자' 혹은 '먼저' 를 생략하여야 한다.

'대학기능 가운데 가장 중요한 기능은 학문 연구의 기능이다' 에서는 '기능' 이라는 단어가 세 번이나 반복되고 있다. 미디어글쓰기에서는 '미리

---

8) 단문은 주절 구성이 한 번인 문장을 말한다. 복문은 두 절 가운데 한 쪽이 종속절인 문장을 의미한다. 중문은 등위 접속사(그리고, 또는, 그러나 등)로 문장이 연결되어 두 절이 서로 대등하게 결합된 문장을 말한다.

9) '늙은 노파, 따듯한 온정의 손길, 차가운 한파가 밀려와, 스스로 자각하여, 서로 상의하여, 남은 여생을' 등은 의미가 중복된 대표적인 예라 할 수 있다. 우리말과 한자어를 혼합하여 사용하면서 중복적인 의미를 간과한 경우에 해당된다.

미리 알아서', '너무너무 아름다운' 과 같이 되풀이 된 단어들을 사용하는 것도 바람직하지 않다.

영어 번역 형태(of를 직역한 모양새)와 일제의 잔재로 관형격 조사 '의' 를 부적절하게 사용하는 경우도 문장의 군더더기를 더해주는 요인이다. '대부분의 학생' 은 '학생 대부분' 으로, '한국의 축구 선수들의 신체의 특성' 은 '한국 축구 선수들의 신체 특성' 으로 수정하는 것이 바람직하다. 문장에서 '~의' 를 생략해도 별다른 의미 변화가 없다면 과감히 생략하여야 한다.

2) 정확성(correct)

저널리즘이 추구하는 중요한 가치 중의 하나는 진실성이다. 미디어의 글은 공개되는 특성을 가지기에 정확한 사실 전달은 무엇보다 중요하다. 부정확한 내용이나 허위 사실을 보도하여 언론의 신뢰도를 떨어뜨리는 우(愚)를 삼가야 할 것이다. 보도자료에 의존하여 기사를 쓰는 경우 미화하거나 과장하려는 사람이나 기관에 이용당할 가능성이 있기에 특히 주의하여야 한다.

정치적 영역에서도 홍보 활동은 강화되는 추세이다. 정치에서는 미디어를 활용하여 여론에 영향을 미치려는 홍보 전문가를 '스핀닥터(spin doctor)' 라 칭하고 있다. 중립적 취재 의지가 있다면, 기자는 보도자료를 직접 확인하고 검증하는 절차를 거쳐야 한다. 사건이나 현상을 정확하게 보도하고자 한다면 객관적이고 공정한 취재를 통해 보도해야 한다는 것이다. 또한 주관적 감정이나 판단이 개입되지 않도록 중도적 입장에서 다양한 측면을 다루어야 한다. 선거방송 토론을 지켜본 기자가 'A후보가 B후보를 압도했다' 라고 말하기보다 전문가의 시각을 통해 토론 평을 하는 것이 중립적으로 비춰질 수 있다.

3)명확성(clear)

명확성은 문장의 앞뒤 또는 전체 흐름에서 애매한 해석이 나올 가능성을 최대한 줄이는 방식으로 기사를 작성하라는 것이다. 부적절한 단어나 비문으로 인해 독이성(readability)이 떨어지거나 상충된 내용이 있어 문맥이 모호한 경우 명확성은 떨어질 수 있다. 예를 들어, '대통령이 물건을 가르쳤다' 의 경우 '가르쳤다' 는 '가리켰다' 로 수정하는 것이 옳은 표현이다.

독자들이 내용을 왜곡하는 일이 없도록 문법에 맞는 올바른 문장과 어휘가 사용되어야 한다. 정확한 표현을 위해서는 표준어 사용도 중요하다(〈부록〉의 주의할 표현을 참조할 것).[10] 물론 표준어도 변화한다. 따라서 가장 잘 소통될 수 있는 언어라는 말이 맞을 수도 있다. 의미전달에 가장 적합하고 보편적인 표현을 선택하는 노력이 중요한 것이다. 예를 들어 '먹거리' 의 표준어는 '먹을거리' 지만 잘 사용되지 않고 의미전달 효과도 반감되는 경우가 많다.[11] 이처럼 미디어 언어는 현실과 소통하는 측면이 강하다.

여러 가지로 해석될 가능성이 있는 단어인 경우 반드시 그에 대한 설명을 붙여야 한다. 그렇지 않은 표현은 다양한 해석을 초래할 수 있어 메시지

---

10) 표준어가 두 개인 단어도 있다. '소고기' 와 '쇠고기', '가여운' 과 '가엾은', '깨트리다' 와 '깨뜨리다', '넘어트리다' 와 '넘어뜨리다' 등이 이에 해당된다. 저속하거나 규범에 어긋나는 말과 외래어적 표현을 우리말로 정화시키는 노력도 있다. '연료통/연료탱크', '왕래가 빈번한/왕래가 잦은' 등과 같이 순화 대상 용어와 순화한 용어를 모두 쓸 수 있는 경우도 있지만 순화된 용어만 쓰는 것이 바람직한 단어도 있다. 예를 들어, '벌금(과태료)에 처하다' 라는 표현은 '벌금(과태료)을 물리다' 라는 표현을 따르는 것이 좋다.

11) '먹을거리 문화' 는 어색하며 '먹거리 문화' 가 더 친숙하다. '동자개' 의 강원도 방언이었던 '빠가사리' 가 더 보편적으로 사용되고 있다. 국어사전에 따르면 '손주' 는 표준어가 아니다. 아들의 아들 또는 딸의 아들을 이르는 표준어는 '손자' 라 한다. 그러나 사람들은 '손자' 와 '손녀' 를 칭하는 '손주' 를 즐겨 사용한다. 특히, 아이의 성별을 모를 때나 뱃속의 아이를 말할 때는 손주가 널리 사용되고 있다.

가 왜곡될 가능성이 있기 때문이다. 예를 들어 '키가 작다' 라는 표현보다는 '155cm' 라 하는 것이 더욱 명확한 표현이다.

법정 단위도 사람들의 이해를 돕는 방향으로 적절히 사용되어야 한다. 외국에서 사용되는 야드(yard)가 미터(m)대신 사용되는가 하면, 배럴이나 온스 등이 리터나 그램을 대체하기도 한다. 집의 넓이를 말하는 평(坪)은 보편적으로 사용되고는 있지만 더욱 정확한 표현을 위해서는 제곱미터를 사용하는 것이 바람직하다. 미국 골프에서 거리를 야드로 표현하는 경우가 있더라도 이를 국내에서 보도할 경우 뉴스 이용자를 배려하여 국내에서 표준화된 단위를 사용하는 것이 바람직하다. 금을 지칭하기 위한 '온스' 나 '돈' , 석유와 관련된 '배럴' 등을 그램(g)이나 리터(ℓ)로 환산하거나 병기하는 것이 이해에 도움이 된다.

언론사는 보도 방식에 대한 자신들만의 규정집을 발간해 내부용으로 차별적으로 활용하기도 한다. 조선일보는 '1시쯤' 이라고 쓰고, 동아일보는 '1시경' , 연합뉴스는 '1시께' 등으로 표기한다.

명확성을 증대시키기 위해서는 앞서 언급된 간결한 문장들 위주의 기사작성이 절대적으로 필요하다. 불필요하게 중복된 단어들이 등장한다면 독자의 이해력을 떨어뜨릴 수 있다. 나아가 최대한 쉬운 단어를 사용할 때 의미의 전달력도 증대되어 내용이 명확해진다. 어려운 외래어, 한자어, 전문용어, 행정용어들도 글의 의미를 흐릴 수 있다. 이러한 원칙을 생각한다면 '여론이 비등하자' 나 '합격자 전원' 과 같은 단어들은 '여론이 들끓자' 와 '합격자 모두' 로 수정될 수 있다.

문장 구조에 따라 명확성의 정도도 변할 수 있다. 특히 꾸미는 말과 꾸밈받는 말이 가까이 있어야 의미해석이 쉽다. 긴 문장일수록 이러한 원칙을 지켜 문장에 대한 이해력을 높여야 한다. 아래 제시된 문장의 경우, '밝혔다'

와 '청와대' 가 너무 멀리 떨어져 있어 의미전달이 약화되었다. 물론 두 문장으로 재정리하는 것은 더욱 바람직해 보인다. 첫 번째 문장은 '공정위에 대한 조사 확대를 준비 중이라는 청와대 발표' 이며, 두 번째 문장은 이러한 발표가 나오게 된 배경을 설명하는 문장으로 구성하면 될 것이다.

> 청와대는 공정거래위원회가 신용카드 약관의 불공정 규정이 있음을 알고도 해결하려는 의지가 없었다는 여론이 있자 이에 대한 조사 확대를 준비 중이라고 10일 밝혔다.

문장의 기본 골격은 주어와 서술어다. 주어와 서술어가 조화를 이루지 못해 의미가 불명확한 문장들도 있다. '이 노래는 홍길동이 부른 노래다' 라는 말은 설명의 대상인 주어가 서술어에 반복되면서 첫말과 끝말이 조화되지 못하고 있다. '이 노래는 홍길동이 불렀다' 혹은 '이건 홍길동이 부른 노래다' 가 적절한 표현이다. '그의 아이디어는 나에게 충격이었다' 도 주어와 서술어가 조화되지 못한 경우이다. 아이디어는 충격의 원인을 내포하기에 '충격을 주었다' 가 올바른 표현이다.

4) 구체성(concrete)

뉴스를 다루는 기자는 자신의 글쓰기가 하나의 완결된 구조로 마무리되도록 힘써야 한다. 기사를 접한 독자가 궁금하거나 추가적으로 알고 싶은 것이 없도록 정보를 구체적으로 전달하여야 한다. 핵심이 빠진 추상적인 내용은 독자에게 궁금증만 키우는 결과를 초래할 수 있다. 다루는 사건에 대한 구체적인 세부사실을 상세하게 전달하여야 독자들의 불필요한 추가적 정보 탐색을 막을 수 있다.[12)] 취재 대상을 세밀하게 다룰 수 있도록 삼각법

(triangulation)[13] 접근을 숙고하여야 한다.

어떠한 대상을 구체적으로 진술하다보면 문장의 리듬감을 놓치는 경우도 있다. 구체성에 대한 노력이 장황하고 진부한 문장을 만드는 요인이 되지 않도록 주의하여야 한다. 대다수 기사는 문예문이 아니기에 독자가 읽을 맛을 느끼기가 어렵다. 그러나 문장 표현에 이뤄진 조그만 변화가 글의 분위기를 사뭇 다르게 만든다. 예를 들어 '홍길동은 성실하고 근면하고 열정적이고 도전적이다' 라는 문장은 '~고' 를 반복하여 단조로운 느낌을 준다. '홍길동은 성실하고 근면할 뿐만 아니라 열정적이고 도전적이다' 혹은 '홍길동은 성실하고 근면한 데다 열정적이고 도전적이기까지 하다' 로 수정한다면 표현의 리듬감이 살아날 수 있다.

문장을 모아 하나의 중심 생각을 드러내는데, 이는 단락 혹은 문단(paragraph)을 통해 이뤄진다. 단락은 글의 주제에 대한 하위 개념과 관련되어 있으며, 들여쓰기를 통해 구분된다. 단락의 구조는 글의 주제와 관련된 소주제(topics)와 여러 개의 뒷받침 문장들로 구성된다. 뒷받침 문장은 소주제를 부연, 논증, 예증 등을 통해 중심 생각을 구체화하는 문장들이다. 단락의 구성 요건으로 박규홍·신재기·윤정헌(2008)은 명료성, 통일성, 일관성, 연속성을 강조한다.

---

12) 자기소개서에서도 추상적인 내용의 글이 흔하다. "인맥이 넓다" 라는 표현보다 "나는 휴대폰에 천 명의 번호를 저장하고 있다" 는 표현이 구체적이다. 구체적 내용의 서술은 추상적 글보다 읽는 이의 흥미를 끌 수 있다.

13) 이 용어는 과학철학자인 캠벨(D. T. Campbell)에 의해 만들어졌다. 현상에 대한 이해는 여러 요인에 의해 확증될 때 불확실성이 감소하고 신뢰성은 높아진다는 의미로 사용된다. 특히, 사회과학 현상을 조사할 때는 하나 이상의 접근법을 고려할 필요가 있으며, 이를 통해 실체에 대한 이해도를 증대시킬 수 있다.

명료성은 단락에서 하나의 중심 생각만이 표현되어야 함을 말하는 것이다. 이는 중심 생각이 표현되고 명확하게 드러나야 한다는 주장이다. 통일성은 하나의 주제아래 내용이 집중될 수 있도록 주제와 일치되는 재료를 선택함을 말한다. 일관성은 각 문장들이 소주제를 정점으로 질서 있게 배열된 상태를 말한다. 각 문장이 시간적 혹은 공간적 순서로 배열되거나 논리적으로 전개되어야 일광성이 확보된다. 마지막으로 연속성은 문장과 문장 연결이 자연스럽게 이뤄져야 함을 의미한다. 이를 위해 적절한 접속사를 사용하거나 앞의 단어나 핵심 개념을 언급하면서 글을 전개하는 방법도 고려될 수 있다.

단락은 소주제문과 뒷받침 문장이 어떻게 구성되느냐에 따라 두괄식, 양괄식, 미괄식, 중괄식으로 구분될 수 있다. 두괄식은 글의 첫머리에 단락의 핵심을 놓고, 그 뒤에 그것을 풀이하거나 합리화하는 요소들을 나열하는 형태이다. 이른바 역피라미드 형식의 짜임새라 할 수 있다. 양괄식은 소주제문, 뒷받침 문장, 소주제문의 형태로 글이 전개된 것을 말한다. 여기서 주의할 점은 마지막 소주제문이 처음의 소주제문과 내용은 일치하되 표현 형식은 달라야 한다는 점이다. 내용이 다르다면 주제 파악이 혼란스러울 수 있고, 표현이 다르지 않다면 중언부언하는 글이 될 수 있다.

미괄식은 두괄식과 반대되는 형식으로서 앞부분에서 소주제문을 이끌어낼 수 있는 구체적인 서술이 이뤄진다. 글 솜씨가 있어 미괄식을 사용한다면 소주제문을 점층적으로 이끌어내는 효과를 발휘할 수 있다. 일반적으로 미괄식은 두괄식이나 양괄식을 익힌 다음에 도전하는 것이 바람직하다(김병호, 2006).

마지막으로 중괄식은 뒷받침 문장, 소주제문, 뒷받침 문장의 형태를 말한다. 중괄식은 소주제가 단락 중간에 묻혀있어, 글의 핵심을 파악하기 어렵다는 단점이 있다. 독자의 관심이 단락의 첫머리와 끝 부분임을 감안하면 되도록 삼가는 것이 좋다.

## 2. 미디어 글의 표현 규칙

사람들의 언어는 사회적 수준에서 결정되기도 한다. 어떠한 집단이나 계층에서 보편화된 용어들이 있다. 언론인들도 관행적으로 자신들만 사용하는 독특한 언어체계를 가지고 있다.[14)]

기자들은 사건이나 현상을 설명하기 위한 새로운 용어들도 만들어 낸다. 이러한 신생 용어들은 여러 매체를 통해 확대 재생산된다. 신세대, 주폭, 종북 등이 대표적인 예라 할 수 있다. 특정 사건이나 이슈를 표현하기 위한 나름의 시도이다. 그러나 이러한 과정에서 사회에 미칠 영향력을 생각하면 언론인은 신중하여야 한다. 2013년 초 건설업자가 불법 제작한 동영상 관련 사건보도에서 사용된 '성접대' 란 단어를 살펴보자. 이 단어는 성을 상품화하고 여성 차별적인 의미를 담고 있어 부정적 사회인식을 초래할 여지가 높다. 특히 아이들의 사회적 인식에 미칠 부정적 영향력을 생각하면 과연 적합한 용어인지를 고민할 필요가 있다.

---

14) 대부분 일본말이라 문제점이 없는 것은 아니다. 자신이 맡은 취재지역 및 기관을 일컫어 '나와바리' 라 부른다. 남의 기사를 바탕으로 기사를 재편집하거나 그대로 베끼는 경우를 가리켜 '우라까이' 라는 용어를 쓰기도 한다. 첫 보도를 한 언론사의 이름을 뺀 '우라까이(배껴 쓰기)' 는 보도 윤리적인 문제를 안고 있다. 경찰서를 도는 사회부 사건담당 기자를 '사스마와리' 라는 말을 사용하기도 한다. '사스' 는 경찰의 찰(察)을 의미하고 '마와리' 는 돌 회(廻)를 일컫는 일본말이다. 미디어글쓰기에서 가장 보편화된 말은 '야마' 일 것이다. 이 말은 우리말로 요지나 핵심을 의미한다. 즉 사건의 핵심이 되는 내용으로 기사의 주제를 뜻한다.

선택되는 단어도 유행처럼 변한다. 쉬운 한자어들만 살아남는 걸 보면 언어의 역사성을 쉽게 떠올릴 수 있다. 90년대 세계화로 영어에 대한 관심이 높아갈 때 기업들도 앞을 다투어 영문으로 된 기업 이미지를 추구하였다. 사회를 반영하는 언론도 예외가 아니었다. 경제뉴스에서 기업을 지칭할 때 KT, KB, POSCO, LG 등의 영문 이니셜이 등장하기 시작하였다.

기존에도 국제기구나 단체, 정치인의 이름을 대신한 영문 이니셜 사용이 빈번하였다. 아시아·태평양경제협력체(APEC)나 석유수출구기구(OPEC)를 기사의 뒤에서 다시 언급할 때 'APEC' 이나 'OPEC' 으로 사용하였다. 이들은 '에이펙' 과 '오펙' 등으로 국어사전에 올라와 있지만 언론보도에서 잘 사용되지는 않고 있다. 결국 언론이 언어사용을 결정하는 방식은 국민의 언어사용과도 관계될 수 있기에 유의할 필요가 있다. 예를 들어 유엔아동기금(UNICEF)는 영문 이니셜로 뒤에서 다시 표시하기도 하지만 '유니세프' 로 표기하는 예도 있기 때문이다. '국제연합(UN)' 의 경우 'UN' 이 아닌 '유엔' 으로 'NATO' 가 '나토' 로 사용되고 실생활에서 사용되는 경우가 흔함을 알 수 있다.

또한 정치인에게 붙여진 영문 이니셜은 권위주의적 정치 문화적 영향력을 보여주기도 한다. 상대를 선망의 대상으로 추종하면서 관행처럼 사용한 JP, YS, DJ, MB 등은 지칭된 인물을 과장 혹은 왜곡하는 효과도 발휘하였다. 모호한 표현보다는 차라리 실명을 거론하는 것이 바람직하다.[15] 쉽고 간결하되 명확한 방향으로 사용되어야 한다는 것이다. 물론 실명 후 다시 언급될 때는 성과 더불어 직위나 직책을 사용하면 된다.

---

15) 박근혜 대통령은 자신을 영어 약칭인 'GH(근혜)' 또는 'PP(President Park: 박 대통령)' 대신 한글 본명으로 불러줄 것을 언론사에 요청하였다.

미디어글쓰기의 공적 특성을 고려한다면 무분별한 외래어 표기보다 우리말로 순화된 단어를 선택하는 것도 중요하다. 예를 들어 '알레르기'는 '거부 반응' 혹은 '과민 반응'으로, '플래카드(placard)'는 '현수막(懸垂幕)'으로 순화되어 사용되고 있다.

우리가 흔히 사용하는 조사도 관심 있게 살펴볼 필요가 있다. 조사 '은'은 술어를 강조하는 반면 '이'는 주어를 드러내는 기능을 하는 것이 대표적인 예이다. 만약 어떠한 정책을 발표하는 주체보다 무엇을 어떻게 하느냐가 기자의 관심이라면 "박 시장이 도시발전계획을 밝히겠다고 말했다"라는 표현보다 '박 시장은'이 자연스런 표현이다. 추운 날 꽃이 피는 경우는 꽃에 대한 사람의 관심과 놀라움이 묻어나도록 적어야 한다. 이때 '꽃은 피었다'보다 '꽃이 피었다'가 더 적절해 보인다.

또한, '은/는'은 이미 알려져 있는 정보에 사용되지만, '이/가'는 새로운 정보를 나타낼 때 쓰인다. "대구는 섬유도시다"는 표현은 '대구로 말할 것 같으면' 정도의 뜻을 가지고 있다. "대구가 섬유도시다"라는 의미는 '섬유도시는 다른 도시보다 대구라는 것'을 강조하고 있다.

〈신문과방송〉의 '바른말 옳은 기사'에서 이경우 기자(2006.6)는 '또한'과 '역시'라는 의미의 보조사 네 가지를 소개하고 있다. 이들은 '도, 조차, 마저, 까지'인데 '도'는 가장 다양한 의미를 가지고 있다. '도'는 강조를 나타내거나 예상보다 많거나 적음 혹은 양보를 나타내기도 한다. 부정문에 사용될 경우 강한 부정을 뜻하기도 한다. 이들 의미들을 보여주는 예문들은 다음과 같다. "나에게 글쓰기는 아직도 숙제다.", "한 문장 쓰는데 5분도 더 걸렸다.", "기대치를 낮추어도 좋다.", "한번 만난 적도 없다." 이밖에도 '도'는 "나무도 꽃도 시들어 간다."처럼 여러 사실을 열거할 때도 사용된다.

'조차'는 예상치 못한 일이 발생한 경우 사용된다. "주가가 금융권조차 크게 떨어졌다."의 사례가 이에 해당된다. '도' 도 유사한 의미를 가진다. 특히 명령형이나 청유형에서는 '조차' 가 어색하고 '도' 가 바람직하다. "지역에 대기업도 유치하자" 에서 '도' 보다 '조차' 가 자연스럽다. '마저' 도 '조차' 와 의미는 비슷하지만 기대되는 일이나 무엇에 포함되지 않기를 바라는 경우에 사용된다. 남은 마지막을 뜻하기도 한다. 이러한 의미로 사용되는 문장들은 "마지막 물량마저 거래되었다", "태풍은 강원도마저 할퀴고 지나갔다", "공공기업은 경영 안정을 위해 부동산마저 팔아야 했다." 등이 있다.

마지막으로 '조차' 와 비교되는 '까지' 는 주어 이외의 자리에서 잘 쓰인다. "박 회장은 노숙자에게 일자리까지 주었다."라는 문장에서 '까지' 는 기대하는 정도를 매우 지나쳤다는 의미로 사용된다. "내 선물까지 가져왔다" 와 "대학원까지 나왔다" 와 같이 사용된다. 또한 '부터' 와 짝을 이뤄 활용되기도 하고 어떤 정도에 미친다는 것을 말하기도 한다. "북미에서 남미까지", "소송은 대법원까지 갔다."의 경우가 이에 해당된다.

'한글 맞춤법' 에서 한자어를 읽고 적는데 적용되는 중요한 규칙은 두음법칙이다. 특정한 규칙에 따라 두음법칙을 적용하는 차이가 있을 수 있어 주의하여야 한다. 예를 들어 한자어가 다른 한자어 뒤에 오는 경우 본래 한자음대로 표기하지만 고유어나 외래어와 만나면 두음법칙이 적용된다. '투고란, 독자란' 과 '어린이난, 가십난, 스포츠난' 등이 이에 해당된다. 그리고 두 개 이상의 단어로 이루어진 단어를 줄였을 때 두 개 단어로 생각되지 않으면 한자의 본래 음을 적는 것이 원칙이다. 예를 들어 전국경제인연합회(全國經濟人聯合會)를 줄여 쓰면 전경련(全經聯)이 된다.

종결어미에 대한 규칙도 눈여겨 볼 필요가 있다. 명사가 '~에요' 와 만나면 '명사+이+에요' 가 되며 '이에요' 는 준말인 '예요' 로 변환될 수 있다. 명사 다음에 오는 이는 명사를 서술어로 만들어 주는 조사이다. 이때 받침 있는 명사일 때는 '이에요', 없으면 '예요' 가 자연스럽게 발음되고 그대로 적으면 된다. 예를 들어, 명사 '꽃' 다음에 '에오' 를 사용할 경우 '꽃+이에요' 로 표기되고, 명사 '커피' 다음에 '에오' 가 온다면 '커피+예요' 가 된다. 반면 동사나 형용사 다음 '~에요' 가 올 경우 그대로 '에요' 로 적고 발음하면 된다. 그래서 아니라는 뜻으로 말할 때 '아니에요' 라 적어야 옳은 표현이다.

마지막으로 띄어쓰기는 글쓰기에 임하는 사람들이 지켜야 할 중요한 규칙이다. 조사를 제외한 모든 단어는 띄어 쓰는 것이 원칙이다. 또한 품사가 다른 말은 반드시 띄어 쓴다. 바른 띄어쓰기를 위해서는 그 말이 한 개의 단어인지부터 알아야 한다. 그러나 문법이 어려운 것은 항상 예외가 너무나 많다는 데 있다. '새벽안개' 는 맞고 '아침안개' 는 틀린 표현이다. '빨간색' 은 맞고 '빨간줄' 은 띄어쓰기가 필요하다. '집 안, 식사 때, 얼마 전, 몸 안, 점심 전, 산 속, 시청 앞, 퇴근 후' 는 띄어 써야하지만, '품속, 눈앞, 아침때, 점심때, 저녁때, 이맘때, 저맘때, 기원전, 기원후' 는 붙여 써야 한다. '띄어쓰기' 는 단어이므로 붙여 쓰고 '붙여쓰다' 와 '띄어쓰다' 는 단어가 아니므로 띄어 쓴다.

어떤 일이나 현상이 일어날 때나 경우를 이르는 의존 명사 '시' 는 앞말과 띄어 적으므로, '방문 시' 와 같이 적는다. 다만 '유사시, 비상시, 평상시' 등과 같이 합성어로 인정된 경우도 있다. 이처럼 한 단어로 굳어져 사전에 수록된 단어는 붙여 쓰고, 사전에 등재되지 않은 단어는 띄어 쓰는 것이 옳은 표현이다. 결국 바른 띄어쓰기를 위해서는 사전을 찾아보는 노력이 무엇보다 중요하다. 다음은 국립국어원에서 소개하고 있는 띄어쓰기 규칙들이다.

- 조사는 붙여 쓴다. 예) 회사에서/회사에서부터/회사마저
- 의존 명사는 띄어 쓴다. 예) 아는 것이 힘이다. 지금 할 수 있다.

- 단위를 나타내는 명사는 띄어야 한다. 예) 한 개/차 한 대/개 한 마리
- 수를 적을 때 '만(萬)' 단위로 쓴다. 예) 십일억 이천삼백사십오만 육천칠백팔십구(11억 2345만 6789)
- 두 말을 이어 주거나 열거할 때 쓰이는 말들은 띄어 쓴다. 예) 교수 겸 사장/여자 대 남자/영어, 수학 등이 있다
- 보조 용언은 띄어 쓰는 것을 원칙으로 하되, 경우에 따라 붙여 쓸 수 있다. 예) 불이 꺼져 간다.(원칙)/불이 꺼져간다.(허용), 비가 올 듯하다.(원칙)/비가 올듯하다.(허용)
- 단음절 단어가 연이어 올 때는 붙여 쓸 수 있다. 예) 그때 그곳/좀더 큰 것/한잎 두잎
- 성과 이름, 성과 호 등은 붙이고, 이에 덧붙는 호칭어, 관직명 등은 띄어 쓴다. 예) 홍길동 씨/윤영주 선생/구민우 박사/충무공 이순신 장군/다만 성과 이름, 성과 호를 분명히 구분할 필요가 있을 경우에는 띄어 쓸 수 있다. 예) 황보준/황보 준
- 성명 이외의 고유 명사는 원칙적으로 단어별로 띄우나, 단위별로 띄어 쓸 수도 있다. 예) 한국 중학교(원칙)/한국중학교(허용), 대한 대학교 사범 대학(원칙)/한국대학교 사범대학(허용)
- 전문 용어는 단어별로 띄어 쓰는 것이 원칙이지만 붙여 쓸 수도 있다. 예) 대한 중학교(원칙)/대한중학교(허용), 장거리 탄도 유도탄(원칙)/장거리탄도유도탄(허용)

띄어쓰기에 따라 상이한 의미도 있다. '술 한잔'과 '술 한 잔'의 경우, 앞의 '한잔'은 술잔의 수를 엄밀히 따지지 않을 때 사용하지만, 뒤의 '한 잔'은 수의 개념을 명확히 드러낼 때 써야 한다. '한민족'은 우리 민족을 의미

하지만, '한 민족'은 여러 민족 중 '하나'를 뜻한다. 미디어글쓰기에 임하는 사람들은 효과적인 의미전달을 위해 평소 단어 관련 규칙들을 끊임없이 학습하여야 한다.

## 3. 언론인의 자질

기자의 주된 임무는 이슈나 사건에 관한 정보를 독자나 시청자들에게 전달하는 것이다. 정보전달이 일반인의 관점에서 이뤄지지 않을 경우 이를 간접적으로 접해야 하는 사람들의 이해를 방해할 수 있다. 그래서 독자들을 위해 이슈나 사건을 분석하고 설명하려는 철저한 노력이 필요하다.

언론인은 신문사의 경우 편집국에 소속되어 있으며, 방송국은 보도국에 편재되어 있다. 보도국은 보도국장, 부장, 취재기자 및 카메라기자로 구성되어 있다. 최근에는 영상편집 담당자의 역할도 커지고 있다. 신문사 편집국에는 〈표 1-2〉와 같은 다양한 직책들이 있다. 최근에는 편집국의 기능을 보완할 수 있는 별도의 기획위원, 편집위원, 전문위원 제도를 두는 곳도 있다. 편집국내 각 부서는 데스크를 맡는 부장, 차장, 일선기자로 구성된다.

뉴스를 다루는 기자에게 취재력과 문장력은 필수적 자질이다. 적절한 취재방법을 선택하여 필요한 정보를 수집하고 이를 효과적으로 표현하는 것이 가장 중요한 기자의 자질로 볼 수 있다. 그래서 기자의 능력을 평가할 때 무엇을 어떻게 다룰 것인가와 관련된 기획력은 소홀히 다뤄지는 경우가 많다.

학생 자살 관련 사건이 발생했을 때 해당 지역 언론은 그다지 주목하지 않았지만 전국적인 이슈로 만든 기자의 사례는 기획력이 얼마나 중요한지를 보여준다. 지역 신문이 침묵하고 있을 때 지역 주재 기자가 이를 이슈화

**표 1-2. 신문사 편집국 구성원**

| 직책 | 업무 |
|---|---|
| 주필 | 발행인으로부터 권리를 이양 받아 신문제작에 책임을 지는 신문사의 실무적 제작 책임자(논조와 편집방침 결정). 최근 편집방침과 편집업무를 편집국장이 담당하는 추세 |
| 편집국장 | 주필을 보좌하거나 독립적으로 뉴스의 취재, 기사작성 및 보도에 대한 책임을 지는 자(각 부장과 협업) |
| 취재기자 | 각 부에 소속되어 부장의 감독 하에 뉴스를 취재하는 기자(외근기자) |
| 편집기자 | 각 부서의 원고를 정리하여 뉴스가치와 순위 결정, 지면선택, 헤드라인 발췌 등의 업무 수행(내근기자) |
| 사진기자 | 보도사진을 활용하여 사건을 시각적으로 구성하는 사람 |
| 교열기자 | 교정본을 가지고 문법적 착오, 오자 등을 교열하는 사람 |

하여 전국으로 보도하였고, 학교 폭력문제에 대한 사회적 관심을 촉발시키는 계기를 만들었다. 뉴스가치에 대한 직감을 통해 관련 정보들을 신속하게 수집하여 보도한 것이다. 결국 뉴스 제작을 위한 기자의 기획력이 학교폭력문제에 대한 교육, 사법 관련 정책들을 변화시키는 계기를 만들었다.

기획력을 높이기 위해서는 창의적이고도 신속한 상황 판단이 필요하다. 특히 정보 홍수 시대에 상황 판단이 부족하다면 복잡한 상황을 파악하고 정보를 효과적으로 처리하는데 어려움을 겪는다. 그래서 기자는 직·간접적인 많은 경험을 통해 사건이나 이슈를 다양한 각도에서 바라보고 주요 항목별로 이슈화하는 노력이 필요하다. 또한 정보의 중요도 순위를 판단하면서 취재의 목표와 과정을 기획하면 도움이 된다. 나아가 현상을 뒤집어보는 등 다양한 면들을 관찰하려는 주도면밀함도 필요하다.

순간을 포착하는 능력도 기자가 갖추어야 할 자질이다. 동일한 현상을 보더라도 특종을 만드는 기자가 있다. 참배 행사에서 비를 맞는 국무총리를 포착하여 보도함으로써 국민의 마음을 흔들었던 보도를 생각해보자.[16] 비를 맞으며 취재하기를 원하는 기자가 얼마나 있을까? 행사소식을 단순히 전달하는 것이 대다수의 기자가 생각해볼 수 있는 뉴스이다. 그러나 수행원의 우산을 뿌리치고 비를 맞으며 참배하는 모습을 그냥 무심히 보지 않고 적절한 의미를 부여하기 시작하면서 특종을 만들었다. 따라서 기자는 주위 환경에 언제나 민감하게 대응할 수 있는 준비가 되어 있어야 한다. 이외수(2012)는 〈글쓰기의 공중부양〉에서 "사물을 대하는 감각이 둔감한 사람들은 언어에 대한 감각도 둔감할 수밖에 없다"고 진술하고 있다. 그래서 기자는 외부 현상들을 일상적이고 습관적으로 바라보는 것을 지양하고 예민한 감각으로 진실을 탐지하려고 노력하여야 한다.

언론인에겐 올바른 윤리관도 필요하다. 올바른 윤리관은 자기의 이익을 추구하기보다 공익적 측면을 추구하는 것이며, 그것의 법적·제도적 이해를 통해 언론 활동을 수행하는 것을 말한다. 과거 촌지 형태가 다양한 선물과 특혜로 바뀌었을 뿐 여전히 매체를 통해 실익을 얻고자 하는 여러 조직이나 개인들의 유혹이 존재한다. 바른 기자관이 없다면 공익보다 검은 손들의 나팔수 역할로 전락할 수 있다. 또한 특종 욕심으로 인해 법의 테두리를 벗어난 취재 활동을 한다면 타인의 인격을 훼손할 수도 있다.

좋은 미디어글쓰기를 위해서는 주위 사람들의 필요를 보는 능력도 중요하다. 잠시 걸음을 멈추고 주변 사람들의 필요와 요구가 무엇인지 귀 기울이는 자세를 말한다. 자신의 이익을 구하기보다 남의 유익은 무엇인지 고민해보아야 한다. 예를 들어 자동차 운전자는 대중교통을 이용하는 사람들의 불

---

16) 김황식 국무총리가 2011년 11월 연평도 포격 도발 1주년 추도식 때 우산을 쓰지 않고 장대비를 맞으며 눈물을 흘리는 모습이 기사화 되었다. 마음이 따뜻한 소통과 위안의 이미지를 얻게 된 보도였다는 평가를 받고 있다.

편을 지나칠 가능성이 높다. 기자는 일반인들에게 대중교통 이용의 문제점은 무엇이며 어떠한 방식으로 개선될 수 있는지 공익적 측면에서 헤아려보는 뉴스 취재 접근이 필요하다.

언론인이라면 마땅히 세상사에 대한 관심이 남달라야 한다. 특히 다른 이들의 고통에 동참할 수 있어야 한다. 언론인은 매체를 통해 자신의 영향력을 발휘할 수 있는 장점을 가지고 있다. 그 영향력은 매체에 소외된 사람들을 대변하고 공익을 위해 사용되어야 한다. 이를 위해 남의 이야기를 듣는 행위는 무엇보다 중요하다. 몸을 굽혀 대상의 눈높이에서 현상을 꿰뚫어보는 노력을 말한다.

올바른 글쓰기를 위해서는 넓은 시각을 가지고 현상을 직시하는 자세도 필요하다. 사건이나 현상들을 다양한 측면에서 관찰할 때 그에 대한 이해의 폭이 커질 수 있다. 섣부른 판단보다 다양한 사실들을 수집하려는 균형 있는 관찰자의 자세가 요구되는 이유이다.

또한 능력 있는 기자라면 마감시간에 맞춰 신속하고도 효율적으로 일할 수 있어야 한다. 이를 위해서는 정보에 대한 빠른 판단력이 필요하다. 정확한 보도를 위한 열정도 필요하고 스토리의 다양한 측면을 보려는 단호한 결단도 필요하다. 기자의 열정을 꺾으려는 다양한 시도들이 있기 때문이다. 홍보 전문가의 로비, 광고주의 압력, 권력기관의 개입 등이 대표적인 예라 할 수 있다.

기자들은 정보의 첨병이라 자부심도 크지만 지속적으로 지적 활동을 수행함으로써 받는 스트레스도 크다. 정신적 고갈을 보충할 수 있도록 끊임없이 자신을 재충전하여야 한다. 특히 사회 현상들이 너무나 빨리 변해가기에 이를 좇는 노력을 게을리 한다면 최신 정보를 해석하는데 한계가 있을 것이다. 오랜 동안 생명력 있는 기자가 되려면 자신의 영역을 지속적으로 확장시켜야 한다. 자신의 역량이 짧은 시간 안에 동나지 않으려면 자신의 영역이 넓고 깊어야 한다는 것이다. 글은 자신이 볼 수 있는 만큼, 아는 만큼 작성된다는 것을 명심할 필요가 있다. 글의 깊이를 더하기 위해 보편적으로 추천되는 것들은 '지속적인 독서[17]', '다양한 체험', '습작(習作)' 이다. 직간접적인 경험들을 축적하면서 언어로 표현하는 훈련을 지속적으로 할 때 글쓰기 능력이 커진다.

마지막으로 강한 정신력과 체력도 필요하다. 주제가 선택되었다면 어떤 어려움에도 불구하고 최선을 다해 글쓰기를 마무리하고자는 끈기가 필요하다. 인터뷰 대상자가 기피할 수도 있고, 특정 사안에 대한 이해 당사자의 방해도 비일비재하다. 그렇다고 취재를 포기할 수는 없지 않는가. 기자의 역량은 어려운 상황에 직면했을 때 '그럼에도 불구하고' 어떠한 결과를 만들어 냈는가에 의해 평가된다는 점을 기억해야 한다. 또한 기자의 근무시간은 사안에 따라 불안정한 측면도 많다. 며칠을 매달려 심층적인 기획기사를 마무리해야 하는 경우도 있어 강한 체력이 없다면 버티기 어려울 수 있다. 그래서 평소 몸 관리도 기자의 자질에 속할 수 있다.

17) 독서활동에서 신문 읽기는 필수적이다. 신문은 사회 엘리트가 만든 정보의 보물창고이다. 지속적인 신문 읽기를 통해 이슈에 대한 통찰력을 키우고 논리와 설득의 힘을 학습하여야 한다. 신문 읽기는 내용적 측면뿐만 아니라 형식적 측면을 학습하는데도 중요하다. 신문에는 다양한 형태의 글쓰기를 모두 가지고 있기 때문이다.

Chapter 02

# 미디어글쓰기

02

# 미디어 글쓰기

## 제1절 기사 작성 절차

말이 지닌 무게는 사용하는 사람의 삶과도 관계있다. 진리와 동떨어진 삶을 사는 사람의 말에 무게가 실리기는 어렵다. 인간관계에서 새로운 미래는 말에 대한 신뢰에서 나오듯이 기자가 어떠한 정보를 제공하느냐에 따라 언론에 대한 신뢰 평가가 달라진다는 점을 명심해야 한다. 언론인의 취재활동이 언론 윤리적으로 부끄럽지 않아야 하는 이유이기도 하다.

미디어글쓰기는 미디어 보도를 전제로 작성된다. 그래서 정확성, 객관성, 공정성, 균형성을 갖춘 보도가 이뤄지도록 기자는 주의하며 글을 써야 한다. 이를 통해 언론에 대한 신뢰성도 증대될 것이다. 따라서 기자는 자신이 다루는  언어적 무게가 어느 정도인지 생각해볼 일이다. 언론(言路)가 바로 설 때 기사의 독자는 기자와 언론사를 믿어주고 세워주는 팬이 될 것이다. 성실하고 진실한 언론활동이 필요한 이유이다. 언론활동의 기본이 되는 글쓰기 절차는 일반적인 글쓰기 절차와 유사하며 크게 다섯 단계로 분류될 수 있다.

## 1. 글의 주제 찾기

미디어글쓰기를 하고자 하는 자는 먼저 자신이 선택한 주제가 적절한지를 진지하게 고민할 필요가 있다. 주제를 찾기 위해 고려할 필수 항목들은 간략히 'THINK'로서 요약될 수 있다(아래 〈표 2-1〉 참조).

기자는 먼저 사실을 제대로 조명할 방법에 대해 고민해야 한다. 취재원의 신뢰성에 대한 점검에서부터 다양한 측면을 제대로 조명하고 있는지에 이르기까지 끊임없이 자문하면서 글을 써야 한다. 또한 기사 작성의 주제가 공중에게 얼마나 도움을 주는지 검토하고, 주제의 어떤 아이템이 소재로 적합한지를 고민하여야 한다. 이를 통해 기사를 접하는 사람들과 지역에 좋은 영향력을 미칠 수 있는 정보가 되어야 할 것이다.

**표 2-1.** 글의 주제 선택을 위한 고려 사항

| THINK : |
|---|
| Truthful – 신뢰할만한 진실한 정보 |
| Helpful – 공중에 도움이 되는 정보 |
| Inspirational – 좋은 영향을 미칠 수 있는 정보 |
| Necessary – 필요한 구체적 정보 |
| Kind – 전달 방식이 친절한 정보 |

기자가 무엇에 대해 쓸 것인가를 결정하기 위해서는 뉴스가치(news value)들에 대한 판단이 무엇보다 중요하다. 일반적으로 시의성, 근접성, 특

이성, 저명성, 영향성 등이 중요한 뉴스가치라 할 수 있다. 주제가 선정되면 관련 정보들을 검색하고 수집하는 작업으로 나가게 된다. 다음 단계로 나가기 전에 선택한 주제와 관련된 기존 보도가 어떠한 것들이 있었는지 세밀하게 살펴볼 일이다. 옷 만들기 과정에 비유하면 어떤 옷을 만들지를 선택하는 과정과 같다. 기사의 주제는 보편적으로 다음과 같은 뉴스가치들을 기준으로 선정된다.

1) 시의성

뉴스가 보도되는 때와 가까운 시점에 발생한 사건을 시의성 있는 정보라 한다. 그러나 과거에 일어났더라도 현재의 사건과 깊게 관계될 경우도 시의적이라 할 수 있다. 예를 들어 '천안함' 사태의 내용은 1주기가 되는 날 시의성 있는 주제로 선택될 수 있다. 사건이 발발한 같은 날 보도되기에 시의적이라 할 수 있다.

2) 근접성

사건이 커뮤니티와 가까운 곳에서 발생한다면 지역 독자들에게 흥미로울 수 있다. 2013년 3월에 발생한 포항지역 산불 관련 뉴스는 사건이 발생한 지역 주민들에게 특별한 관심 대상이었다. 근접성을 지리적, 시간적 근접성으로 분류하는 학자도 있다. 여기서 시간적 근접성은 앞서 언급된 시의성을 의미한다. 즉 시간적으로 현재와 가장 근접해있는 시점을 말한다.

3) 특이성

개가 사람을 무는 것보다 사람이 개를 무는 것이 기사화 된다는 말과 관련된 것이다. 황사가 왔다는 것보다 예년보다 황사가 빨리 오거나 길어진다는 소식은 뉴스가 된다. 이러한 뉴스가치는 선정적이라는 평가와 허구적 정보 환경을 조성한다는 비판을 받기도 한다. 그러나 대다수 사람들이 비정상적인 패턴에 시선을 보내고 흥미를 갖는다는 점은 분명하다. 언론도 이를 뉴스가치로 적극 활용하는 모양새다.

### 4) 저명성

연예인, 프로선수 등과 같이 자신의 분야에서 두드러진 업적[18]을 가진 사람들은 일반인들에게 관심의 대상이다. 취재 대상이 저명한 사람일수도 있지만 특정 장소도 뉴스가치를 고려할 때 판단되어야 한다. 예를 들어 동일 사건이라도 청와대 앞에서 발생한 사건과 어느 회사 정문에서 발생한 사건은 뉴스가치에 대한 평가가 다를 수 있다.

### 5) 갈등

조직간 갈등이나 시민과 조직간 갈등도 뉴스가치가 높다. 특히 이러한 갈등이 근접한 지역에서 발생하거나 영향력이 클 때 더욱 그러하다. 갈등적 기사를 다룰 때는 관련 당사자의 의견과 입장을 충분히 들어본 다음 기사로 작성하여야 문제가 없다. 특히 남북 대치 상황에서 안보 관련 이슈는 중요하게 다뤄질 수 있다. 중요 선거가 있을 때마다 갈등적 내용이 부각되는 사례를 생각해 보면 그 영향력을 유추해 볼 수 있다. 선거 기간 동안 후보 간 이데올로기를 극단적으로 비교하면서 갈등을 조장하는 언론활동은 사회적 대립을 초래한다는 지적도 많다.

---

18) 두드러진 업적은 좋거나 나쁜 경우 모두를 포함한다. 예를 들어 프로야구에서 우승팀이 주목을 받기도하지만 꼴찌 팀도 뉴스로서 다뤄질 수 있다.

6) 영향력

독자들의 삶에 영향력을 미칠 수 있는 내용도 중요한 뉴스가치로 간주된다. 특정 지역에서 일어나는 노사 분규보다 대중교통 관련 파업은 영향력의 크기가 다르다. 그래서 영향력이 클수록 뉴스 가치도 증대되는 현상을 보인다. 사건의 영향력뿐만 아니라 대상이 되는 인물이 사회에 대해 가지는 영향력도 판단되어야 한다. 뉴스에서는 분야별 전문가를 인터뷰 대상으로 빈번하게 활용하고 있다. 그 분야에 대한 영향력 측면에서 고려된 경우가 많다.

이밖에도 독자에게 유익한 정보(helpfulness), 오락, 경향(trends) 분석과 관련된 내용들도 중요한 뉴스가치가 될 수 있다. 일반적으로 사람들은 특별한 문제, 업적이나 경험 등에 대한 이야기를 좋아한다. 그래서 특이한 봉사 경력을 가진 사람들의 이야기나 독특한 문제해결 방식에 대한 이야기에 주목하는 경우가 많다.

독자들이 뉴스를 읽을지 말지를 결정하는 데 3초 정도 걸린다고 한다. 이러한 상황을 고려하면 기자는 많은 사람들이 주목할 만한 정보를 발굴하는 데 많은 노력을 기울어야 한다. 언급된 뉴스가치에 기초하여 작성된 기사는 편집부에 전달된다. 한국편집기자협회(2001)에 따르면 편집기자는 기사의 가치를 판단할 때 다음 사항들도 추가적으로 고려한다고 한다.

1) 시대적 배경

신문이 발행되는 시대적 배경은 뉴스가치 판단에 영향을 미칠 수 있다. 예를 들어 선거가 있는 시기에는 정치문제가 뉴스가치로 부각될 가능성이 높다. 어떤 시점에는 경제문제가 지면을 크게 차지하는가 하면, 또 어떤 때에는 사건 사고 기사가 두드러지게 나타나기도 한다. 뉴스 분야가 일정하지 않고 변한다는 것은 대중의 관심이나 시대적 상황이 변해가고 있음을 말하는 것이다.

2) 지리적 조건

뉴스가치의 기준은 한 신문의 지리적 위치와 보급 범위에 따라서도 다르게 평가될 수 있다. 매체가 어느 지역을 대상으로 서비스하느냐에 따라 뉴스가치를 판단하는 기준이 달라질 수 있다. 아무리 뉴스가치가 높다하더라도 다룰 뉴스가 신문사의 배포 지역을 벗어난 이야기일 경우 정보가치는 떨어질 수 있음에 유의하여야 한다.

대도시와 소도시의 독자들 사에는 성향적인 차이가 존재하는 것으로 알려져 있다. 대도시에 사는 사람들은 자기중심적 사고를 하는 경향이 있어, 뉴스가 뚜렷한 특이함을 갖지 않는 한 주의를 기울이지 않고 자기 이외의 어떤 일에 흥미나 관심을 가지지 않을 수 있다. 일반적으로 도시의 신문은 특이성(unusualness)에 더 강조를 두는 반면 소도시의 신문은 이웃 간의 친숙성, 일상적인 과제 등을 강조하는 경향이 있다. 소도시에 사는 사람들은 자기와 관련된 친숙한 인물들에 흥미가 많고 자기가 알고 있는 인물이나 사물에 관심이 많기 때문이다. 지역신문이 지역뉴스를 더 소중히 다뤄야 하는 이유이기도 하다.

3) 문화적 조건

서비스되는 뉴스의 주 독자층이 어떠한 지적 수준이나 취향을 가지는지도 뉴스가치 평가에 영향을 미친다. 신문의 주 독자층이 누구인가에 따라 다루어질 뉴스 내용도 달라질 수 있다는 것이다. 독자의 지적수준이 낮고 신문사가 이들의 취향에 영합하려 한다면 감각적이고 오락적인 기사가 뉴스가치가 높다는 평가를 받을 수 있다. 또한 문화 관련 기사에서도 뉴스 이용자들의 취향을 고려한 적절한 정보가 다뤄져야 한다. 시골지역에서 오페라나 뮤지컬 관련 기사를 빈번하게 다룰 경우, 어떤 문제가 발생할 수 있는지를 생각해 보면 쉽게 이해할 수 있다.

## 2. 글의 소제 찾기

주제에 대한 결정이 이뤄졌다면 무엇으로 내용을 채울 것인지를 판단하는 과정이다. 넓은 주제에서 구체적으로 무엇을 다룰 것인지 주제를 좁혀가는 과정이기도 하다. 이때 기자는 시민들이 다른 주제의 어떠한 정보들을 알고자 하는지를 판단하는 것이 중요하다. 기사를 읽은 시민들이 공통적으로 제기하는 질문은 없도록 노력하여야 한다. 현상을 기자적 관점뿐만 아니라 시민의 입장에서 바라볼 줄 알아야 함을 강조하는 것이다. 범죄사건을 다루는 기사라면 경찰 보고서, 사건 관계자, 범죄 전문가, 일반 시민 등 다양한 영역에서 정보를 수집할 수 있다. 범죄 관련 동향, 진단 및 대책, 사회 안전망에 대한 평가, 혐의자의 성장배경, 주변인물 등도 글의 소재로서 활용될 수 있다. 옷 제작 과정을 예로 든다면 제작자가 특정한 옷을 선택한 후 각 부분의 모양을 선택하는 과정과 같다.

특정 지역에 있다고 취재가 불가능한 것은 아니다. 인터넷을 검색하면 다양한 방식의 취재가 가능하다. 전자신문은 2012 런던올림픽에 출전한 신아람 펜싱선수에 대한 오심 논란을 다루고자 오스트리아 심판의 SNS를 방문하여 분석 후 보도하였다. 인터넷을 통한 중요 취재 수단 중 하나가 SNS인 시대에 살고 있는 것이다. 시공간적인 제약을 극복하고 객관적으로 노출된

사적공간이 취재의 대상이 될 수 있다.

전자신문은 해당 심판이 독일 펜싱협회 회장인 고든 랍(Gordon Rapp)과 독일 여자 선수들과 소셜 네트워크에서 친구 관계를 맺은 상태라는 것을 보여주고 있다. 이를 통해 해당 기자는 차르 심판이 "심정적으로 독일 편에 섰으리란 불필요한 오해를 살만하다"는 의견을 제시하고 있다. 전자신문은 SNS에 대한 분석 외에도 미국 스포츠 매체의 여론조사 결과를 추가하여 의혹에 대한 주장을 뒷받침하고 있다. "블리처리포트가 실시한 '신아람이 경기에서 이겼어야 했나?' 라는 설문에 97%에 가까운 미국 네티즌이 신아람의 승리가 맞다고 답했다. 현재 설문에 응한 네티즌은 6500여명에 이른다." 라는 문장을 통해 독자들에게 잘못된 판정이었음을 객관적으로 설득하고 있다.

그림 2-1. SNS 활용 취재 사례

출처 : 전자신문 2012년 8월 2일, www.etnews.com.

## 3. 작성하기

기사를 실제로 쓰는 단계이다. 리드와 본문을 구성하는 단계이며, 가장 먼저 중요한 정보들을 제시하도록 노력하여야 한다. 기사에서 무엇보다 중요한 것은 첫 문장이다. 여기서 육하 원칙을 모두 밝힐 필요는 없다. 기사에 따라 어느 부분을 강조할지를 결정하면 된다. 재봉틀, 실, 바늘 등을 사용하여 옷을 실질적으로 제작하는 과정과 같다.

매체별 특성을 고려한 글쓰기도 중요하다. 신문은 문어체이지만 방송은 구어체이다. 신문은 과거형인 반면 방송은 현재형으로 이뤄지는 경우가 많다. 신문은 길고 조금 어려워도 되지만 방송은 영상 중심이기에 보다 짧고 쉬운 문장이 필수적이다. 잡지는 호흡이 긴 편이며, 상대적으로 자신만의 문장력을 드러내기에 적합한 매체라 할 수 있다.

본문에서는 독자의 관심을 끌도록 문장이 전개되어야 한다. 일반적으로 정보의 중요도 순으로 단락들이 제시되는 편이다. 또한 리드에서 다루지 못한 추가 정보가 제시될 수도 있다. 본문에서는 단락별로 하나의 주장이 드러나야 한다. 한 아이디어가 추가될 경우 단락을 전환하는 것이 바람직하다.

뉴스는 많은 정보를 포함할 수 있지만 주된 내용은 하나여야 한다. 그리고 보도된 기사 가운데 한 문장에서 메인 아이디어를 발견할 수 있어야 한다. 다른 정보들은 핵심적인 개념을 지지하는 것이어야 한다. 일반적으로 뉴스 구성 요소는 크게 세 가지로 나뉜다.

### 1) 리드(시작)

독자의 관심을 끌 수 있는 문장이나 단락을 말한다. 육하원칙에 따라 몇 가지 기본 사실들을 설명하는 역할을 담당한다. 좋은 리드는 기사에 독자를 묶어놓는 역할을 한다. 그러므로 리드는 가장 중요한 사건을 다루어야 한다. 가장 보편적인 리드는 발생한 사건의 핵심만을 전달하는 "요약형" 이다(제2절에서 리드에 대한 설명 참조할 것).[19]

#### 2) 본문(중간)

본문에서는 리드를 지지하는 사실이나 인용들이 온다. 혹은 리드에 포함되지 않은 기사의 중요사항들을 설명하는 영역이기도하다. 여기서는 "so what" 과 관련된 내용이 다뤄져야 한다.

#### 3) 결론

결론에서는 이슈를 요약할 수 있는 주요 정보원으로부터의 인용, 향후 조치에 대한 설명이나 부가적인 사실들이 다뤄질 수 있다. 기존 정보를 반복하지 않는 진술이나 인용 혹은 향후 전망들을 제시하는 것이 바람직하다. 즉 요약하는 결말은 피하는 것이 좋다. 중언부언하는 느낌을 줄 수 있기 때문이다.

### 4. 수정하기

글을 점검하면서 사실을 재확인하는 단계다. 글쓰기의 새로운 시작이라

---

19) 글의 초점을 파악하기 위한 기법으로 헤드라인 기법(headline technique)과 친구에게 말하기 기법(tell-a-friend technique)이 있다(Rich, 1994). 헤드라인 기법은 기사의 핵심을 몇 단어로 축약할 만한 제목을 달아보는 것을 말한다. 친구에게 말하기 기법은 다른 사람에게 한 두 문장으로 취재한 내용을 설명하는 것을 말한다.

할 수 있다. 생산과정의 실수를 수정할 수 있는 마지막 단계라 할 수 있다. 읽으면서 손질하는 방법이 효과적이다. 황성근(2005)은 글쓴이가 자신의 글을 고치는 과정에서 반드시 살펴봐야 할 것들을 다음과 같이 언급하고 있다.

먼저 글의 흐름이 자연스러운지를 살펴 봐야 한다. 글의 전개가 하나의 주제를 중심으로 직선적으로 흘러가고 있는지를 점검하여야 한다. 단락들이 자연스럽게 연결되지 않는 다면 글을 접하는 이들의 지속적인 노출을 방해할 수 있다.

둘째는 내용의 정확성을 점검하는 것이다. 사실관계에 대한 확인에서부터 고유명사에 대한 점검까지 이뤄져야 한다. 부정확한 내용은 미디어의 신뢰를 떨어뜨리는 직접적 요인이다. 또한 정확한 어휘선택이 이뤄졌는지도 살펴봐야 한다. 예를 들어 신문에서 구어적인 표현이 있다면 어색할 수 있다.

셋째 주어와 서술어가 일치하는지 확인할 필요가 있다. 일치하지 않을 경우 문장의 의미가 제대로 전달될 수 없으며 논리성도 잃어버리게 된다.

넷째 객관적인 사실에 대해 개인의 감정이나 의견이 개입된 여부를 확인하여야 한다. 스트레이트 기사에서 기자의 주관이 개입되었다면 독자들은 정보가 편견 혹은 왜곡되었다고 생각할 수 있다. 기자는 늘 중립적인 보도태도를 유지하도록 노력하여야 한다.

다섯째 취재원 인격 보호를 위해 힘쓰고 취재원의 의견이나 주장을 검증 후 기사화하여야 한다. 특히 언론보도가 전제되지 않은 이야기를 임의로 실명으로 사용한다면 글에 대한 책임을 면하기 어렵다. 미디어 법에 대한 이해를 통해 관련 내용을 확인하는 절차가 필요하다.

마지막으로 시간적 여유를 두고 여러 번 점검한다면 글의 완성도가 높아질 수 있다. 연이어 살펴보기보다 시간 간격을 두고 점검하는 것도 잘못된 부분을 파악하는데 도움을 줄 수 있다. 기자가 최초의 교정, 교열자의 역할을 충실히 할 때 자신의 글이 독자로부터 좋은 평가를 받을 수 있다는 사실을 명심하여야 한다.

다작의 중요성을 인식하고 있다면 일단 생각나는 대로 적어 내려간 다음 내용을 다듬는 훈련이 바람직할 수 있다. 처음부터 완벽한 글을 추구하면 글을 이어가기가 힘들기 때문이다. 많은 양의 글을 작성한 다음 분량을 조절하고, 내용을 수정·보완하는 작업이 중요하다.

## 제2절
## 기사 구성 요소

미디어글쓰기의 가장 중요한 형태는 기사라 할 수 있다. 매체 이용자들은 주요한 사건을 다룬 기사를 접하기도 하고 저명인사를 대상으로 한 인터뷰 기사를 마주하기도 한다. 이현구(2002)는 기사들을 기능과 주제, 형식적인 측면에서 다음과 같이 분류하고 있다.

먼저 기사는 형식적 측면에서 객관적 보도 기사(straight news)와 피처(feature) 기사로 나뉜다. 개인적인 의견이나 느낌과 같이 주관성이 개입되는 정도에 따른 분류이다. 일반적으로 피처 기사는 객관적 보도 뉴스와 광고를 제외한 모든 것을 지칭하는 반면, 객관적 보도 기사는 사실(fact)에 충실하여 작성된 기사를 말한다(김광협 외, 2008).

객관적 보도 기사 혹은 스트레이트 뉴스는 발생한 사건, 사고 그리고 알려진 사실들을 보고들은 그대로 객관적으로 작성한 기사이다. 보도 기사의 문장은 육하원칙(5W 1H)에 근거하여 작성하는 것이 원칙이다.

피처 기사는 뉴스와 비뉴스 피처 기사로 세분화될 수 있다. 뉴스피처(news feature)는 시사적 사건들에 대한 사설, 논설, 칼럼, 인터뷰, 스케치, 르포 등 현장감을 살려 전하는 기사를 말한다. 즉 뉴스피처는 사건, 사고, 사실에 대해 쓰면서 독자의 이해를 돕기 위해 기자의 의견이나 생각을 붙인 기사를 의미한다. 이와 달리 시사성 없는 서평, 흥미 본위의 만평, 시 등은 비뉴스피처(non-news feature)에 해당된다.

형식적 측면 외에도 기사는 기능적 특성에 따라 분류될 수 있다. 담당하는 기능에 따라 기사는 보도, 논평, 흥미기사로 나뉠 수 있다. 보도기사는 뉴스거리를 있는 사실 그대로 일어난 현상을 독자에게 가감 없이 알려주는 기능을 담당한다. 보도기사는 사실보도 기사, 정밀보도 기사, 탐사보도 기사로 세분화 될 수 있다. 사실보도 기사는 객관적 사실보도를 추구하는 스트레이트 뉴스와 인터뷰나 르포 기사 같은 읽을거리와 관계된 뉴스 피처 기사로 나눌 수 있다. 정밀보도(precision journalism) 기사는 여론조사나 현장 실험을 통해 사건이나 이슈를 보다 심층적으로 다룬 기사이다. 특히 이러한 정밀보도는 더욱 객관적이고 심층적인 정보 전달을 추구하고자 사회과학적 기법들을 적극적으로 활용하고 있다. 또한 탐사 보도(investigative reporting) 기사는 세상에 알려지지 않은 사실이나 사건 당사자들이 감추려는 사실을 취재한 기사를 일컫는다.[20] 미국의 워터게이트 사건이 이에 해당된다.

---

20) 탐사보도는 언론인 단체나 국제간 협업을 통해서도 이뤄질 수 있다. 2013년 4월초 미국에 있는 기자 단체인 국제탐사보도협회(ICIJ)는 호주 기자가 찾아낸 자료를 46개 나라 86명의 기자들이 분석하여 세계 조세피난 혐의자들을 밝히는 보도를 하였다. 영국령 버진아일랜드의 재산 은닉자 명단을 공개한 '오프쇼어 리크스(offshore leaks-역외 탈세)' 는 여러 나라의 기자들이 공동으로 이름 수십만 개를 하나씩 확인하여 불법·탈법을 추적하고 반론을 받는 작업을 수행하여 보도하였다.

논평은 다양하고 전문적인 세부 정보들을 독자들이 이해할 수 있도록 도와주는 기사 형태이다. 특히, 사회에서 쟁점이 되고 있는 현안에 대해 논설위원이 자사의 입장을 글로서 표명하는 경우가 많다.

마지막으로 홍미기사란 독자들이 보고 읽어서 재미있고 즐거운 정보로 구성된 기사를 말한다. 만화나 TV, 영화, 연예인에 관한 소식에서부터 건강에 관한 정보, 재산을 늘리는데 도움을 줄 수 있는 재태크 방안과 같은 내용들이 포함된다. 많은 미디어 비평가들은 홍미 기사가 더욱 비중 있게 다뤄지고 있는 것을 우려하고 있다.

한편 기사는 내용에 따라서도 유목화 된다. 정치, 경제, 사회, 문화, 국제, 스포츠 등과의 관련성에 따라 기사는 상이하게 불린다. 신문의 지면 위쪽에는 게재된 기사의 내용을 파악할 수 있도록 '문패' 기능을 담당하는 지면 제목들이 있다. 대개 1면부터 4-5면까지 '종합' 이라고 하며, 그 뒤로는 '정치', '오피니언', '국제', '경제', '문화', '사회' 등이 표시되어 있다. 기사를 동일한 주제별로 분류하여 동일 지면에 실은 것이다.

기사의 유형이 다르다 할지라도 기사는 정보 출처를 토대로 작성되며, 기사의 시작은 리드(lead)로부터 출발한다는 유사함을 가지고 있다. 기사 작성의 주요 구성요소들을 살펴보았다.

## 1. 정보 출처(news source)

뉴스 이용자에게 정보를 줄 때는 객관적이고 공정하다는 인상을 던져주는 것이 중요하다. 만약 하나의 정보원만 인용한다면 독자들은 기사의 중립성을 의심할 수 있다. 이러한 이유로 기자는 사건이나 이슈와 직접적으로 연관된 다양한 정보 출처를 제시한다. 여기서 정보 출처는 취재원 혹은 정보원(news source)을 지칭하며 기사 작성을 위해 직접 만나거나 전화나 전자메일 등을 통해 접촉하는 사람이나 기관을 말한다. 신뢰도 높은 뉴스를 작성하고자 하는 기자는 취재원을 밝혀야 한다. 취재원이 공개되지 않을 경우, 기자의 주관적 판단에 의한 것이라는 인상을 주어 객관적인 평가를 받지 못할 수 있다. 논쟁적인 이슈를 다룰 경우 취재원 수를 늘려 균형 있는 보도를 하려는 노력을 보여야 한다.

정보 출처를 밝히는 것은 특정 정보원이 이것을 말했다는 것을 보여주는 것이다. 정보 출처를 노출시킨다는 것은 내용에 대한 책임을 정보원에게 부과하는 행위이기도 하다. 기자는 정보원의 진술이 진실과는 무관할 수도 있다는 생각을 가져야 한다. 진실보도를 추구하는 기자는 마감시간이 있기에 어느 정도의 절충이 필요하지만 검증(verification)이 기자의 중요한 업무임을 명심하여야 한다. 일반적으로 기자들은 이름, 주소 등과 같은 고유명사나 소속, 배경정보 등을 점검하거나 공식 기록이나 다른 정보원을 통해 모호한 정보를 확인하는 과정을 거친다.

정보원과 뉴스 작성 기자와의 관계(attribution)는 크게 네 가지 유형이 있을 수 있다.

- 정보원 공표(on the record) : 진술을 직접 인용하고 발언자의 이름과 직책을 밝히는 것을 말한다.
- 정보원 비공표(on the background) : 진술을 직접 인용할 수 있지만 그 사람의 이름이나 구체적 직책을 밝힐 수 없는 경우를 말한다. '청와대 관계자', '정부 관계자' 등으로 진술되는 형태이다.
- 강화된 정보원 비공표(on deep background) : 인터뷰된 진술을 사용할

수는 있지만 직접 인용이나 어디에서 나온 정보인지를 밝힐 수 없는 경우이다. 기자는 관련 내용 보도를 자신의 의견처럼 다루어야 한다.

- 보도금지(off the record) : 오프더레코드가 요청된 정보는 기자만 알고 어떠한 방식으로든 공표되지 말아야 한다. 공식적 확인을 위해 다른 정보원에게 문의해서도 안 된다.

정보원을 선택하는 일은 정보의 방향성을 가늠하는 중요한 작업이다. 대다수의 기자는 다양한 정보 출처를 통해 균형 있는 내용을 심층적으로 다루고자 할 것이다. 그러나 주어진 시간적, 물질적 한계가 있기에 기자는 취재할 순위를 정하여 지혜로운 판단을 내려야 한다. 가능하면 검증되고 공신력 있는 기관이나 인물을 접하는 것이 바람직하다. 그러나 새로운 것은 예상치 못한 취재원 접촉과 같은 모험적 시도를 통해 만들어질 수 있다는 사실을 기억해야 한다.

국내 야구 스타였던 류현진 선수가 미국 메이저리그에 진출한 초기에 국내 언론들은 미국의 반응들을 연일 전달하였다. 기사의 흐름을 보면 부정적인 기사가 많았다가 점차 긍정적인 내용들로 바뀌는 모습이었다. 류 선수를 취재한 기자는 미 야구 관계자로부터 공정한 평가를 얻고자 한다면 인터넷으로 정보를 취합하는 사이트보다 취재 기자들과 현장을 자주 접하는 칼럼니스트가 참여하는 야구 전문지를 참조하라는 조언을 받았다고 한다. 유명 야구 전문지를 살펴본 기자는 초기의 부정적인 내용보다 류 선수의 보직을 낙관적으로 바라보는 내용들을 소개하기 시작했다. 심지어 신인왕 후보로 1위를 예상한다는 내용도 포함시켰다. 정보의 출처를 선택하는 방식에 따라 상반된 내용이 보도될 수 있음을 보여주는 예라 할 수 있다.

## 2. 리드(lead) 정의 및 기능

리드는 형식적으로는 글의 첫머리에 나오는 부분을 말한다. 내용적으로는 기사가 무엇에 관한 것인지를 한 문장이나 단락으로 간결하고 정확하게 표현한 것을 지칭한다. 핵심 문장이 기사의 첫 문장이나 첫 단락에 위치한다면 이는 전형적인 역삼각형 구조를 말한다.

대다수의 기사는 리드에 핵심 문장을 사용하는 반면 변형된 역삼각형 구조의 기사는 스케치 또는 배경 정보를 넣는 경우도 있다. 스케치 또는 배경 정보는 기사의 핵심과 밀접하게 관련된 것이어야 한다. 리드는 일화나 특정 사건 등으로 시작될 수 있다. 즉 일련의 픽션(fiction)으로도 출발할 수 있다.

리드는 어떤 유형의 뉴스에 있어서도 기사의 핵심이라 할 수 있다. 일반적으로 리드는 크게 세 가지의 기능을 수행한다(Metz, 1977).

- 기사가 무엇에 관한 것인지를 독자에게 알려주는 기능
- 독자가 계속해서 기사를 읽도록 만드는 기능
- 필요할 경우 적절한 분위기(mood) 조성 기능

위에 제시된 첫 번째 기능을 통해 기자는 자신이 작성한 기사가 무엇인지를 보여주는 역할을 수행한다. 아래 제시된 리드는 보도된 기사가 대통령의 담화문 발표와 관련된 것임을 말하고, 어떠한 배경에서 결정된 것인지를 보여주는 역할을 담당하고 있다. 여야 정국 대치로 인해 청와대가 야권을 압박하는 모양새로 담화문을 발표하였다는 것을 알려주고 있다.

박근혜 대통령이 4일 오전 10시 대국민 담화문을 발표한다.

> 박 대통령은 앞서 정부조직법 개편안 처리에 대한 협조를 구하기 위해 여야 대표와의 3자 회담을 제안했으나 민주통합당이 3일 거부한 데다 여야 간 협상도 결렬되자 직접 국민을 상대로 한 호소에 나서기로 했다.[21)]

두 번째 기능이 잘 작동하기 위해서는 주목할 만한 제목이 제시되어야 하고 2-3줄 안에 강력한 문장을 배치시켜야 한다. 만족할만한 문장을 위해서 3-4가지 리드를 작성하여 상호 비교하는 훈련도 효과적인 리드 작성에 도움이 된다.

마지막으로 기자는 리드를 통해 정보 전달뿐만 아니라 다루는 내용과 관련된 상황에 대한 느낌들을 감각적으로 담아내기도 한다. 다음 리드문장은 취재된 내용의 전체적인 분위기를 잘 드러내고 있다. 장관 후보자에 대한 여당 내부의 불협화음에 대한 상황을 적절히 묘사하고 있는 문장이다.

> 각종 의혹에 휩싸인 일부 장관 후보자를 놓고 새누리당 내부가 복잡해지고 있다.[22)]

## 3. 리드 형식

리드에 정보원, 정보원 지위, 인용, 공식용어 등을 모두 넣는다면 글은

---

21) 중앙일보, 2013년 3월 4일 1면

22) 조선일보, 2013년 3월 1일 A4면

무겁고 답답한 느낌을 줄 수 있다. 전통적 리드는 사실과 정보원을 모두 포함하는 것이 일반적이었다. 사실 전달에 있어 정보원을 활용하는 경우는 그를 증인으로 세우는 작업과 유사하다. 그래서 뉴스가 전하는 사실(fact)은 직접적인 정보가치를 지니는 반면 정보원은 2차적인 정보로 분류될 수 있다. 물론 뉴스 출처를 기사 어느 부분에서 밝혀야 할 필요성은 있다. 밝힐 수 없는 경우 그 이유도 설명하여야 한다.[23)]

아래 보도된 세 가지 리드를 살펴보자. ㉮는 정보원을 포함한 전통적 형태의 리드이다. ㉯는 간결하며 핵심적인 정보를 포함하고 있다. 또한 문장이 짧아 글의 힘도 느껴지는 사례이다. ㉰는 반값 등록금 문제가 논란이 되어왔다는 것을 이미 많은 사람들이 알고 있다는 점을 간과하고 있다. 리드에서 알고 있는 사실을 표현하는 것은 독자에게 진부하다는 느낌을 줄 수 있어 주의할 필요가 있다.

㉮ 오늘 교과부는 대학들이 2014년부터 학생들에게 반값 등록금을 전면 실시할 것을 요청했다.

㉯ 대학들은 2014년부터 반값 등록금을 전면 실시할 예정이다.

㉰ 그동안 논란이 되었던 반값 등록금 문제가 2014년부터 해결될 전망이다.

많은 정보를 리드에 담을 경우 기사의 동적인 요소를 줄이는 역효과를 만들 수 있다. 기사의 첫 문장에 정보원을 포함시켜 누가 무엇을 했다는 것

---

23) '익명을 요구한', '익명의 제보로 밝혀졌다' 등은 정보 출처를 밝히지 못하는 경우 사용하는 일반적인 표현들이다.

을 반드시 포함시킬 필요는 없다. 발표한 주체는 뉴스 순위에서 밀리는 경우가 많다. 물론 그 정보원이 갖는 무게감이 있는 경우는 예외이다. 나아가 사실을 단순하게 전달하는 것보다 느낌 있게 묘사한다면 독자들은 해당 기사를 더욱 친근하게 대하고 내용에 대한 이해도 높일 수 있다.

리드에서는 숫자 사용에 주의하여야 한다. 통계적 수치는 자체적으로 아무런 의미가 없기에 명확하게 설명되어야 한다. 예를 들어 '불우이웃돕기 성금이 1억 모였다' 라는 내용은 독자들에게 모금된 돈이 많은지 적은지와 같은 의미를 설명하지 못하고 있다. 뿐만 아니라 숫자 사용은 글쓰기와 읽기 흐름을 방해하는 요소일 수 있다. 가능하면 리드가 아닌 본문에서 구체적 숫자를 제시하는 것이 바람직하다.

전동성(2007)은 미국의 신문 통신에서 사용되고 있는 효과적인 뉴스 리드 몇 가지를 다음과 같이 소개하고 있다.

### 1) 스트레이트 뉴스 리드(straight news lead)

직설 뉴스 리드는 독자들을 위해 뉴스를 단순히 요약하는 방식으로 이뤄진다. 이때 이야기의 흐름, 현장 모습 등을 생생하게 묘사해야 한다. 이러한 리드는 하나 혹은 여러 개의 문장이나 단락으로 구성될 수 있다.

상징성 있는 구체적 사례를 포함한 종합적인 판단을 제시하는 문장도 유용하다. 물가와 관련된 기사를 작성할 경우, 대표적인 품목의 가격 변동을 언급하며 소비자 전체 물가가 올랐다는 내용을 전하는 경우가 이에 해당된다. 물가 상승에 대한 뉴스일 경우, 대표적인 물품이나 서비스를 언급하는 사례들은 시대에 따라 변화하기도 한다. 미용, 버스, 지하철, 콩나물, 연탄, 휘발유, 라면 등 다양한 품목이나 서비스가 특정 시기를 대표하여 사용되었다. "휘발유 가격이 2000원을 넘어서는 등 소비자 물가가 큰 폭으로 올라 서민경제를 위협하고 있다"와 같은 표현을 사용할 수 있다.

위와 상반되게 사건 특성이나 경향 등을 종합적으로 언급하고 뒤이어 개별사례에 대한 내용을 배치시키는 전략을 구사할 수도 있다. 예를 들어 전세가 폭등 현상을 언급하고 대표적인 몇 개 지역을 구체적으로 제시하는 형태이다. 본문 마지막 내용에서 의미와 전망 등을 진술하면 하나의 완결구조가 될 수 있다.

사건에 대한 기자의 통찰력을 문학적 기법으로 표현할 수도 있다. 80년대 초 목동 재개발 시기에 작성된 김훈 기자의 리드 '목동 마을 사람들은 불도저가 미웠다'는 매우 간결하면서도 함축적인 의미를 내포하고 있다(임철순, 2013). 실제적 사건에 대한 문제의식을 사회적 해석과 절묘하게 결합한 방식이라 할 수 있다.

### 2) 인칭 리드

1인칭 단수는 목격자의 이야기인 경우 가능하거나 방송뉴스로서 활용될 수 있다. 1인칭 단수인 'I'를 사용하는 경우는 한국보다 외국의 신문에서 볼 수 있는 형식이다. 1인칭보다 2인칭 리드가 폭넓게 사용되고 있다. '어떻게 생각하십니까?'와 같은 질문 형식의 리드[24]와 인용문[25]을 활용한 리드는 스트레이트 뉴스보다 피처 뉴스에서 흔한 방식이다. 스트레이트 기사에서

---

24) 질문형 리드는 기사가 다루고자 하는 상황이 하나로 쉽게 정리되기보다는 문제가 더 부각되는 경우 쓸 수 있다. 예를 들어 특정 직책에 대한 인선 과정이나 어떠한 새로운 정책이 예견될 때 사용할 수 있다. 특히 독자가 제기된 질문에 대한 답을 찾는데 관심이 있을 때 효과적일 수 있다. 이것이 충족되지 않을 때 질문형 리드를 시도하는 것은 위험할 수 있다. '예' 혹은 '아니오'와 같은 답변을 이끄는 질문보다 사려깊고 흥미있는 답변을 제기할 수 있는 질문이 선호된다.

25) 취재원의 말이 기사 주제를 잘 요약하고 대변할 때 사용된다. 많은 사람들의 마음과 부합되는 인용이 있을 때 사용하는 것도 바람직하다.

질문형 리드는 바람직하지 않다. 기자의 업무는 독자에게 알려주는(inform) 일이지 질문을 던지는 것이 아니기 때문이다(Metz, 1977). 인칭 리드가 효과를 거두려면 감칠맛 나게 사용하여야 한다.

3) **대조 리드**(contrast lead)

피처 기사에서 손쉽게 사용될 수 있는 리드이다. 성공한 사람을 다루는 기사가 있다면, 먼저 힘들고 어려웠던 순간을 제시하고 최근 성공 스토리를 전개하는 방식이다.

> 1996년 겨울 어느 날 밤, 서른살을 갓 넘긴 공연기획자 인재진이 전화기를 들어 통장 잔고 자동응답 번호를 눌렀다. 수화기 너머에서 "현재 잔액은 0원입니다" 하는 소리가 들렸다. 그는 하루 종일 아무것도 먹지 못했다. ……
> 그가 올해 9회째를 맞는 '자라섬 국제재즈페스티벌'의 인재진(47) 총감독이다. 경기 가평군의 83만㎡(약 25만평)짜리 황무지 섬을 세계적으로 주목받는 재즈 축제장으로 바꾼 이다.[26)]

4) **지연 리드**(delayed lead)

독자가 발생한 사건에 대한 궁금증을 지속적으로 유지할 수 있도록 작성하는 방식이다. 이야기에 몰두시키는 측면도 있지만, 적절한 표현이 이뤄지지 않을 경우 독자들은 지루함을 느낄 수 있다. 아래의 문장은 사람의 호기

---

26) 조선일보, 2012년 9월 15일 B1면.

심을 불러일으키는 방식으로 전개되고 있다. 과연 무엇일까에 대한 궁금증이 글에 대한 몰입 정도를 높이고 있다.

> 미국에서 흔한 병입니다. 조절 가능하지만 치료는 불가능합니다. 4천만 미국인들이 이 병을 가지고 있고 매년 삼십 만 명이 죽어가고 있습니다. 우리나라에서도 최근 급증하는 추세입니다. …… 고혈압에 대한 이야기입니다.

'강간미수범이 학원 차려 버젓이 女중고생들 상담' 하고 있다는 내용을 다룬 〈동아일보〉의 리드는 성범죄에 대한 신원 정보를 신속하게 직접 언급하는 것을 피하고 있다. 상황적 정보를 준 다음 청소년 강간미수범을 등장시켜 글의 반전을 노리는 방식으로 표현되었다. '앳된 얼굴의 남녀 청소년' 과 '청소년 강간미수범' 을 대조시켜 긴장감을 적절히 살려주고 있다.

> 25일 오후 경기 수원시의 한 상가에 있는 T컴퓨터학원, 방학을 맞아 자격증을 따려는 앳된 얼굴의 남녀 청소년 서너 명이 상담을 기다리고 있었다. 학생들과 면담 중인 이 학원 직원 3명 중에는 H씨(35)도 있었다. 그는 이곳에서 '김00' 라는 가명을 쓰고 있다.
> 흰색 셔츠에 정장바지 차림을 한 '김00' 씨는 청소년 강간미수범이다. ......[27]

27) 동아일보 2012년 7월 26일 1면

### 5) 일화 리드(anecdotal lead)

잡지의 경우 더욱 선호될 수 있는 리드이다. 신문에서 사용될 경우 일화가 적절하고 맛깔스러워야 한다. 독자의 흥미를 돋울 수 있는 재미있는 스토리를 사용하여야 한다. 뉴스 주변 정보가 복잡할 경우 이를 일화적으로 재미있게 풀어나가는 방식도 독자의 주의를 끄는 유용한 도구일 수 있다. 물론 이러한 형태의 기사가 1면 탑을 차지하는 경우는 드물다.

사회면에서 사건 관련 뉴스로 소개된 아래 기사를 보자. 독자는 제목을 통해 절도와 관련된 기사임을 알고 기사를 읽기 시작한 것이다. 그러나 이 기사를 접한 독자들은 처음 두 단락에서 사건의 흐름과는 다른 한 노숙자의 이야기만 보면서 무슨 일이 발생하였는지에 대한 호기심을 키울 것이다. 세 번째 단락을 접하고서야 절도에 대한 내용임을 확실하게 파악할 수 있다.

**일했던 공장서 빼돌린 장물로 '막걸리 파티'**

A씨(44)는 길거리를 집 삼아 지내는 노숙인이다. 2006년 이혼한 뒤 아내, 딸과 헤어진 이후 줄곧 노숙생활을 하고 있다. 그는 평소 대구지역 도시철도 역사와 지하상가를 돌아다니지만 달서구의 한 역사에서 주로 잠자리를 해결했다.

그의 신분은 노숙인이었지만 '부업'도 있었다. 바로 공사판 일용노동자. 일정한 거처가 없었던 A씨는 돈이 궁할 때 공사 현장에서 일한 후 받은 돈을 밑천 삼아 또다시 떠돌이 생활을 반복했다. 딸린 식구가 없는 자유로운 몸이었기에 아쉬움도 없었다. 비슷한 처지의 동료 노숙인의 존재도 그에게 적지 않은 위안이 됐다.

그러던 지난해 10월. 제법 찬 바람이 불 때쯤 A씨는 생활비를 마련해야 겠다고 마음을 먹었다. 궁리 끝에 떠오른 곳은 자신이 2010년 여름, 잠시 일했던 대구시 북구 매천동 한 공장. 전기제품을 제조하던 이 공장에 몰래 들어가 값비싼 물건을 훔쳐나올 생각이었다.

이곳을 목표로 정한 것은 A씨가 2년여 전, 일할 당시에도 구리 동판을 조금씩 빼돌려 팔아 짭짤한 수입을 올렸기 때문이다. 당시 업주는 A씨의 범행을 알고도, 노숙을 일삼던 그를 불쌍히 여겨 눈감아준 적이 있었다. 하지만 굶주린 A씨는 예전 공장 주인의 은혜를 생각할 겨를이 없었고, 범행은 계획대로 진행됐다.

지난해 10월9일 밤. A씨는 인근 시장에서 3만원을 주고 빌린 승합차를 타고 공장으로 향했다. 야심한 시각, 공단에 아무도 없는 것을 확인한 후 주차했다. 그리고 주변에 버려져있던 리어카를 끌고 공장으로 향했다.

A씨는 공장 내부에서 동판 가공품과 동선, 전선, 구리 등 시가 1천300만원가량을 빼돌렸다. 무게가 300~400kg에 달했지만 오랜 기간 노동판에서 힘을 길러온 그에게는 식은 죽 먹기였다. A씨는 여러 차례에 걸쳐 담벼락 너머로 장물을 던졌고, 이를 승합차에 싣고 현장을 빠져나갔다.

이후 고물상에서 장물을 팔아 300여만원을 챙겼다. A씨는 이 돈을 갖고, 자신이 주로 잠을 자던 달서구의 한 도시철도 역사로 향했다. 그리고 이곳에서 함께 생활하던 다른 노숙인을 불러 모아 한바탕 '막걸리 파티'를 벌였다. 300여만원의 돈은 이날 하루 파티경비로 모두 탕진했다. 이후 아무 일 없다는 듯 생활하던 A씨는 지난 26일 오전, 이 역 19번 출구 옆에서 자다 경찰에 덜미를 잡혔다. 대구 북부경찰서는 A씨를 상습절도 등의 혐의로 구속하고 장물 매입책을 수사하고 있다.

경찰 관계자는 "아무리 생각이 없다지만 자신을 챙겨줬던 사람의 공장에서 도둑질을 하고, 더욱이 그렇게 챙긴 돈으로 막걸리 파티로 모두 탕진했다는 것이 황당하고 어이없다"고 말했다.

백경열기자 bky@yeongnam.com

출처 : 영남일보 2013년 1월 29일 6면

문장의 서술 방식은 매우 일화(逸話)적이며 산문적이다. 대다수의 간결한 사건 뉴스 방식보다 이처럼 이야기 형태로 풀어나가는 것도 독자에겐 흥미로운 변화일 수 있다. 그러나 지나치게 많이 사용할 경우 신문이 무겁다는 느낌을 줄 수도 있다.

### 6) 유머 리드(gag lead)

유머를 신문에서 다루기 위해서는 기자의 재치와 감각이 필요하다. 인용 가운데 위트 있는 내용을 구성하여 제시하거나 풍자적인 요소를 가미하여 리드를 구성한다면 독자들과의 공감대를 높일 수 있을 것이다. 아래 기사의 리드는 '도둑들' 이란 두 단어를 재치 있게 풀어내어 독자의 관심을 끌고 있다.

> "'도둑들' 같은 영화가 1500개씩(스크린을) 잡고 있습니다. '피에타'는 좌석점유율이 45-60%이고 이런 영화들은 15% 정도밖에 안 되는데, 1000만 기록을 세우기 위해 안 빠져나가고 있습니다. 그게 도둑들인 것 같습니다."[28]

미디어를 통해 공개된 글은 독자의 관심을 자극하는 것이 매우 중요하다. 독자의 관심을 얻지 못한다면, 수고하여 작성된 글이라도 독자로부터 외면당할 수 있다. 따라서 독자의 관심을 얻고 흥미를 높이기 위해 리드는 매우 중요하다. 다음은 이를 위한 효과적인 리드 작성 요령들이다.

먼저 기사의 주제가 독자와 관련된 것이어야 한다. 사람들은 자신에게

---

28) 동아일보 2012년 9월12일 27면

직접 영향을 미칠 수 있는 것들에 주목하기 때문이다. 리드를 통해 독자들이 주제의 중요성이나 사건의 심각성을 느낄 수 있어야 한다. 이를 위해 충격적인 통계자료가 사용되기도 한다.

또한 독자의 흥미를 불러일으키기 위해 주의를 끌 수 있는 인용문을 사용할 수도 있다. 이는 피처기사에서 빈번하게 사용되고 있다. 화제의 중심이 되는 인물의 말이나 최근 유행어, 사람들에게 익숙한 시, 노래, 경구 등에서 출발할 수도 있다. 경우에 따라 유머 있는 내용을 인용하면 그 효과가 커지기도 한다.

기사 주제에 대해 독자의 생각을 끌어내고자 첫 문장에 의문문을 사용하기도 한다. 의문문으로 시작되는 문장은 기사의 내용과 밀접하게 관련된 것이어야 하며 독자에게 실질적인 의미가 있어야 한다. 이런 경우 의문문은 극적 효과를 발휘하거나 독자들에게 생각할 시간을 주는 역할을 수행한다.

동일한 사건을 보도하면서 기자들이 어떠한 방식으로 뉴스의 초점을 구성하는지 아래 사례들을 살펴보자. 리드에서 세 신문사는 동일하게 안철수 교수의 발표를 다루는 뉴스를 다루고 있지만 강조 부분은 조금씩 차이가 있다.

동아일보는 안 교수의 입장발표와 이에 대한 해석을 전달하고 있다. 조선일보도 발표에 대한 내용이지만 누구를 통해 나온 이야기인지를 언급하고 있다. 마지막으로 중앙일보는 대변인의 이메일에 초점을 맞춘 리드를 만들었다.

뉴스의 핵심이 무엇인가라는 측면에서 보면 대변인이나 이메일에 대한 내용은 부수적인 내용이다. 이러한 측면에서 동아일보의 리드는 내용의 핵심을 효과적으로 전달한 사례에 해당된다. 조선일보의 리드는 가장 보편적으로 사용되는 간결한 형태의 문장이다. 하나의 문장에 많은 내용을 객관적으로 적절히 담아내고 있다. 그러나 중앙일보의 리드는 이메일 관련 내용에 집중되면서 논점을 흐린 측면이 있다. 상대적으로 좋은 리드라 할 수 없다.

> 안철수 서울대 융합과학기술대학원장이 민주통합당 대선후보 선출 직후 대선 출마와 관련한 입장을 발표하겠다고 11일 밝혔다. 안 원장의 입장 발표는 대선 출마 선언을 의미하는 것이라는 해석이 많다.[29]

> 안철수 서울대 융합과학기술대학원장은 11일 민주통합당 대선 후보 확정 후 며칠 내로 대선 출마 여부를 밝히겠다고 유민영 대변인을 통해 밝혔다.[30]

> 안철수 서울대 융합과학기술대학원장의 유민영 대변인은 11일 안 원장의 거취와 관련한 e-메일을 기자들에게 일제히 발송했다. 176자리 짧은 e-메일이었다.[31]

다음에 제시된 리드는 간결하고 쉬운 표현을 위해 '최근 성폭력 범죄가 늘어나고 있지만 중고등학교의 성교육 수업은 줄어든 것으로 나타났다' 혹은 '최근 늘어나는 성범죄에도 불구하고 중고등 학생의 성교육은 줄어들고 있다는 교육과학기술부 자료가 나왔다' 로 수정되는 것이 바람직하다. 취재

---

29) 동아일보 2012년 9월 12일 1면

30) 조선일보 2012년 9월 12일 1면

31) 중앙일보 2012년 9월 12일 1면

에 활용되는 보도자료의 용어가 어렵다면 쉽고 편한 단어로 바꾸는 노력이 필요하다.

> 최근 성폭력 범죄가 증가세를 보이는 가운데 중학교와 고등학교의 성교육 수업시수는 오히려 감소하고 있는 것으로 나타났다.[32)]

메츠(Metz, 1977)는 효과적인 리드 작성 방법을 다음과 같이 주문하고 있다. 제시된 대다수의 원칙들은 기사 본문 작성에서도 고려되어야 한다. 작성된 첫 번째 리드를 그대로 사용하는 것은 문제가 있다고 생각하는 습관을 가져라. 그래서 작성, 수정, 재작성, 수정, 재작성, 편집, 재작성, 편집을 통해 결과물이 나올 수 있다는 생각을 가져야 한다. 기자는 "There is no great writing, only great rewriting"라는 말을 마음에 새길 필요가 있다. 어색한 문장을 확인, 수정하기 위하여 기사를 큰소리로 읽어보는 것도 좋은 방법이다.

- 짧은 리드를 사용하라. 하나의 문장에 사용될 최적의 단어 수는 14-16개 혹은 7단 기준 3줄 이하로 하는 것이 바람직하다. 일반적으로 사람들은 40단어 이상의 문장을 이해하기 어려워하고 지루해 한다. 문장의 의미가 모호한 경우 하나의 장문을 2-3개의 단문으로 변환시키는 작업이 필요하다. 만약 장문을 사용해야 한다면, 전과 후에 단문을 위치시켜 변화를 주는 것도 고려할만하다.
- 리드는 대부분 1-2문장으로 구성된다.

32) 대구일보 2012년 10월 8일 7면

◆ 시간이나 장소가 특별한 경우가 아니라면 시간이나 장소와 관련된 리드를 피하라. 대다수의 리드는 'who' 나 'what' 으로 시작한다.

◆ 리드를 지시대명사나 추상적 단어로 시작하지 말라.

◆ 인상적인 인터뷰 내용을 사용하는 것도 고려하라.

◆ 고유명사는 철자를 여러 번 확인하라.

◆ 단락은 짧아야 한다. 대체로 10줄을 넘지 않는 것이 좋다.

◆ 단락은 2-3 문장으로 구성되는 것이 바람직하다.

◆ 각 단락은 하나의 아이디어만 가져야 한다.

◆ 짧은 문장은 독자가 지속적으로 기사를 읽는 데 도움을 준다는 사실을 기억하라.

◆ 가능하다면 지시어(that, this, it)를 생략하라.

◆ 과거나 미래 사건을 언급할 때, '지난' 과 '다음' 이란 단어 언급을 피하라.

◆ 하나의 문장에 같은 단어를 두 번 사용하는 것을 피하라.

위 사항들 외에도 기자는 하나의 단락에서 접속사를 빈번하게 사용하는 것을 자제해야 한다. 지나칠 경우 생각의 흐름을 단절시키기 때문이다. 또한 컴퓨터의 '맞춤법' 체크 기능을 사용하거나 사전을 참조하는 것도 늘 생활화해야 한다. 물론 언론사마다 가지고 있는 매뉴얼 원칙을 지키는 것도 전체적 통일성을 위해 중요하다.

이름과 직책, 직급 등을 언급할 때, 처음에는 성과 이름을 사용한 후 다음부터는 성과 호칭을 사용하여야 한다. 예를 들어 '노무현 대통령은 …' 이라는 문장이 있었다면, 두 번째부터는 '노 대통령' 으로 표기하여야 한다. 이는 경제성의 원칙에서 이해할 필요가 있다. 리드가 제시된 후 본문은 언급된 정보들을 순서대로 나열하면 된다. 그래서 기사의 주요 항목들은 처음 몇 단락에서 소개되거나 설명되어야 한다. 기사 말미에 새로운 정보를 추가하는 것은 가급적 피해야 한다.

작성된 리드를 검토할 때 부사를 확인할 필요가 있다. 중복된 부사들은 동사의 힘을 약화시키기 때문이다. 대다수의 형용사도 불필요한 경우가 많다. 개념들은 흔히 명사에 내포된 경우가 많기 때문이다. 따라서 기자는 부사와 형용사 사용에 인색하여야 한다.

기자는 능동형 동사가 글을 명료하게 하고 문장에 힘을 더한다는 점을 명심하여야 한다. 그래서 문장을 지연시키지 않는 능동형을 가능한 사용하여야 한다. '~사고가 일어나게 되었다'는 '~일어났다'로 표현하는 것이 적절하다. 기사에서 '드러났다', '밝혀졌다', '알려졌다' 등의 수동형은 누가 정보를 제시하고 있는지를 생략한 경우가 많다. 취재원의 신원이 명확하지 않는다면 정보의 신뢰도가 훼손될 수 있다.

수동형이 사용되어야 하는 경우도 있다. 먼저 글의 리듬감을 고려하여 능동형 문장들만을 사용하기보다 수동형을 적절하게 활용할 수 있어야 한다. 또한 문장에서 뉴스의 초점이 되는 중요한 인물이 있다면 그를 중심으로 문장을 작성하기 위해 수동형을 사용할 수 있다. '괴한 3명이 세르비아 총리를 사살했다'라는 문장에서 뉴스의 중심은 총리이다. 따라서 '세르비아 총리가 괴한 3명에게 사살됐다'라는 표현이 바람직하다.

가능하면 하나의 단락에 하나의 출처만을 부여하는 것(attribution)이 적절하다. 여러 취재원을 사용할 경우 한 단락에서 한 취재원을 사용하고 단락을 바꾸어 다른 취재원을 사용하는 것이 바람직하다. 취재원을 다룰 때 정확하고 직접적인 인용을 회피하는 것은 바람직하지 않다. 소위 '소식통에 의하면', '알려온 바에 의하면', '한 관계자는' 등과 같은 방식은 문제가 있다.

기자가 모호한 성격의 정보를 확산시켰다는 비난을 받을 수 있다. 상이한 정보원이 인용될 때는 다른 단락에서 시작하는 것이 바람직하다.

리드 작성이 마무리되면 본문으로 넘어간다. 본문도 리드와 같이 역피라미드 방식을 생각하며 작성하는 것이 기본이다. 가장 중요한 내용을 본문의 맨 앞에 위치시키고 가장 의미 없는 것을 맨 뒤에 놓으면 된다. 그리고 리드에서 언급한 사항들을 보다 구체화시켜 앞의 정보들을 뒷받침하는 내용들이 필요하다.

## 4. 기자회견(news conference)

미디어의 관심을 받고자 하는 개인이나 조직에게 기자회견은 생산품, 이슈, 이벤트 등을 공표할 수 있는 좋은 수단이다. 정보원은 정보를 내보내는 방법을 스스로 통제할 수 있어 인터뷰보다 기자회견을 선호한다. 또한 한 번에 여러 기자들을 접촉할 수 있기에 많은 시간도 절약할 수 있다. 반대로 기자들에겐 인터뷰 재량권과 문제를 파악할 충분한 시간이 없다는 점이 단점이다. 그래서 대다수의 기자들은 기자회견을 달가워하지 않는다고 한다.

기자회견을 준비하는 PR 관계자나 당사자는 기자회견을 할 때 두 가지 전략을 추구한다. 첫 번째 방법은 기자회견이 무엇을 다룰 것인지를 사전에 알려주는 것이다. 많은 사람들의 관심을 받는 주제일 경우 빈번하게 사용된다. 두 번째는 기자들이 회견장에 나타날 때까지 발표주제를 비밀로 하는 방법이다. 관심을 보이지 않는 기자들을 회견장에 불러올 수 있는 방법은 내용에 대한 긴장감을 조성하는 것이다.

기자회견 소식을 접한 기자는 먼저 회견장 참여 여부를 판단하여야 한다. 참석행위가 홍보 담당자에게 이용당하는 것인지 국민적 관심사를 다룰 기회인지를 생각해 보아야 한다. 또한 기자회견 참석자들에게 회견 주최 측이 어떠한 조건을 설정한다면 수용 여부를 결정하여야 한다. 예를 들어 기자회견 당사자가 기자들의 질문을 받지 않는다고 한다면 이를 수용하는 것이 옳은지를 판단하여야 한다. 뉴스보도를 위해서는 배경정보를 확보하는 것도 중요하다. 기자회견에서 발생할 수 있는 여러 변수들을 어떻게 다룰지를 고민해보아야 한다. 주제에 대한 사람들의 관심이나 반응을 살펴보거나 회견 후 기자회견 당사자, 지인, 온오프라인 등을 통해 관련 기록들을 살펴보는 것도 중요하다. 방송 뉴스라면 전체 기자회견을 녹화하여 필요한 부분을 사용하려는 자세가 바람직하다.

## 5. 인터뷰

미디어글쓰기 작업을 위한 정보 수집 활동 가운데 인터뷰는 살아있는 생생한 정보를 접할 수 있는 중요한 기회이다. 좋은 인터뷰를 하려면 먼저 인터뷰 대상을 발굴하는 노력이 중요하다. 인터뷰 대상을 찾기 위해서는 여러 사람들의 이야기에 귀 기울이거나, 여러 매체를 검색하는 노력이 필요하다. 특별한 제품이나 서비스에 대한 안내를 참고하는 경우라면 전단지 광고를 통해서도 적절한 인터뷰 대상을 찾을 수 있다.

사람들은 타인과 함께 있을 때 몸을 움직이면서 말하곤 한다. 이러한 움직임은 말보다 더 솔직하게 화자의 상태를 표현하는 수단이기도 하다. 비언어적 표현들이 스토리텔링의 강력한 도구일 수 있다는 것이다. 그래서인지 사람들에게 몸으로 거짓말하는 것이 말보다 어려울 수 있다. 인터뷰 참가자가 말하는 투를 기자가 전달하지 않는다면 뉴스 이용자들은 인터뷰 받는 사람(interviewee)이 어떤 감정 상태인지를 느낄 수 없다. 그 빈자리를 채우기 위해 기자는 인터뷰 기사에 비언어적 메시지에 대한 정보를 넣는 것도 좋은 방법이다. 특히 많은 분량의 기사를 작성해야 하는 경우나 잡지 등에서 더 효과적일 수 있다.

질문과 답변의 정형화된 인터뷰 기사가 아니라면 적절한 내용을 부분 인용하여 글을 대하는 독자의 다양한 감각을 깨울 수 있다. 다양한 세부 묘사를 통해 인터뷰 참여자의 생각, 감정, 느낌들을 전할 수 있다. 또한 참여자 성격을 보여주거나 이야기를 진행시킬 때, 배경을 설정하거나 분위기를 고조시켜야 할 때, 세부적 묘사를 위해서도 인터뷰 내용은 사용된다. 보여주기와 들려주기를 적절하게 혼합하여 글을 접한 독자들이 실제 경험한 것처럼 느끼도록 한다면 글에 대한 독자의 흥미가 배가될 수 있다. 구체적 방법과 절차는 다음 절의 인터뷰 기사에서 구체적으로 설명되고 있다.

## 제3절
## 보도자료

언론활동에서 보도자료는 중요한 취재 정보이다. 주요 취재원(news source)인 보도자료와 언론인의 관계는 3가지 모델로 설명되고 있다(Gieber & Johnson, 1961).

첫째, 취재원과 기자의 관계가 완전 분리된 형태이다. 완전 분리형 모델은 양자가 기능과 역할, 문제의식, 사회적 거리, 가치관 등에서 완전히 분리되어 상호 접촉이 거의 없는 상태를 말한다. 취재원은 뉴스를 제공하는 일만 수행하고 기자는 사실을 있는 그대로 객관적으로 보도만 하는 고전적 자유언론 체계에 충실한 관계구조이다. 둘째, 부분 동화형 모델이다. 이 모델은 양자가 역할수행 과정에서 어느 정도 가치관을 공유하면서 서로 동일한 욕구가 있다면 협력하는 관계를 의미한다. 셋째, 완전 동화형 모델이다. 이는 양자의 가치관과 역할이 완전히 합쳐져 정보원은 기자들에게 구미에 맞는 보도자료만 제공하고 기자들 역시 정보원의 의도에 맞는 기사만 작성하는 것이다.

기버와 존슨(Gieber & Johnson, 1961)은 완전 동화형 모델이 더욱 강화되고 있어, 뉴스는 이제 단순히 전통적인 공정한 게이트키퍼(gatekeeper)의 손을 거쳐 제작되는 것은 아니라고 밝혔다. 이들은 보도자료가 기사화 되는 요인에는 보도자료가 가진 뉴스가치뿐만 아니라 지역사회에서의 기자와 취재원간의 협력 등 사회적 관계가 기사화에 영향을 미칠 수 있다는 것이다.

특히 PR전문가들이 더욱 정교한 방식으로 보도자료를 만들고 기자와의 커뮤니케이션도 강화하는 추세이다. 보도자료 작성 기법들이 정교해져 미디어글쓰기와 동일한 방식으로 구성되고 있다. 다음은 홍보 전문가들이 강조하는 보도자료 작성과 언론 노출 증대 방안을 열거한 것이다.

- 기사가 될 만한 '기준' 에 주목하라(뉴스가치).
- 조직 내부의 화제 거리를 적극 찾아라.
- 보도자료를 너무 자주 보내지 말라.
- 제목을 잘 뽑아라.
- 담당기자와 직접 상대하라.
- 군소 매체에도 성심을 다해라.

보도자료에 대한 기자의 관심을 높이기 위해서는 사건이나 이슈 자체가 가진 영향력이 무엇보다 중요하다. 보도자료 작성 전 뉴스 가치적 관점에서 이슈를 발굴하는 노력이 필요하다. 또한 지나치게 많은 보도자료를 만드는 것은 그 조직이 정말 필요한 기사에 대한 집중력을 떨어뜨리는 요인으로 작용할 수도 있다. PR목적에 따라 주요 언론뿐만 아니라 군소 지역신문까지 적절히 활용할 필요가 있다. 군소 언론사가 보도자료를 이용하는 비율이 더욱 높기 때문이다.

다음 〈표 2-2〉는 대구시가 작성한 보도자료이다. 보도자료 작성 조직마다 보도자료 양식의 차이는 다소 있지만 반드시 요구되는 내용들이 있다. 보도자료 담당자, 작성부서, 제목, 리드, 본문 등이다. 필요한 경우 사진도 첨부파일로 전달하여야 한다. 특히 뉴스를 읽기보다 보는 경향이 강한 매체를 목표로 한다면 시각적 요소와 사진들을 적절히 활용할 필요가 있다.

보도자료 담당자의 연락처는 2개 이상 제공하여야 한다. 희망하는 보도일자가 있을 경우 특정 날짜를 제공할 수도 있다. 그러나 제한된 날짜 제공은 보도 확률을 떨어뜨릴 위험성도 가진다. 대구시 보도자료의 경우 시각을 다투는 뉴스가 아니라면 보도일자를 '2013. 4. 9.(화)~10.(수)' 로 표기하는 것이 언론노출을 위한 효과적인 방법이다. 9일 뉴스가 많다면 편집 기회가 사라질 수도 있기 때문이다.

전달된 보도자료는 희망된 보도일자로 표시된 4월 9일 지역 〈매일신문〉과 〈영남일보〉의 경제면를 통해 보도되었다. 두 신문 모두 보도자료의 내용을 주된 내용으로 하여 센터 건립에 대한 내용을 구체적으로 밝히고 있다.

할당된 지면 크기와 같은 다른 편집적 요소도 작용할 수 있지만 드러난 사실로만 보면 두 신문 간에는 몇 가지 차이가 있다. 영남일보의 기사(아래

---

33) 신상정보 관련 내용은 '○' 으로 처리됨.

### 표 2-2. 지방정부 보도자료 사례 [33]

| 대구광역시 | | 제공일자 | 2013. 4. 8.(월) |
|---|---|---|---|
| Colorful DAEGU | 보도자료 | 보도일자 | 2013. 4. 9.(화) |
| | | 제공부서 | ○ ○ ○ |
| | | 주책임자 | 연구개발특구담당 ○ ○ ○ |
| | | 주 무 관 | ○ ○ ○ |
| | | 내 용 | 총 2쪽 |

전화 : 803-0000, 010-0000-0000 / 전송 : 803-0000 / 전자우편 : 000@daegu.go.kr

**대구시, 영남권 R&D 허브 육성 발판 마련!**

**- 연구개발특구진흥재단과 대구테크비즈센터 건립 협약체결 -**

대구시는 연구개발특구 육성사업 전담기관인 연구개발특구진흥재단(이사장 이재구)과 글로벌 혁신클러스터 육성의 중심이 될 대구테크비즈센터 건립에 뜻을 같이하고 4월 8일 업무협약을 체결했다.

- ○ '11년 1월 대구연구개발특구가 지정된 이후, 대구시와 특구재단은 특구사업을 추진하면서 연구소기업 등 창업초기 기업의 입주공간과 공공연구기관과의 협력을 통한 기술사업화 촉진을 위해 종합지원시설의 필요성을 공동 인식함에 따라 테크비즈센터 건립을 추진하게 됐다.
- ○ 이번 협약에 따라 대구시는 센터 건립부지를 제공하고, 특구재단은 센터 건축 및 운영을 담당하게 된다. 또 국비 예산 확보 및 행정지원에 양 기관이 함께 노력하기로 했다.
- ○ 대구테크비즈센터는 대구특구의 연구성과 사업화 촉진 및 産·學·硏 간 교류협력 활성화를 위한 연구기능과 비즈니스 기능이 결합된 집적시설이다.
  - 대구 달성군 테크노폴리스(연구개발특구) 지구 내에 부지면적 14,700㎡, 연면적 14,500m 의 규모로 290억 원의 건축비가 투입될 예정이다.
  - 센터 내에는 특구 기술이전 활성화를 도와줄 기술이전전문 컨설팅회사, 기술지주회사 및 외투기업 등이 입주하게 되며, 시제품제작을 위한 시설 및 기술사업화를 위한 유익한 정보를 제공해 줄 비즈니스정보센터 등 각종 지원시설이 들어오게 된다.
- ○ 앞으로 양 기관은 특구건립 세부계획을 마련하고 센터건립 필요성을 중앙정부에 설득해 2014년 정부예산에 건립비가 반영될 수 있도록 노력하는 등 2016년 준공을 목표로 적극 대응해 나갈 계획이다.
- ○ 김범일 대구시장은 "이번 업무협약을 통해 특구사업 활성화를 위한 특구본부의 위상을 확보하게 됐다."며, "특히 올해 준공예정인 대구테크노폴리스가 산업·연구·주거가 어우러진 영남권 R&D 허브로서 입지를 더욱 공공히 할 것"이라고 말했다.

※ 붙임 : 업무협약서 1부(이메일 전송)

표의 첫 번째 기사)는 주어진 보도자료 내용 외에도 추가적으로 지역 내 정부 출연 연구기관에 대한 정보를 마지막 단락에 담고 있다. 센터 건립을 계기로 지금까지 이뤄진 사업 규모를 세세히 전하고 있어 지역 내 정부 출연 기관에 대한 독자의 이해를 높이고 있다.

또한 〈매일신문〉과 달리 〈영남일보〉는 보도자료에 있는 대구 시장의 진술을 직접 인용 보도하여, 센터 건립의 의미를 생생하게 증언하는 모습을 갖추고 있다. 비록 보도자료 내용에 있더라도 글쓰기에서 취재원을 적절히 활용한다면 글의 흐름과 느낌을 다르게 가져갈 수 있다. 영남일보의 네 번째 단락의 첫 문장은 장문이기에 두 문장으로 나누는 것이 의미전달에 도움이 된다. '집적시설로' 를 '집적시설이다.' 로 수정할 수 있다.

**표 2-3. 보도자료 활용 기사**

## 市-특구진흥재단 손잡고 '대구테크비즈센터' 건립

### 센터 건립 업무협약…영남권 R&D 허브 구축 탄력
### 산학연 교류·비즈니스 기능 결합 집적시설 등 갖춰

대구국가산업단지 및 대구테크노폴리스 등에 입주할 강소기업의 성장을 뒷받침하기 위해 대구시가 추진 중인 영남권 R&D 허브 구축이 탄력을 받고 있다.

대구시는 연구개발특구 육성사업 전담기관인 연구개발특구진흥재단(이하 특구진흥재단)과 글로벌 혁신클러스터 육성의 중심이 될 대구테크비즈센터 건립에 뜻을 같이하고 8일 업무협약을 체결했다고 밝혔다.

2011년 1월 대구연구개발특구가 지정된 이후, 대구시와 특구진흥재단은 종합지원시설의 필요성을 인식, 테크비즈센터 건립을 추진해 왔다. 이번 협약에 따라 대구시는 달성군 대구테크노폴리스 지구내에 1만4천700㎡ 규모의 센터건립부지를 제공하고, 특구진흥재단은 연면적 1만4천500㎡ 규모의 센터 건축 및 운영을 담당하게 된다. 또 센터건립을 위한 290억원의 건축비 등 국비 예산 확보 및 행정 지원에 양 기관이 함께 노력하기로 했다.

대구테크비즈센터는 대구특구의 연구성과 사업화 촉진 및 산·학·연간 교류협력 활성화를 위한 연구기능과 비즈니스 기능이 결합된 집적시설로, 기술이전전문 컨설팅회사·기술지주회사 및 외투기업 등과 함께 시제품제작을 위한 시설 및 기술사업화를 위한 정보를 제공할 비즈니스정보센터 등 각종 지원시설이 들어선다. 양측은 2014년 정부예산에 건립비가 반영될 수 있도록 노력하는 등 2016년 준공을 목표로 적극 대응해 나간다는 계획이다.

김범일 대구시장은 "이번 업무협약을 통해 특구 본부의 위상을 확보하게 됐다"며 "특히 올해 준공예정인 대구테크노폴리스가 산업·연구·주거가 어우러진 영남권 R&D 허브로서 입지를 더욱 공고히 할 것"이라고 말했다.

한편 대구지역에는 대구테크비즈센터뿐만 아니라 한국전자통신연구원(ETRI) 대경권연구센터·한국로봇산업진흥원·한국생산기술연구원 대경권지역본부 등 모두 9개의 정부 출연 연구기관이 운영되고 있다. 이들 9개 연구기관에는 623명의 인력이 다양한 연구개발에 나서고 있으며, 올해 예산만도 2천786억원에 이른다. 전영기자 younger@yeongnam.com

▲ 영남일보 2013년 4월 9일 15면

## 대경 R&D 거점 '대구테크비즈센터' 건립

### 2016년 테크노폴리스 지구 내

대구경북의 연구개발(R&D)의 전초기지가 될 대구테크비즈센터 건립이 추진된다. 대구시는 8일 연구개발특구진흥재단과 협약을 맺고 글로벌 혁신클러스터 육성의 중심이 될 대구테크비즈센터를 건립하기로 했다.

시는 지난 2011년 1월 대구연구개발특구 지정 후 연구소기업 등 창업초기 기업의 입주공간과 공공연구기관과의 협력을 위한 테크비즈센터 건립을 추진해왔다. 대구테크비즈센터는 대구연구개발특구의 연구성과물의 사업화 촉진과 산·학·연 교류협력 활성화를 위한 연구기능, 비즈니스 기능이 결합한 집적시설이다.

센터는 대구테크노폴리스 지구 내에 290억원의 사업비를 투입해 부지면적 1만4천700m², 연면적 1만4천500m² 규모로 2016년쯤 건립될 예정이다. 이번 협약에 따라 시는 센터 건립부지를 제공하고 특구재단은 센터 건축 및 운영을 담당하게 된다.

센터 내에는 기술이전 활성화를 위한 기술이전전문 컨설팅회사, 기술지주회사, 외투기업 등이 입주하게 되며 시제품 제작을 위한 시설 및 기술 사업화를 위한 정보를 제공해줄 비즈니스정보센터도 입주할 예정이다. 시는 앞으로 특구재단과 협력해 내년도 정부예산에 테크비즈센터 건립비가 반영될 수 있도록 공동으로 노력하기로 했다. 전창훈기자

◀ 매일신문 2013년 4월 9일 13면

## 제4절
## 기사유형

미디어를 통해 매개되는 글쓰기 유형은 크게 스트레이트(straight)와 피처(feature) 기사로 구분된다. 스트레이트 기사는 사건 사고 등 취재한 정보를 사실적, 객관적으로 서술하는 가장 기본적인 형태의 기사이며 미디어 이용자들이 가장 많이 접하는 유형이다. 피처 기사는 스트레이트 기사를 보완하는 내용으로 구성되며, 해설이나 스케치 기사와 같이 주관적 견해나 주장들이 포함되는 형태이다.

뉴스는 내용적 속성에 따라 크게 경성뉴스(hard news)와 연성뉴스(soft news)로 분류되기도 한다. 이들 사이에 명확한 기준을 설정하기는 어렵다. 그러나 경성뉴스는 사회 공적 영역에서 발생했거나 막 일어날 것 같은 사건을 말한다. 이것은 기본적으로 무엇이 발생했고, 왜 일어났으며, 어떠한 영향이 독자에게 미칠 수 있는지를 다룬다.

반면 연성뉴스는 인간적 흥미와 신기성(novelty)있는 내용으로 독자들에게 즐거움을 주거나 정보를 주는 뉴스라 할 수 있다. 연성뉴스는 사람, 장소, 이슈에 초점을 둔 피처(feature) 기사라 할 수 있다. 어떠한 사건이 신문 발행 시점과 맞물려 발생할 때 뉴스 속보(breaking news)라 한다. 연성뉴스는 사람들에게 관심 있는 많은 주제들을 포함하지만 반드시 속보성 뉴스에 기초하지는 않는다.

### 1. 스트레이트 기사

스트레이트 기사는 사건이나 이슈를 육하원칙에 따라 사실(fact)과 사실의 출처인 취재원(source)을 밝히는 형태의 글쓰기다.[34] 사실 전달이 강조되다 보니 표현보다는 시의성 있는 정보를 간결하고 정확하게 구성하여 매체 이용자에게 신속히 노출시킬 수 있는 전략이 중요하다. 속보성뿐만 아니라 정확한 의미전달도 중요하다. 이를 위해 기사 작성자는 가능한 이해하기 쉬운 표현법을 사용해야 한다.

황성근(2005)은 스트레이트 기사에 필요한 글의 표현 규칙으로 다음 항목들을 제시하고 있다.

- 일반 문장에서 존대어는 사용하지 않는다.
- 인용문장에서는 상황에 따라 존대어를 사용한다.
- 두 번째 언급부터 약칭을 사용한다.
- 인명은 반드시 한글로 표기한다.
- 인명의 경칭에는 남녀 모두 '씨' 자를 사용한다.
- 직함을 밝힐 땐 경칭을 사용하지 않는다. 이때 '씨' 자 대신 '직함을 사용하여야 한다.
- 미성년자의 경우 남자는 '군' , 여자는 '양' 을 붙인다.
- 나이는 반드시 괄호를 사용해 표기한다. 일반 글과 달리 미디어글쓰기에서는 사람의 나이도 중요한 정보이기에 대다수 공개된다. 이름 뒤에 괄호를 사용하여 표기한다(예, 홍길동 씨(23)).

34) 누가(who), 언제(when), 어디서(where), 무엇을(what), 왜(why), 어떻게(how)를 지칭하는 육하원칙은 스트레이트 기사가 추구하는 글쓰기의 방향성을 의미한다. 그래서 기사에 따라 이들 가운데 어떤 부분은 생략될 수도 있다는 유연한 사고를 가지고 글쓰기에 임하여야 한다. 지나치게 집착할 경우, 글이 경직되고 지루할 수 있음에 유의하여야 한다.

육하원칙은 스트레이트 뉴스에서 사건을 효과적으로 전달하는 중요한 방법이다. 여섯 가지 질문을 중심으로 취재한 내용을 정리하고 부족한 부분은 보완하는 노력이 스트레이트 뉴스 작성의 출발점이다. 아래 제시된 뉴스를 육하원칙에 따라 정리하면 다음과 같다. 다음 기사는 박근혜 대통령이 장관을 임명한다는 내용을 담고 있지만 최초의 임명이라는 점에서 취임 후 경과된 기간 등을 제시하는 것도 바람직해 보인다. 실제 취임식이 2월 25일이었던 점을 고려하면 시간적 측면에서 많은 의미를 가질 수 있기 때문이다.

1) 누가(who) : 박근혜 대통령

2) 언제(when) : 3월 11일

# 부처 이름 바뀐 장관 5명도

**박 대통령, 국회 인사청문보고서 통보 7명과 함께**

박근혜 대통령은 11일 장관 내정자 12명에 대해 임명장을 수여한다. 이로써 새 정부 첫 국무회의가 열릴 요건을 갖추게 됐다.

김행 청와대 대변인은 8일 청와대 춘추관 브리핑을 통해 "11일 국회로부터 인사청문 경과보고서를 통보받은 7명을 장관으로 임명한다"며 "부처 명칭 등 정부조직법이 개정되지 않아 새로운 부처 장관으로 임명장을 수여하는 것이 논란이 됐던 서남수 교육, 윤병세 외교, 유정복 안전행정, 윤상직 산업통상자원, 서승환 국토교통부 장관 내정자에 대해서도 이날 함께 임명장을 수여하기로 했다"고 밝혔다.

앞서 청와대는 정부조직법이 개정되더라도 명칭이 바뀌지 않는 부처의 장관들인 류길재 통일, 황교안 법무, 유진룡 문화체육관광, 진영 보건복지, 윤성규 환경, 방하남 고용노동, 조윤선 여성가족부 장관 내정자에 대해 이날 임명장을 수여할 방침을 밝힌 바 있다.

김 대변인은 "민주통합당 원내지도부에서 법 개정 이전이라도 청문회를 마친 장관 내정자에 대해서는 임명하는 데 문제가 없다는 공식 발표가 있었던 만큼 청와대는 매우 다행스럽게 생각하고, 11일 함께 임명장을 수여하기로 했다"고 설명했다. 이전 교육과학기술·외교통상·행정안전·지식경제·국토해양부 장관 내정자는 원래 명칭의 장관으로 임명되고 나서 정부조직법이 통과하면 바뀐 부처 명칭 장관으로 재임명되는 식이다.

현행 정부조직법상 국무회의는 대통령과 국무총리, 16명의 국무위원 등 18명이 구성원이다. 국무회의 규정상 구성원 과반수 출석으로 개의하게 돼 대통령과 총리를 포함해 10명 이상이면 국무회의를 열 수 있다.

서상현기자

출처 : 매일신문 2013년 3월9일 2면

3) 어디서(where) : 청와대

4) 무엇을(what) : 장관 임명

5) 어떻게(how) : 장관 12명에 임명장 수여

6) 왜(why) : 국회로부터 인사 청문 경과보고서 통보받아

위 기사에서 누가(who)라는 부분은 임명 예정인 장관들로 새롭게 구성해볼 수도 있다. 장관이 주체가 될 경우 아래 뉴스에서 가장 뉴스가치가 높은 정보를 중심으로 구성하면 된다. 제시된 기사를 보면 무엇보다 정부 부처의 이름이 변경될 가능성이 있는 장관들이 주목받고 있다. 이들에 대한 임명이 가능하여 국무회의 개최가 이뤄질 수 있다는 방향으로 뉴스 구도를 설정할 수 있다. 기자가 무엇에 무게를 두는가에 따라 차별적인 기사가 나올 수 있다는 것을 보여준다.

위 〈매일신문〉의 기사를 본 독자라면 어떤 궁금함이 남아있을지 고민해보아야 한다. 우리나라의 장관자리가 몇이나 되는지를 알고 있는 독자가 얼마나 될까? 독자는 전체 몇 명의 장관이 있으며 그 가운데 몇 명이 임명되는지 혹은 임명되지 않은 부처는 어느 곳인지 등을 궁금해 할 수 있다. 또한 새로운 정부의 조직 개편안에서 명칭이 변경되거나 신설된 부처에 대한 이야기도 더해질 수 있다.

한편 뉴스통신사인 〈뉴시스〉는 장관을 임명하지 않아 국정공백이 이뤄지고 있는 현장을 보여주는 보도사진 기사를 게재하였다. 〈매일신문〉의 경우 〈뉴시스〉와 같은 사진 기사를 기사 중간에 넣고 아래 기사의 첫 번째 문장 다음에 "00일 12명에 대한 장관 임명이 끝나면 매주 화요일 오전 국무회의가 이곳 정부서울청사 국무회의실에서 개최될 예정이다."라는 문장을 넣을 수도 있다. 특정 사건의 의미가 비주얼과 더불어 강조되고 기사도 확대될

수 있다.

장관을 임명한다는 예측 보도가 있었다면 해당 날짜에 임명 관련 소식을 자연스럽게 보도하면 된다. 아래 기사는 예정된 날짜에 이뤄진 장관임명 관

【서울=뉴시스】 박문호 기자 = 박근혜 정부 출범 9일째이자 2월 임시국회 회기 마지막 날인 5일 오후 서울 종로구 세종로 정부서울청사 국무회의실이 텅 비어 있다. 매주 화요일 오전에 열리던 국정 최고 심의·의결기구인 국무회의가 정부조직법의 국회 통과가 지연되면서 새 정부 출범 이후 소집되지 않고 있다.
go2@newsis.com
2013-03-05

박근혜 대통령이 11일 청와대에서 정홍원 국무총리와 신임 장관 13명 등이 참석한 첫 국무회의에서 국민의례를 하고 있다. 박근혜 정부는 정부 조직 개편안 처리 지연으로 출범 보름 만에야 첫 국무회의를 열었다. 청와대 제공

# "국정철학 같이할 사람, 公기관에 임명"

## 朴대통령 첫 국무회의… "주가조작 철저 조사" 이례적 지시

박근혜 대통령은 11일 열린 새 정부 첫 국무회의에서 "개인 투자자들을 절망으로 몰아넣고 막대한 부당 이익을 챙기는 각종 주가조작에 대해 상법(商法) 위반 사항과 자금 출처, 투자 수익금의 출구, 투자 경위 등을 철저히 밝혀서 (올바르게) 제도화하고 투명화해야 한다"고 지시했다.

대통령이 주가조작 근절을 이처럼 강도 높게 주문한 것은 이례적인 일이다. 이는 주가조작이 불법사채처럼 서민경제를 위협하는 중대한 민생 범죄라는 박 대통령의 인식에서 비롯됐다는 해석이다. 청와대 관계자는 "주가조작의 피해자는 결국 작전세력의 덫에 걸려 주식을 샀다가 주가 폭락으로 손해를 보는 개미투자자들"이라며 "아무리 조사하고 처벌해도 근절되지 않는 주가조작에 대해 관련 부처가 관련 법이나 규정상의 미비점을 보완해 제도적으로 차단할 수 있는 방법을 강구하라는 뜻"이라고 덧붙였다. 박 대통령은 지난 6일 첫 수석비서관회의에서도 불법 사금융, 채권 추심행위, 불법 다단계 같은 금융사기와 보이스피싱 등 서민 생활 침해사범에 대한 강력한 단속을 주문했었다.

박 대통령은 대선 후보 시절인 작년 12월 증권거래소를 방문해 "5년 내에 코스피 3000 시대를 열겠다"고도 했다. 이를 위해서라도 주식시장 투명화가 전제되어야 한다는 게 청와대의 설명이다.

박 대통령은 또 향후 공기업과 공공기관 인사에서 대폭 물갈이를 예고했다. 박 대통령은 이날 "새 정부가 막중한 과제들을 잘해내려면 인사(人事)가 중요하다"며 "각 부처 산하기관과 공공기관에 앞으로 새 정부의 국정 철학을 공유할 수 있는 사람을 임명할 수 있도록 노력해 달라"고 말했다.

박 대통령은 당선인 시절인 작년 12월 이명박 정권 말기에 이뤄진 공기업 인사에 대해 "전문성 없는 인사들을 낙하산으로 선임해 보낸다 이런 얘기들이 많이 들리고 있다"면서 "잘못된 일"이라고 밝힌 바 있다.

이번에 박 대통령은 전문성과 함께 '새 정부 국정 철학의 공유'라는 인선 기준도 제시한 셈이다. 이에 따라 향후 청와대 인사위원회에서 현직 공기업 사장 등을 재평가하는 과정에서 임원 상당수가 교체될 것이란 전망이 나오고 있다.

최재혁·나지홍 기자 기사 A6·8면

출처 : 조선일보 2013년 3월 12일 1면

련 뉴스이다. 행사장에서 박근혜 대통령이 강조한 인사 관련 원칙들이 종합 6, 8면에 연속하여 비중 있게 다뤄졌다. 또한 사회면에서는 임명된 장관들

LTE 2000만 시대의 명암

## "요금 2만원 더 내고 카톡-게임만 한다"

LTE(롱텀에볼루션) 가입자 2000만 명 시대가 임박했다. LTE는 데이터 전송속도가 3세대(3G)보다 5배 이상 빠른 4세대(4G) 이동통신 서비스다.

12일 이동통신 3사에 따르면 지난달 말 기준 국내 LTE 가입자는 총 1870만 명에 이른다. 전체 스마트폰 사용자의 60%가 LTE를 쓴다. 1월 한 달 동안에만 150만 명이 늘었다. 이런 추세를 감안하면 이달에 무난히 2000만 명을 돌파할 것으로 보인다. 미국에 이어 세계 2위이며, 인구 대비 가입률로는 세계 최고 수준이다.

LTE의 급속한 보급으로 초고속 이동통신을 활용한 미디어의 혁신이 빠르게 진행되고 있다. 인터넷TV(IPTV) 활성화는 물론이고 LTE 음성통화 서비스(VoLTE)의 품질과 속도도 획기적으로 개선됐다. 초고화질로 대용량 게임을 즐길 수 있어 게임업계의 글로벌 경쟁력도 높아질 것으로 전망된다.

탄탄한 국내 시장을 바탕으로 국내 이동통신사들의 해외시장 공략도 활기를 띠고 있다. KT는 아프리카 르완다에, SK텔레콤은 대만 몽골 등지에 LTE 네트워크기술 구축과 컨설팅서비스 수출을 추진하고 있다. 강종렬 SK텔레콤 네트워크전략본부장은 "기술 수출과 더불어 원격의료, 원격교육 등 다양한 창의적 서비스를 통해 정보통신기술(ICT) 산업 발전에 기여할 것"이라고 말했다.

하지만 LTE 2000만 명 시대의 '그늘'도 있다. 무엇보다 사용자의 요금 부담이 커졌다는 것이다. 이동통신사들이 올 들어 1월 7일 시작해 이달 13일로 끝나는 순환 영업정지에도 불구하고 최대 100만 원에 육박하는 보조금을 뿌려댄 덕분에 소비자들은 최신 스마트폰을 값싸게 살 수 있게 된 대신 3G 스마트폰을 쓰던 때보다 월 2만~3만 원이나 요금을 더 내야 한다.

이모 씨(43)는 최근 한 이동통신사 대리점에서 삼성전자의 '갤럭시 S3'를 10만 원대에 사고 월 7만2000원 요금제에 가입했다. 이미 스마트폰을 사용하고 있었지만 '거저'라는 생각에 충동 구매했다. 통신요금은 월 2만 원을 더 낸다. 그런데도 주로 사용하는 것은 무료 메신저 서비스 '카카오톡'과 게임 '애니팡'이다. 3G에서도 무리 없이 쓸 수 있는 콘텐츠다.

**초고속망 활용 미디어 혁신**
**가입자수 미국 이어 2위**

**3G와 차별화 콘텐츠 부족**
**"비싼 고속도 통행료 내고 자전거 타는격" 불만 고조**

전문가들은 LTE에 특화된 콘텐츠가 턱없이 부족하다는 것도 문제라고 지적한다. LTE망에서는 음성과 문자, 영상을 같은 통신망에서 쌍방향으로 주고받을 수 있지만 이를 제대로 활용하는 콘텐츠가 거의 없어 값비싼 고속도로 통행료를 내고 자전거를 타는 격이라는 설명이다. 소비자들은 기껏해야 동영상 시청에 머물고 있는 형편이다. 동영상 시청은 전체 LTE 데이터 사용량의 35% 이상을 차지한다.

정호재·김상훈 기자 demian@donga.com

출처 : 동아일보 2013년 3월 13일 2면

〈리드(lead)〉

LTE(롱텀에볼루션) 가입자 200만 시대가 임박했다.

〈본문(body)〉

**1차적 주요 내용**(1st nut graph) : 이동통신 3사에 따르면 지난 달 말 기준 국내 LTE 가입자는 총 1870만명에 이른다. 이런 추세를 감안하면 이 달에 2000만명을 돌파할 것으로 보인다. 미국에 이어 세계 2위이며, 인구 대비 가입률로는 세계 최고 수준이다.

**2차적 주요 내용**(2nd nut graph) : LTE 보급으로 초고속 이동통신을 활용한 미디어 혁신이 빠르게 진행되고 있다. 인터넷TV 활성화는 물론이고 음성통화 서비스의 품질과 속도도 획기적으로 개선되었다. 초고화질로 게임 업계의 글로벌 경쟁력도 높아질 것으로 전망된다. 이동통신사들의 해외시장 공략도 활기를 띠고 있다.

하지만 LTE 2000만명 시대의 그늘도 있다. 사용자의 요금 부담이 커지고 LTE에 특화된 콘텐츠가 부족하다는 문제를 가지고 있다.

가운데 주목할 만한 정책 비전을 가진 사람을 추가적으로 기사화하고 있다.

실제 기사를 구체적으로 분석해보는 것도 스트레이트 기사 작성에 도움이 된다. 기사의 리드와 주요 내용들을 순위별로 나누는 연습도 뉴스 구성을 이해하는 데 도움이 된다. 아래 〈동아일보〉 기사를 분석하여 리드와 본문을 주요 내용별로 재구성해 보자. 리드에서 2000만 가입자 수가 제시되었다. 그러면 본문에서 자연스럽게 어떠한 방식으로 집계되었는지를 밝히고, 이러한 숫자가 주는 의미를 진술하면 된다. 두 번째 주요한 본문 내용은 급속한 LTE 보급으로 인한 긍정적, 부정적 기능들과 관계되어 있다. 제목에서 '명암' 이라 했기에 두 가지 측면이 다뤄지는 것이 자연스럽게 보인다.

다음은 사건 관련 뉴스를 다루는 사회면 기사이다. 〈조선일보〉는 사건 전개과정을 다양한 인터뷰를 활용하여 생동감 있게 표현하고 있다. 리드를

## "납치 부탁받았지만 보호해드리고 싶어" 김인주 삼성선물 사장 부인 속인 30代

### 경호원 취직 노리고 찾아가 철통 보안 타워팰리스 뚫어

"납치 제의를 받았지만 당신을 보호하고 싶다"며 삼성그룹 사장의 부인에게 접근했던 30대 남성이 재판에 넘겨졌다. 서울중앙지검 형사8부(부장 김윤상)는 김인주 삼성선물 사장의 집으로 들어가 "누군가 당신을 납치하면 10억원을 주겠다고 했다"면서 김씨 부인을 속여 김 사장의 경호원이 되려고 한 혐의(사기미수·주거침입 등)로 김모(34)씨를 불구속 기소했다고 12일 밝혔다.

검찰에 따르면 김씨는 지방대를 졸업한 2004년부터 2년간 삼성 임직원의 건강보험 업무를 맡는 위탁업체 E사에 근무했다. 김씨는 2010년 1억원의 빚을 지고 신용불량자가 됐고 2년간 구직에 나섰으나 번번이 실패했다.

김씨는 작년 10월 말 삼성그룹의 '곳간 지기' 로 알려진 김 사장에게 접근하기로 마음먹었다. E사 동료였던 강모씨로부터 김 사장의 주소 등 인적 사항을 확보했다. 김 사장의 집은 철통 보안을 자랑하는 서울 도곡동 타워팰리스에 있었다. 김씨는 대낮에 깔끔한 양복 차림으로 아파트 보안 요원을 찾아갔다. 그는 자신을 "김인주 사장을 모시고 있는 사람" 이라고 소개했고, 인터폰으로 김 사장 집 가사도우미와 통화하면서도 똑같은 말로 속여 "올라오라"는 승낙을 받았다.

집안에 들어간 김씨는 가사도우미를 통해 당시 외출 중이었던 김 사장의 부인과 전화 통화를 했다. 그는 "누군가 10억원을 제시하면서 당신을 납치하라고 하는데 마음이 흔들린다. 앞으로 김 사장 곁에서 보호를 해줘야 할 것 같다는 생각이 들어 찾아왔다"는 취지로 말했다. 놀란 김 사장의 부인은 경찰에 신고한 뒤 다시 김씨에게 전화를 걸어 "세 시간 뒤 만나자"고 했다. 김씨는 아파트 로비 커피숍에서 기다리다 김 사장 부인과 함께 나온 수사관에게 붙잡혔다.

검찰 관계자는 "김 사장 부인이 당시 겁을 먹지는 않아 공갈 혐의를 적용하지 않고 사기미수 혐의를 적용했다"고 말했다. 검찰은 김씨에게 개인정보를 넘겨준 E사 직원 강씨에 대해선 벌금 200만원에 약식기소했다.

김인주(55) 사장은 한때 이학수 전 삼성그룹 전략기획실장과 함께 이건희 회장을 대리해 사실상 삼성을 이끌었던 인물이다. 그룹 재무팀장을 오랫동안 맡아 삼성의 돈줄을 틀어쥐고 있었다. 이재용 삼성전자 부회장이 지분구조상 삼성그룹을 지배할 수 있도록 경영권 승계 프로그램을 실행한 주역이기도 하다. 2010년 이학수 전 실장과 함께 물러났다가, 2011년 12월 삼성증권의 자회사인 삼성선물 사장으로 복귀했다. 한경진 기자

출처 : 조선일보 2013년 3월 13일 12면

〈리드(lead)〉

삼성그룹 사장의 부인에게 접근했던 30대 남성이 재판에 넘겨졌다. 서울중앙지검은 김인주 삼성선물 사장의 집으로 들어가 김씨 부인을 속여 김사장의 경호원이 되려고 한 혐의로 김모(43)씨를 불구속 기소했다고 12일 밝혔다.

〈본문(body)〉

**주요 내용**(nut graph) : 검찰에 따르면 혐의자 김씨는 불법적으로 빼낸 정보를 이용하여 보안요원과 가사도우미를 속이고 김씨 부인과 통화하여 김 사장에게 접근하고자 하였다. 김 사장 부인을 기다리던 김씨는 아파트 로비에서 수사관에게 붙잡혔다.

**추가적 정보**(extension of nut graph) : 김인주 사장은 한때 이학수 전 삼성그룹 전략기획실장과 함께 이건희 회장을 대리해 사실상 삼성을 이끌었던 인물이다. 2010년 경영에서 물러났다 2011년 삼성선물사장으로 복귀했다.

통해 사건의 개요가 소개되고 있으며, 본문은 주요 내용으로 사건 발생 과정을 언급하고 있다. 마지막으로 피해자에 대한 추가 정보를 제공하여 독자의 이해를 넓히는 것으로 기사를 마무리하고 있다.

다만 아쉬운 점은 사건과정에 대한 내용에서 피해자에 접근한 이유가 명확하지 않다는 것이다. '곁에서 보호를 해줘야 할 것 같다는 생각이 들어 찾아왔다' 는 내용만으로 접근한 이유를 추측하기는 어렵다. 취업을 위한 것인지 돈을 요구한 것인지 추가적 취재가 요구되는 부분이다.

신문사의 경우 편집국내 각 부서는 고유의 취재 영역을 중심으로 취재활동을 한다. 그러다보니 취재 분야별 기사 작성의 특성과 작성 요령도 있다. 정치, 경제, 사건·사고, 과학·기술, 스포츠 기사 유형으로 기사 작성의 특성과 유의사항들을 살펴보았다.

### 1) 사건·사고 기사

범죄사건, 교통사고, 화재 등과 같은 사건사고에서는 모두 현장이 중요하다. 따라서 기자는 사건사고가 발생한 현장이나 그곳과 관련된 사람으로부터 핵심 정보를 얻고자 하여야 한다. 현장 취재의 핵심은 육하 원칙에 다른 정보 수집이다. 사건사고 현장에서 확인 가능한 취재원은 사고를 담당하는 공무원(경찰, 소방관 등), 목격자, 피해자나 생존자, 주변 사람들(희생자 지인, 이웃 사람 등)이 있으며, 이들의 신원과 연락처를 확인하면서 관련 정보를 수집하여야 한다. 사건·사고 관련 취재해야 할 내용들로 이재경(1998)은 다음 사항들을 제시하고 있다. ① 관련된 사람들의 신상정보와 상태, ② 발생장소, ③ 발생시각, ④ 발생사실, ⑤ 사건이나 사고의 원인.

사건·사고를 취재하는 기자는 보도자료를 단순히 기초자료로 활용할 필요가 있다. 기자들이 다그치면 공보 관계자가 관련 자료를 조금씩 추가해 내놓는 경우도 있다. 기자들은 기본 자료를 참고해서 경험과 노하우를 살려 양질의 기사를 만들어야 한다. 결국 기자와 데스크, 신문사의 조직역량이 기사의 수준을 결정하게 된다.

2013년 3월의 포항 산불도 사건 규모에 비하면 보도자료는 충분치 않은 편이었다고 한다. 이런 사건의 취재는 보도자료를 토대로 기자들이 개별적으로 공보실 또는 해당부서에 문의, 취재하거나 직접 산불현장을 찾아 보도하는 형태를 띄고 있다. 취재 기자들은 대부분 보도자료(발생일시, 장소, 진화 상황, 피해내역 등)를 갖고 현장을 찾아 개별취재 활동을 벌인다. 현장을 찾아 피해 주민들의 생생한 목소리 등을 담아 기사의 현장감을 높이는 노력이 필요하다. 보도자료에 의존해서는 현장의 목소리를 담을 수 없기 때문에 발로 써야 한다는 것이다.

일선 취재 기자의 경험담에 따르면 사건, 사고와 같은 부정적 내용에 대해서는 취재의 어려움이 커진다.

> 사건, 사고가 발생하면 관할 지자체와 기관 등에서는 일단 축소하거나 은폐하려는 경향이 있습니다. 공무원은 사건이 커질수록 이런저런 부담이 되니까요. 여론질타(초기대응 실패, 늑장진화 등)에 이은 관련자 문책 등도 따를 수 있으니까요. 반대로 미담, 홍보기사 등 자기 부서나 조직이 빛날만한 기사는 이런저런 초를 쳐서 보냅니다.

산불 같은 사건은 대개 기사 구도가 정해진다. 이를 테면 스트레이트와 박스 기사(상보)로 나뉜다. 대부분 스트레이트(사고규모, 피해내역, 사고원인, 진화현황, 지자체 대책 경찰수사), 상보(왜 피해가 컸나, 망연자실한 피해주민들, 보상대책 등) 형식으로 나간다. 상보는 박스 기사 형태로 상황에 따라 비중이 높은 걸 골라 처리한다. 물론 관련사진이나 약도(산불발생 지점과 산불 확산경로), 도표(주요 산불일지) 등도 곁들이면 지면의 완성도가 높아질 것이다.

한편 재난[35]보도 관련 문제점으로 지적되는 것은 언론이 재해보도 자체에 주목하기보다 구독자 중심으로 보도하면서 발생한 선정성과 관련되어 있다. 즉 극적인 보도구조를 통한 흥미위주의 보도를 한다는 것이다. 예를 들어 보도사진의 대부분이 광각렌즈를 통해 피해 현장의 모습을 극적으로 보여주거나 클로즈업을 통해 피해자의 고통스러워하는 모습을 확대하여 보도하는 경우를 말한다. 일본의 재해 방송 특징에 대해 이창현(1995)은 조금이라도 밝은 뉴스를 전달하려하거나 이재민이 가장 필요로 하는 생활정보를 전달하려는 보도방침이 우리와 차별적임을 지적하고 있다.

### 2) 경제 기사

하나의 경제기사가 사람들의 다양한 경제활동에 직접적인 영향을 미칠 수 있다. 부동산 경기 활성화를 예상하는 기사를 생각해보자. 전세로 이사를 가려는 사람들은 주택 구입을 고려할 수 있고 주식시장을 기웃거리는 사람들은 건설주에 대한 투자를 계획할 수 있다. 또한 토목이나 건축학과에 대한 수험생들의 관심을 높이거나 건설회사 취업 희망을 자극할 수도 있다. 따라서 기자는 자신이 작성한 기사의 결과를 생각하면서 내용 하나하나 조심스럽게 다뤄야 한다.

일반적으로 경제부 기자에겐 다양한 숫자나 장황한 경제 관련 보고서를 다룰 수 있는 능력이 요구된다. 비율, 퍼센트, 지수, 전문용어 등을 지속적으로 접하기에 회계나 경제학 관련 지식이 풍부하다면 뉴스제작이 훨씬 쉬울 수 있다.

영향력 있는 경제 전문가들을 접촉할 수 있는 기술도 필요하다. 다른 분

---

35) 재난은 '특정 시점에 특정 지역에서 발생하여 그 지역사회 전체 혹은 일부분이 심각하게 인명 피해와 정신적 물질적 피해를 입어 그 사회의 정상적 기능을 마비시키는 사건을 지칭한다(Fritz, 1991, 정연구, 1998에서 재인용)

야의 기사에 비해 경제기사는 정보 획득이 어려운 경우가 많다. 대다수 기자들은 공직자들을 다루는 기회가 많고 공적 영역은 많은 부분이 개방되어 있다. 그러나 비즈니스 분야는 상대적으로 개인적(private)이고, 은밀하고(secretive), 권위적인(authoritative) 분야라 할 수 있다. 사업은 경쟁 관계에 있기 때문에 비밀유지는 자연스런 현상이다. 경제부 기자들이 취재의 한계를 경험할 경우 정부 기관들을 접촉하는 것도 방법이다. 경영 관련 정보들이 다양한 형태로 정부기관에 보고되기 때문이다.[36] 그러나 기자의 특종이 대부분 인적 자원에서 비롯된다는 사실을 생각하면, 평소 인적 네트워크를 얼마나 잘 형성하고 있는가가 관건일 수 있다.[37]

### 3) 정치 기사

정치 관련 기사를 담당하는 곳은 정치부이며, 소속 기자들은 중앙 행정부처와 국회, 정당 등을 담당한다. 선거 기간 동안에는 선거방송토론, 정치광고, 유세활동 등과 같은 다양한 선거 이벤트를 다룰 수 있는 특별 취재팀이 꾸려지기도 한다. 정치 기사를 작성할 때는 다양한 의견들을 수렴하여 편향되지 않도록 노력하여야 하며 드러난 현상 이면의 사건 배경, 동기, 영향력 등을 세심하게 살펴야 한다.

정치부 기자는 정치인과 사적 네트워크로 인해 객관적이고 중립적인 글쓰기가 방해받지 않도록 노력하여야 한다. 소위 기자의 줄서기 관행은 특정

---

36) 경제부 기자는 필요한 경우 부동산 거래 실적, 국가 및 지역 재정 기록, 기업 투자 및 채용 계획, 수출입 관련 통계, 기업 및 국가 재무상태, 각종 경제 관련 지표 등을 열람할 수 있다.

37) 접촉할 수 있는 인적 자원으로 은행 및 증권사 직원, 지역 상공회의소, 경제인 단체, 부동산 중개인, 기업 및 노조 임원, 유통업계 관계자, 경제 및 경영 국내외 전문가, 운송회사, 관련 정부 관계자 등을 고려해 볼 수 있다.

정당이나 정치인을 편드는 정파 저널리즘 현상을 초래하는 원인이라는 비난을 받고 있다.

### 4) 과학·기술 기사

삶에 대한 정보통신 관련 기술의 영향력이 확대되고, 환경이나 의학에 대한 독자들의 관심이 커지면서 과학·기술 관련 기사들이 늘어나고 있다. 그러나 관련 정보가 전문적이고 용어 자체도 난해한 경우가 많다. 큰 언론사일수록 이러한 현상을 전문적으로 다룰 기자들을 채용하고 있다. 전문기자, 대기자라는 직책으로 기자활동을 하면서 전문적인 식견을 활용하고 있다.

과학·기술 관련 기사 작성에서 무엇보다 중요한 것은 어려운 현상이나 용어 등을 독자의 눈높이에 맞도록 쉽게 풀어쓰는 것이다. 스트레이트 기사로 다룰 경우라도 해설이나 박스 기사를 병행하여 그 의미나 영향력 등을 이해하기 쉽도록 구성할 필요가 있다. 또한 표나 그래프와 같은 시각적 이미지를 활용하여 독자의 이해도를 높여야 할 것이다.

의학 기사도 의학 용어보다 풀어쓰는 것이 바람직하다. 예를 들어 '급성 편도선염의 증상' 이라는 표현은 '갑자기 편도에 염증이 생기면' 이라는 고치면 친숙하고 쉬운 문장이 된다. 딱딱한 소재를 각종 비유나 새로운 문체를 이용해 재미있게 써야 할 때도 많다. 때로는 영화, 드라마, 역사 등을 인용하거나 설명하면 재미있는 기사로 탈바꿈되기도 한다.

### 5) 스포츠 기사

스포츠와 레저에 대한 국민들이 관심이 증대되면서 온오프라인에서 스포츠 관련 뉴스의 비중은 커지는 추세이다. 그러나 스포츠 경기는 결말을 예측하기 어렵고 경기 시간이 긴 편이라 마감시간에 임박하여 끝나는 경우가 많다. 국제 대회의 경우에는 시차도 일정하지 않아 취재하는데 어려움을 주기도 한다. 그래서 스포츠 기사는 다른 기사에 비해 상대적으로 짧은 시간 안에 작성해야 할 부담이 있다.

기사 작성시 리드에는 경기의 결과가 드러나야 하고, 주목받았던 선수나 경기 상황 등을 생동감 넘치게 표현하고 묘사하여야 한다. 경기 전략이나 참가자의 멘트, 관중과 시민들의 반응 등도 전달하면 기사의 완성도는 높아진다. 스포츠 기사는 감동을 주는 극적 장면을 담은 사진과 함께 편집되는 경우가 대다수다. 역동적인 모습을 통해 독자의 감성을 자극할 수 있기 때문이다.

## 2. 피처 기사

스트레이트 기사에서 글의 구성은 역삼각형 기법으로 전개되는 것이 보편적이지만, 피처 기사는 서론-본론-결론 형식으로 이루어지는 형태가 빈번하다. 그래서 피처 기사는 사례, 사고, 일화 등으로 기사 전체를 묘사하는 내용을 먼저 전개하는 경우가 많다. 본문에서는 주제와 관련된 추가적인 사례와 인용, 사고, 배경을 소개하고 마무리에서 정리하는 강력한 문장을 제시하는 형태를 가진다.

이건호(2010)는 월스트리트 저널의 유명한 피처 기사 작성자인 윌리엄 블런델(William Blundell)의 피처 기사 작성법을 다음과 같이 소개하고 있다.

첫 번째는 '가렵게 하기(teasing)' 단계이다. 이는 독자를 피처 기사 내용으로 끌어들이는 것으로 전달하려는 내용이 무엇인지 독자의 궁금증을 유도하는 방식을 말한다. 기사의 도입에 사용하는 내용으로 지연된 리드의 형태로서 이야기의 복선을 의미한다.

두 번째 단계는 '기사의 핵심 내용을 알리기(telling what the story is about)' 이다. 앞서 제기된 호기심에 답할 수 있는 내용을 구체적으로 언급하는 것을 말한다. 추상적인 주제를 어떠한 내용으로 구체적으로 다룰지를 풀어내야 한다. 앞 단계에서 언론자유라는 큰 주제를 언급하였다면 여기서는 특정 내용을 제공하여 이슈화된 내용을 구체화시켜야 한다. 이때 뉴스가치가 고려된 후 선정된 소재를 중심으로 기사가 흘러가면 된다.

다음 단계는 '증명(proving)' 의 단계이다. 주제와 구체적 내용을 다양한 증거를 통해 논지를 만들어가는 단계이다. 이는 전문가의 인터뷰나 취재된 사실적 자료들을 설득력 있게 제시하는 과정을 말한다.

마지막은 '기억하기(remembering)' 단계이다. 전체 정보를 마무리하면서 기사 내용을 재확인하는 과정이다. 취재원의 진술을 인용하거나 현상을 스케치할 수도 있다. 기자는 다양한 시도를 통해 여운이 있는 결말을 맺어야 한다.

### 1) 르포

르포기사는 취재 대상이나 현장의 모습을 독자들에게 생생하게 전달해주는 뉴스이다. 사실 전달이라는 측면은 스트레이트 기사와 동일하지만 현장에 대한 저자의 감각을 직접 중계하는 형태에서 차이가 있다. 특정 장소에서 벌어지는 사실이나 사건을 현장감 있게 구성한 기자의 목격담이자 체험담이라 할 수 있다. 기자는 여러 상황과 분위기를 그림 그리듯 묘사하는 문장들을 사용하여야 한다.

르포기사에서도 기초 자료 조사는 취재할 내용에 대한 상세한 이해와 취재방향을 설정하는데 많은 도움을 준다. 장소나 사건 관련 정보들을 미리 파악함으로써 기자는 어떠한 방식으로 취재활동을 수행할지에 대한 감을 가질 수 있다. 기자가 관련 정보를 제대로 파악하고 있을 때 취재원의 의견을 적절히 판단하고 후속 취재나 인터뷰를 진행할 수 있다.

황성근(2005)은 르포의 구성을 세 가지로 소개하고 있다. 시간적인 순서, 주제별 구성, 그리고 이 둘을 혼용한 형태를 말한다. 시간적 구성은 기행문의 형식을 취하는 글을 의미하며 가장 보편적인 방법이다. 주제별 구성은 개별 단위로 주제의 독립성을 유지하면서 글을 작성하는 것을 말한다. 혼합형은 시간적인 순서로 내용이 전개되지만 주제별 구성이 제시되는 경우이다. 르포 글쓰기는 스트레이트 기사처럼 육하원칙이나 역피라미드 형식의 글을 추구하지 않는 경우가 많다.

르포에서 현장성을 살리는 방법으로 다양한 사람의 말을 인용하는 문구를 사용하는 것도 바람직하다. 한 사람에 대한 의견만을 많이 사용하면 기사의 흐름이 객관적이라기보다 편파적이라는 느낌을 줄 수 있다. 인용에 있어서도 취재대상의 특성을 그대로 살리는 사투리나 은어를 담아내는 것도 현장감을 살리는데 도움이 된다.

기사의 시작에서 시간과 장소를 먼저 언급하는 경우가 많다. 그리고 서두문을 잡아주고 다시 현장 실태를 언급하면 된다. 이 과정에서 현장 사람들의 생동감 넘치는 진술들을 포함시킬 필요가 있다. 대책을 제시하고자 할 때에는 공신력 있는 조직이나 전문가의 멘트를 인용부호를 사용하여 서술하는 것이 바람직하다. 또한 마지막에 취재하면서 자신이 느낀 해결책을 부분적으로 제시할 수도 있다.

르포기사는 역피라미드 형식의 글로 전개되기보다 피라미드형이나 혼합형으로 작성되는 경우가 많다. 다른 유형의 미디어글쓰기가 그렇듯 가장 재미있는 사실을 구체적으로 쓰면서 나머지는 덧붙이는 식으로 기술하면 된다.

아래는 전력난이 심각하여 사회적 절전 요구가 강화되는 시기에 이뤄진 르포기사이다. 한국전력거래소를 방문한 기자는 전력수요 변동에 따라 긴박하게 움직이는 모습들을 생생하게 담아내고 있다. 기자는 해당 직원의 인용을 통해 사태의 심각성을 부각시키고, 전력 상황들이 시간별로 어떻게 전개되고 있는지를 드라마틱하게 표현하고 있다. 2012년 여름 동안의 전력난에 대한 대응과 전망 등이 추가로 제시되었다.

> "한전과 발전회사에 '관심단계' 발령될 거라고 얘기하세요."
> 26일 오후 서울 강남구 삼성동 한국전력거래소 5층에 있는 전력수급 비상대책 상황실. 현장을 지휘하던 남호기 이사장의 목소리가 다급해졌다. 오후 1시 39분쯤 400만KW 아래로 내려간 예비전력 수치는 계속 떨어지고 있었다. 전광판의 숫자는 380만KW를 뚫고 370만KW까지 곤두박질쳤다 …….
> 상황실에 있던 10여명 직원들의 움직임도 빨라졌다. 1시 45분. 한전에 '관심단계' 예고를 보내고, 수요관리 현황 파악 지시가 내려졌다 …….[38]

르포를 '생활 속 발견' 이라고도 한다. 르포 장르를 다룰 때 취재할 범위가 지나치게 클 경우 문제가 될 수 있다. 주제가 크면 감동이 줄어들 수 있기 때문이다. '여기는 독도' 의 저자는 주제보다 소재의 중요성을 강조한다. 소재가 풍부하고 탄탄해야 한다는 것이다. 사소한 것도 메모하고 기록하여 하

38) 조선일보 2012년 7월 27일 B1면

나의 스토리로 엮어낸 소재를 많이 모아야 탄탄한 기사가 된다는 것이다. 참고로 여름이면 르포기사의 형식 외에도 폭염 관련 다양한 기사들을 흔히 접할 수 있다. 날씨 전망, 전력 사용량 급증, 불면증 해소 방법, 피부 관리법 등이 다뤄질 수 있는 보편적 소재이다.

### 2) 기획기사

미디어글쓰기를 할 때 기자는 '무엇을 쓸 것인지' 와 '어떻게 쓸 것인지' 를 숙고하여야 한다. 또한 기자가 사건과 이슈에 대한 표면적인 전달을 넘어 '왜' 라는 이유를 찾고자 한다면 더 깊이 있는 기사 작성이 가능하다. 화재가 발생한 경우를 생각해 보자. 왜 발생했는가? 왜 사상자가 나왔는가? 왜 대응이 늦었는가?(혹은 빨랐는가?) 등을 생각한다면 다양한 주제에 대한 심층 취재가 가능하다.

기획기사는 기자나 언론사가 주도적으로 기획하여 취재하는 형태의 기사이다. 기획기사는 대개 기사의 분량이 크고 장기간에 걸쳐 만들어 진다. 기획기사가 다양한 이슈들을 다루고 있지만 몇 가지 유형화된 보편적인 주제들도 있다.

먼저 정부 정책에 대한 설명이나 사회, 경제, 문화적 경향과 관련된 심층 정보가 등장하는 경우가 많다. 풍부한 정보를 담다보니 사회적 이슈나 쟁점들에 대한 발생배경, 진행상황, 대안 등을 다룰 수 있다. 기자가 쟁점에 대한 여러 의견들을 공정하고도 논리적으로 전개하려는 입장을 가질 때 글의 설득력을 키울 수 있다. 또한 특정 분야에 대해 깊이 있는 내용을 다루다보니 어려운 전문용어들이 등장하는 경우가 많다. 기자는 이를 철저히 확인하여야 하며 독자들이 쉽게 이해할 수 있는 방법으로 쉽게 풀어써야 한다.

독자들이 원하는 정보를 다루며 구체적 해결방안을 제시하는 형태의 기획기사도 생각해 볼 수 있다. 예를 들어 재테크 요령, 부동산 동향, 취업전략, 진학 등의 내용이 이사철, 졸업시즌, 대학 입시 기간 동안 시의적으로 다뤄질 수 있다. 심층적인 정보성 기획기사는 관련 독자들에게 실질적이고 직접적인 도움을 주는 경우가 많다. 이러한 정보성 기획기사의 경우 자료의 출처를 명확히 밝히는 것은 매우 중요하다. 이는 공정하고 정확한 보도뿐만 아니라 정보와 독자를 신속히 매개하는 역할을 수행하기 위한 것이다.

또한 인물기사로 구성된 기획기사도 적지 않다. 특정 인물에 대한 단순한 인터뷰 기사를 넘어 그 사람의 일대기나 업적을 소개하거나 특정 이슈를 추가적으로 다루는 방식으로 전개하곤 한다.

기획기사의 양을 고려하면 기자는 효과적인 전달 방법을 진지하게 고민하여야 한다. 통계자료나 주요 사건 흐름 등을 독자들이 잘 이해할 수 있도록 도표, 그림 등을 효과적으로 사용하는 것도 바람직한 방법이다. 특히 온라인 매체를 통해 서비스되는 경우 다양한 그래픽과 동영상도 고려할 만하다.

국내 신문에서 사용되는 기획기사의 길이는 일반적으로 1600자 정도다. 기사에 등장하는 적절한 인물 취재원은 3-5명이다. 유용한 인용을 얻어내기 위해서는 대체로 몇 배의 인터뷰 취재가 필요하다. 또한, 공정하고 정확한 취재를 위해서는 다양한 의견을 반영하고 전달하려는 노력도 중요하다. 유사한 내용을 담기보다 상반된 의견을 취재에서 활용한다면, 독자들에게 객관적인 글쓰기라는 평가를 받을 수 있어 기사에 대한 신뢰도도 높일 수 있다. 특히, 갈등적 기사에서는 찬·반의 입장을 소개하는 것이 독자의 올바른 판단을 위해 중요하다.

언론인은 공공기관이 관리하는 정보를 법적 절차를 통해 공식적으로 획득하는 것도 생각해 보아야 한다. 우리나라는 1998년부터 [공공기관의 정보공개에 관한 법률]을 시행하고 있다.[39] 국민의 알권리를 위해 공공기관이 보유하고 관리하는 정보를 국민에게 공개토록 규정한 법률이다. 2011년 시행령에 따르면, '공공기관은 정보의 공개를 결정한 때에는 지체 없이 공개를 결정한 날부터 10일 이내의 범위 내에서 공개일시를 정하여 청구인에게 통지하여야 한다.'

3) 칼럼

박상건(2011)은 칼럼이 기둥을 뜻하는 라틴어 칼룸나(columna)에서 유래하였다고 주장한다. 칼럼은 신문이나 잡지의 난(欄)이나 기고와 같이 일정 지면에 지속적으로 연재되는 유형의 기사를 지칭한다. 한국의 경우 1906년 〈대한매일신보(국한문)〉가 최초라 한다. 그리고 한국에서 사용되는 칼럼의 유형은 크리그바움(Kriegbaum, 1956)이 분류한 여섯 가지 방식과 매우 유사하다고 한다.

- ◆ 심층보도 칼럼-전문가 의견칼럼(북한 핵문제 해법, 국회 선진화법 등에 대한 주장)
- ◆ 의견 개진 칼럼(시청료 인상, 등록금 인상 등에 대한 사적 의견)
- ◆ 가십, 잡담 칼럼(각종 사건, 문화현상 등에 대한 이야기)
- ◆ 유머칼럼(재담, 속담 등에 관련된 내용)
- ◆ 에세이 칼럼(수필-고부문제, 귀농 등에 대한 진술)
- ◆ 개인 일기 칼럼(대학교수, 장관 등의 글)

---

39) 정보공개법(Freedom of Information Act: FOIA)은 청구인이 왜 해당 정보를 요구하는지를 묻는 것도 금하고 있다. 기자는 정보 공개를 요청하고 필요한 정보를 확보하는 과정에 대한 설명도 기사에 포함시킬 수 있다.

칼럼은 무겁고 논리적인 문장 분위기에서 벗어나 부드럽고 개성적인 방식으로 전개되는 특징이 있다. 집필자도 시인, 종교인, 소설가 등 매우 다채롭다. 일반적으로 좋은 칼럼이라 평가받는 글은 주제가 시의적이며 저자의 체험을 바탕으로 작성된 것이라 할 수 있다. 또한 사회적 공감대를 조성하거나 정책에 반영될 수 있는 문제제기와 대안을 제시한 칼럼도 매우 바람직한 글이라 할 수 있다.

박상건(2011)에 따르면, 칼럼은 3가지 논증구조를 가진다고 한다. 먼저 문제제기와 주장이다. 이는 말하고자 하는 무엇을 의미한다. 다음으로 제기된 주장은 이를 뒷받침하는 무엇에 관한 것이다. 주로 사례제시와 논리적 근거와 관계있다. 마지막으로 문제제기와 사례를 뒷받침하는 결론부분이다. 무엇이 어떠해야 한다고 생각하는지를 전하는 부분이다.

사회 현상이나 사람들의 행동을 유형별로 분석하는 글쓰기도 기획기사나 칼럼에서 흔하다. 유형화는 다루는 현상에 대한 차이를 독자들에게 부각시키고자 할 때 유용한 방법이다. 특히 심층보도에서 전체 내용을 몇 가지 유형으로 목록을 구성하여 제시한다면 독이성도 높일 수 있다.

#### 4) 스케치 기사

스케치 기사는 왜? 어떻게? 등 특정 사건이나 현상에 대한 주변 이야기가 중심이다. 예를 들어 선거관련 보도를 할 때 후보별 선거유세, 이색 선거운동, 각 선거캠프 분위기 등 다양한 이야기가 하나의 주제 아래 간략하게 편성되는 형태를 띠고 있다.

〈조선일보〉의 2013년 1월 18일자 기사는 18대 대통령 취임을 앞두고 인수위원회의 여러 업무들과 분위기를 하나로 묶어 설명하는 스케치 기사이다. 스케치 기사는 인수위 관련 세 개의 별개 뉴스를 다루고 있다. 대통령 당

**요즘 인수위에선 무슨 일이…**

### "북한측서 인수위 기자실 해킹 흔적" 해프닝

**인수위 말만 듣고 오보 소동**

대통령직인수위는 17일 오전 "인수위 기자실이 북한 측으로부터 해킹된 흔적이 포착됐다"고 했다가 오후에 "전달 과정에서 내용이 잘못 전달됐다"며 거둬들였다. 이로 인해 여러 언론이 '북한의 인수위 해킹 시도'를 긴급 보도했다가 정정하는 소동을 빚었다.

**2008년 MB 인수위 때는 컴퓨터 400대 해킹 당하기도**

인수위 대변인 행정실 관계자는 이날 오전 9시 45분쯤 서울 종로구 삼청동 금융연수원 본관에 있는 인수위 기자실에서 "정보 당국에서 보안 점검을 했는데 기자실 쪽에서 북한 측으로부터 해킹된 것이 포착됐다고 오늘 아침 연락이 왔다"며 "패스워드를 수시로 잘 바꾸고 백신 검사를 자주 하시는 것이 좋을 것"이라고 했다. 이날 오후 윤창중 인수위 대변인은 "인수위원과 인수위 직원들은 국가 정보 통신망을 사용하는 데 반해 기자실은 상업용 인터넷망을 이용하기 때문에 외부 해킹 시도에 취약하다"며 "이런 내용을 전달하는 과정에서 일부 오해가 있었던 것"이라고 말했다. 임종훈 행정실장도 "해킹이 있었는지 없었는지는 알 수가 없다"고 말했다. '북한의 해킹'이란 부분도 "잠재적인 해킹 집단을 예로 들면서 (북한이) 나왔을 수 있지만 정확한 내용은 아니다"고 했다.

한편 지난 2008년 이명박 정부 출범 당시에도 인수위 해킹 시도가 있었던 것으로 알려졌다. 정부 관계자는 "2008년 당시 400여대의 인수위 컴퓨터가 오염(해킹)됐다"며 "조사 결과 북한의 소행일 가능성도 있는 것으로 나타났지만 확정적인 증거는 잡지 못했다"고 말했다. 김진명 기자

### 내달 대통령 취임식때 가수 '싸이' 공연 검토

다음 달 25일 국회의사당에서 열릴 박근혜 대통령 취임식에 가수 싸이의 공연이 검토되는 것으로 17일 알려졌다. 취임준비위(위원장 김진선)는 이날 정부종합청사에서 전체 회의를 열어 최대한 차분하고 검소하게 취임식을 치른다는 데 공감대를 이룬 것으로 알려졌다. 외국 국가원수 등 국내외 거물급 인사들보다는 일반 국민 중심의 취임식을 한다는 취지 아래, 참석자 6만명 중 3만명을 일반 국민 중에서 초청하기로 했다. 일반 참석자는 오는 21일 개통하는 홈페이지를 통해 신청을 받는다.

또 지나치게 엄숙한 분위기 대신 국민이 함께 어우러지는 축제 분위기를 만들기 위해 다양한 이벤트도 준비 중인 것으로 알려졌다. 준비위 관계자는 "가수 싸이의 공연도 검토 중인 여러 기획안 중에 포함돼 있다"며 "싸이 측도 참석 의사가 있는 것으로 알고 있다"고 전했다. 김시현 기자

### 오바마 "한·미 공조로 北문제 등 효율 대응"

**당선인측, 축하 메시지 공개**

버락 오바마 미국 대통령은 박근혜 대통령 당선인에게 보낸 축하 메시지에서 "지금 북한으로부터 중대한 도전에 함께 직면하고 있지만 한·미 양국의 긴밀한 공조는 북한 문제 및 다른 주요 현안들에 대한 효율적 대응에서 핵심적 역할을 할 것"이라고 밝혔다.

박선규 당선인 대변인은 17일 브리핑에서 오바마 대통령과 힐러리 클린턴 국무장관이 전날 커트 캠벨 국무부 동아태 차관보를 통해 박 당선인에게 전한 축하 메시지 내용을 이같이 공개했다.

오바마 대통령은 또 "올해는 양국 동맹 60주년이 되는 해"라며 "양국이 공유하고 있는 가치는 인권 개선과 빈곤 완화, 환경보호 및 핵확산 방지 등 전 지구적 이슈에 대한 양국간 협력 확대의 기반이 되고 있다"고 했다. 클린턴 국무장관은 "역사적 선거를 통해 대한민국의 첫 여성 대통령이 된 것을 진심으로 축하한다"며 "참으로 감격스러운 일로 미국과 아시아 국가들의 좋은 본보기가 될 것"이라고 했다. 권대열 기자

출처 : 조선일보 2013년 1월 18일 4면

선인 관련 취재가 사실상 어렵다 보니 인수위에서 관련 정보들을 취합 보도하고, 보도할 내용이 그다지 많지 않을 경우에 선호될 수 있다.

인수위 기자실 해킹과 관련된 해프닝, 대통령 취임식 준비 관련 뉴스, 외교 관련 뉴스로 미국 대통령의 축하 메시지를 다루고 있다. 짧은 기사이지만 다양한 영역을 다루는 인수위의 활동을 파노라마식으로 펼쳐 독자들이 쉽게 이해할 수 있는 내용으로 구성하였다.

### 5) 사설

사실 중심의 기사보다 의견이나 주장의 비중이 높은 기사 형태로는 논설/사설, 칼럼, 시론 등이 있다. 이 가운데 글의 주제와 논지를 논설위원 상호간 토론과 협의를 거쳐 결정하는 것은 사설이 대표적이다. 집필자의 사적 입장이라기보다 언론사의 주

된 의견을 대표한 공식적 주장이라 할 수 있다.

사설은 논리적인 글 전개를 통해 자신의 견해나 주장을 설득력 있게 표현하는 중요한 수단이다. 신문 사설을 집필하는 논설위원은 다양한 분야에 대한 폭넓은 경험과 풍부한 지식을 갖추고 필력 또한 탁월하여야 한다. 신문사의 논설위원은 대개 빨라야 40대 후반인 경우가 대다수다.

사설은 신문사마다 차이가 있지만 대개 200자 원고지 4-5장 분량으로 3편정도 다뤄지고 있다. 오피니언 면에 외부 필진들의 칼럼이나 독자 투고 등과 함께 편성되는 추세이다. 이는 뉴스와 의견을 구분하여 지면 배치를 함으로써 사실보도와 의견기사를 차별화하는 시도라 할 수 있다.

**그림 2-2. 사설 집필 과정**

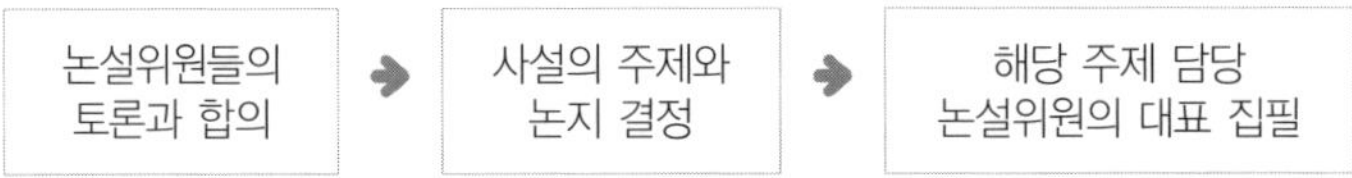


출처 : 김병철(2004). 미디어 글읽기와 글쓰기. p.186.

대부분의 사설은 서론, 본론, 결론으로 구성된다. 서론은 다루고자 하는 주제에 대한 사실을 제시하거나 문제제기를 통해 결론의 일부를 암시하는 출발점이라 할 수 있다. 과장되거나 지나치게 구체적인 내용을 제시하기보다 문제나 현안을 간략하게 압축하는 문장이 바람직하다. 간결한 문장으로 독자의 시선을 붙잡아 두는 것이 중요하다. 서론 부분에서 이야기를 장황하게 가져가지 않도록 주의해야 한다. 독자가 글의 방향을 파악하기 어려워 지루함을 느끼고 글 읽기를 단념할 수 있기 때문이다. 따라서 기자는 일반적 진술, 사회적 사건, 역사적 실례, 혹은 인용이나 속담 등을 활용하여 주제에 대해 포괄적으로 접근하는 것이 필요하다.

본론은 제기된 문제나 사실에 대한 구체적인 설명과 더불어 언론사의 입장을 제시하고 있다. 입장 제시는 단정과 증명으로 구성된다. 단정은 문제에 대해 긍정 혹은 부정의 형식으로 입장을 밝히는 것이며, 증명은 단정에 대한 논리적 입증을 말한다. 논증은 가능한 다양한 대안들을 통해 제시되어야 한다. 다양한 대안들을 토대로 할 때 결론의 강도는 커질 수 있다. "홍길동은 이번 선거에서 새누리당 공천을 거부했다. 정당정치에 대한 반감도 드러냈다. 결국 그는 무소속으로 출마할 것이다."라는 진술이 논리적으로 가능할 수 있다.[40]

결론은 본론을 토대로 자신의 주장이나 대안을 제시하는 내용으로 구성된다. 결론은 사설을 마무리하는 부분이기에 문제의 핵심을 다루는 확실한 주장을 필요로 한다. 독자에게 자신의 입장을 각인시킬 짧고 강렬한 문장을 만들 필요가 있다. 요약과 정리를 하면서 자신의 주장이 갖는 '의미'를 밝히거나, 제기된 논점을 넓은 안목에서 '전망'하는 것도 이뤄져야 한다.

다음 〈동아일보〉의 사설은 국세청장 내정자에게 세정의 투명화와 세무공무원의 윤리의식 확립을 요구하는 내용이다. 이러한 주장의 근거로서 서론에서 세무조사팀의 불법적 행태를 문제제기하고 있다. 서론만 보더라도

---

40) 귀납논증에는 어떤 주장이 거짓이더라도 반대 상황의 주장이 바로 참이 되는 것은 아니다. '나는 대학생이다'라는 주장이 참이라면 '대학생이 아니다'라는 주장은 거짓이다. 그러나 귀납논증에는 어떤 주장이 거짓이라고 해서 반드시 반대 상황이 참이 되는 것은 아니다. 예를 들어, "학생들이 학교에 불평을 하지 않는다. 따라서 학생들은 학교에 만족하고 있다"라고 유추하는 것은 그릇된 판단일 수 있다. 불평과 만족을 동일 선상에서 연결하는 것은 논증에 문제가 된다. 자신이 원하는 결론을 도출하기 위해 다른 사람들이 무지하다는 사실로 자신의 의견을 주장하는 방식이다. '무지에 호소하는 논증'은 다음의 경우에서도 사용되고 있다.

"어느 누구도 유령이 없다는 것을 증명하지 못했다. 따라서 유령은 존재한다." 유령이 있는데 증명하지 못한 것일 수도 있고, 실제로 유령이 없어 증명하지 못한 것일 수도 있기 때문이다. 논증은 모르는 것을 모른다고 인정하는 방식으로 결론이 도출되어야 한다. 이런 상황을 고려하면 자신의 주장은 증거를 통해 조심스럽게 진술되어야 한다.

세무 공무원의 윤리의식 함양이라는 결론을 어느 정도 유추할 수 있다. 결국 경제민주화 확립이라는 관점에서 뇌물 세리(稅吏) 문제를 해결할 것을 요청하는 것으로 마무리하고 있다.

### 새 국세청장, 뇌물 稅吏부터 없애는 게 경제민주화다

서울국세청 조사1국의 한 세무조사팀 9명이 조사대상 회사들로부터 3억여 원의 뇌물을 받았다가 경찰에 적발됐다. 이 팀은 팀원끼리는 뇌물을 똑같이 나누고 팀장에게는 더 줬다. 세무 공무원의 개인 비리는 종종 있어왔지만 조사팀 전체가 부정을 저지르다가 적발된 것은 처음이다.

국세청장은 정부기관장 가운데 가장 감옥에 많이 갔다. 역대 청장 18명 중에서 8명이 각종 비리에 연루돼 사법처리되거나 불명예 퇴진했다. 한상률 전 청장이 뇌물 공여 등의 혐의를 받고 미국에서 23개월 동안 도피생활을 할 때 국세청 간부들이 10개 기업을 압박해 '자문료' 명목으로 5억여 원을 받아내 전달한 일이 있다. 국세청의 윤리불감증은 위아래 없이 조직 전체에 만연한 듯하다.

역대 정권들은 예외 없이 세무 비리를 끊겠다고 공언했지만 성과는 크지 않았다. 거꾸로 권부(權府)는 미묘한 정치 사안이 있을 때마다 국세청을 동원했다. 김대중 정부의 신문사 세무조사, 이명박 정부의 박연차 태광실업 회장 세무조사를 통한 노무현 때리기 등이 생생한 사례다. 세금은 국민이 재산권을 놓고 국가와 직접 맞서는 현장이다. 국세청은 '내부 비리'와 '권력 해바라기'라는 고질병을 고치지 않고서는 국민의 신뢰를 얻을 수 없다. 세정이 바뀌지 않는 한 아무리 경제민주화를 외쳐봐야 설득력이 없다.

새 정부는 임기 5년 동안 공약 이행에 들어가는 재원 135조 원을 마련하기 위해 지하경제를 양성화하고 탈세를 막겠다고 다짐했다. 국세청은 이를 위해 고액 현금거래자료를 열람할 수 있는 권한을 요구한다. 그에 앞서 세정의 투명화와 세무 공무원의 윤리의식부터 확립해야 한다.

새 국세청장에 내정된 김덕중 중부지방국세청장은 본청 기획조정관 시절에 지방국세청 조사 조직을 관리부서와 집행부서로 분리해 내부 견제를 강화했고, 징세법무국장 때는 악성 체납자를 겨냥한 '숨긴 재산 무한추적팀'을 가동했다. 김 내정자는 부패한 세리(稅吏)부터 없애야 한다. 그게 '국세청발(發) 경제민주화'의 첫걸음이다.

출처 : 동아일보 2013년 3월 16일 27면

필자의 주장이 중요하거나 새로운 것일 때, 결론을 많은 독자들이 공유하고 있을 때, 기존에 많이 다뤄져 독자들에게 식상한 주제일 경우에 사설의 형식을 '결론-본론-결론' 형태로 가져갈 수 있다. 주제의 결론을 먼저 제시한 뒤 본론, 결론으로 논지를 펼치는 형식이다. 이처럼 두괄식 글쓰기로 주장이 글의 앞부분에 가는 경우 글의 논조가 쉽사리 흔들리지 않는다는 장점이 있다.

자신과 반대되는 주장이 널리 퍼져있는 경우 반대론을 앞세운 사설을 작성할 수도 있다. 자신의 견해와 다른 반대론을 먼저 제시한 후 이를 반박함으로써 자신의 주장이 타당함을 입증하는 사설이다. 이러한 형태의 사설은

'서론-본론-결론' 형태와 유사하게 '반대론 소개-반대론 반박-자기주장' 순으로 전개한다.

사설의 여론형성 기능을 고려하면 주관적 판단이나 편견보다 객관적이고 공정한 글쓰기가 무엇보다 중요하다. 이러한 중요성에도 불구하고 사설은 해당 언론사의 가치관이 반영되고 회사의 이익을 추구하는 논지가 많아 비판의 대상이 되기도 한다. 사설을 쓸 때 고려해야할 사항들은 다음과 같다(김병철, 2004).

(1) 쉽고 간결한 글

다른 유형의 글쓰기처럼 이해하기 쉽고 간결하게 작성하여 독자가 속도감 있게 기사를 쉽게 접하도록 만들어야 한다. 난해한 주제나 추상적인 내용을 다루는 경우가 많아 쉽게 풀어쓰는 연습이 무엇보다 중요하다. 복문보다 단문을 사용하고 한 문장에 하나의 개념이나 사실을 담아야 한다. 접속사도 최소화하여 읽는 호흡이 느려지지 않도록 주의해야 한다.

한 문장 안에 너무 많은 표현들을 넣을 경우 글은 산만해져 이해하기 어려워진다. 이외수(2012)는 이러한 현상을 음식으로 비유하여 다음과 같이 유머러스하게 표현하고 있다.

> 쇠고기 닭고기 돼지고기에 고등어 이면수 오징어를 집어넣고 미나리 당근 시금치 감자 마늘을 첨가한 다음 소금 간장 설탕 된장에 후추를 뿌리고 마요네즈까지 처바른 상태...

이러한 상태를 막고자 한다면 꾸미는 단어들을 가급적 자제하여 문장의 순서를 바르게 배열하는 훈련이 필요하다. 또한 복잡한 정보를 전달할 가장 기본적인 문장구조는 무엇인지를 숙고 후 판단하여야 한다.

(2) 주장이 분명한 글

사설에서 다뤄지는 이슈는 양비론적으로 다뤄지기보다 찬성과 반대에 대한 뚜렷한 주관이 제시되도록 구성되어야 한다. 사설은 필자의 주장을 논리적으로 전개하거나 구체적인 대안 제시를 통해 여론형성을 적극적으로 이뤄낼 수 있는 기사 유형이다. 물론 이해관계가 첨예한 경우나 어느 한쪽에 대한 주장이 불공정의 문제를 초래할 경우 양측에 대해 골고루 문제점을 지적해 줄 수 있다.

(3) 정확한 정보가 있는 글

해당 주제나 사안에 대해 사설을 작성할 경우 정확한 정보에 근거하여야 한다. 부정확한 정보에 근거한 글은 설득에 제한적이며 공허할 수밖에 없다. 뉴스보도와 같은 정확성을 가지고 독자의 공감을 얻는 글재주를 발휘하여야 한다.

(4) 객관적이고 공정한 글

자신의 주장을 명확하게 밝히는 것 못지않게 글이 객관적이고 공정하게 전개되어야 한다. 일방적인 자기주장이라는 느낌을 독자가 가지는 것을 금할 수 있는 글을 써야 한다. 공적 이슈를 다룰 때 우리 사회가 가진 보편적 가치에 기준하여 균형 잡힌 시각으로 자신의 이야기를 전달하여야 한다.

(5) 체계적이고 명확한 글

글의 논지를 체계적이고 명확하게 하여야 한다. 다루고자 하는 주제 혹은 논점을 중심으로 자신의 주장을 체계적이고 명확하게 펼쳐야 한다. 그래야 주장을 제시할 때 글의 설득력이 명확해진다.

### 6) 인터뷰 기사

대다수의 미디어글쓰기는 정보획득을 위한 취재활동으로서 인터뷰를 사용한다. 흔히 '기자는 질문하는 직업이다.' 라는 말이 있을 만큼 인터뷰는 기사 취재의 핵심이라 할 수 있다. 노련한 기자라면 취재원에게 부담없이 다가가 원하는 정보를 손쉽게 끄집어 낼 가능성이 높다. 질문은 날카롭되 표현과 태도는 부드럽게 하는 기술을 생각해두어야 한다.

인터뷰는 크게 뉴스 인터뷰와 인물 인터뷰로 나뉜다. 뉴스 인터뷰는 기사 작성을 위해 관련자들의 사건 개요, 목격담, 견해, 주장 등을 듣는 행위를 말한다. 정보의 정확성을 중대하고자 하는 기자는 가능한 많은 사람을 인터뷰하는 것이 바람직하다. 특히 갈등이나 대립되는 내용의 경우 이해 당사자를 공정하게 접근하려는 노력이 중요하다.

인물 인터뷰는 뉴스의 초점이 되거나 조명할 가치가 있는 사람을 대상으로 인터뷰 기사를 작성하기 위한 취재를 말한다. 인터뷰 기사에서 인터뷰는 취재 활동의 핵심으로 특정 인물에 대한 상세한 정보를 바탕으로 기사를 작성한다. 기자는 관심 있는 인물을 인터뷰하면서 특정 이슈에 대한 의견, 삶의 철학과 비전, 근황 및 활동 등과 관련된 상세한 정보를 이끌어 내야 한다.

인터뷰 방법은 크게 대면, 통신을 이용한 전화나 전자메일, 서면의 방식이 있고 최근 들어 모바일 방식도 가능하다. 서면 인터뷰는 서면으로 인터뷰 질문을 보내고 이에 대한 답변을 구하는 방식을 말한다. 인터뷰 대상의 시간적, 지리적 여건 등에 따라 서면 인터뷰가 이뤄지기도 한다. 일정이 바쁜 국내외 최고위급 인사, 장기수, 국내외 대기업 회장 등이 이에 해당된다. 서면 인터뷰의 경우 인터뷰 대상이 진지하게 숙고하면서 답변할 수 있어 체계적이고 깊이 있는 답변을 할 수 있는 장점이 있다. 그러나 인터뷰 질문지에 대한 답변 작성자의 신원을 확인할 수 없다는 점과 유연하게 후속 질문하기가 어렵다는 단점이 있다. 특히 수행원들이나 비서가 작성한 글이 회신될 가능성이 존재한다는 사실을 명심하여야 한다. 나아가 정보 수집 과정이 상대적으로 길다는 점도 단점일 수 있다. 이러한 점을 보완하기 위해 전화나 전자메일 인터뷰 방식을 선택할 수 있다.

인터뷰를 수행하는 기자는 인터뷰 대상의 분위기나 인성, 특성 등을 파악하려는 노력도 중요하다. 이런 측면에서 대면 인터뷰는 비언어적 요소와 태도 등을 점검할 수 있는 기회를 제공하는 좋은 방법이라 할 수 있다.

인터뷰는 단독 혹은 공동으로 수행된다. 기자와 인터뷰 대상자가 일대일로 만나는 경우가 단독 인터뷰이고, 기자회견 같이 인터뷰가 이뤄지는 것을 공동 인터뷰라 한다. 공동 인터뷰의 경우 대다수가 인터뷰 대상자에 의해 기획된 경우가 많고 인터뷰 시간도 적어 인터뷰어의 관심사를 충족시키기가 쉽지 않다. 또한 기획이라는 측면에서 생각해보면 언론이 주최 측에 이용당할 우려도 있다.

모든 인터뷰는 저마다 독특한 특성이 있다. 기자는 인터뷰 대상에 따라 유연하게 대처할 필요가 있다. 계획대로 인터뷰 진행이 어려운 경우가 많기 때문이다. 기자는 인터뷰 진행에 도움이 되는 다음의 지침들을 눈여겨볼 필요가 있다.

먼저 적절한 옷을 입고 시간을 잘 지켜야 한다. 인터뷰 복장에 신경 쓸 필요가 있다. 당신이 입고 있는 복장이 수행하는 인터뷰의 중요성을 말해주기도 한다. 인터뷰 대상자는 바쁜 스케줄을 가지고 있을 가능성이 높다. 시간 약속을 성실히 지키는 것은 인터뷰 대상에 대한 예의이며, 방문 목적이

직무와 관련되어 있음을 보여주는 것이기도 하다.

기자는 인터뷰 목적을 지속적으로 점검할 필요가 있다. 인터뷰 대상자와 짧은 대화 후 인터뷰 질문을 던지기에 앞서 인터뷰의 목적을 다시 알려줄 필요가 있다. 이러한 행위가 인터뷰이의 기억을 새롭게 하고 인터뷰 내용에 집중하도록 만들기 때문이다. 인터뷰 대상이 일련의 질문을 제기하는 이유를 제대로 알고 있을 때, 기자는 명료하고 도움 되는 답변들을 얻을 가능성이 높아지기 때문이다.

인터뷰 대상이 녹음을 허용한다면, 가능한 눈에 띄지 않도록 이를 수행하여야 한다. 마이크를 내밀거나 기계 조작하는 모습을 자주 보이는 것을 피해야 한다. 사전에 녹음 장치 조작을 확인할 필요가 있다. 녹음 기계 설정이 끝나면 인터뷰하는 시간동안 장비에 개의치 말고 녹음에만 집중하여야 한다.

인터뷰 동안 집중해서 들어야 하며 이해할 수 없는 단어나 문장이 있다면 즉시 질문한 후 만들어야 한다. 직접 인용할 문장이 있는 경우 자신이 정확하게 알고 있는지를 확실히 하기 위해 인터뷰 대상에게 이를 반복해서 말해줄 것을 요청할 수 있다. 저명한 사람들은 자신이 잘못 인용될 가능성이 있음을 알고 있기에 대부분의 경우 기꺼이 응하는 편이다.

인터뷰 대상이 연장하기를 원하지 않는다면 인터뷰 시간을 가능한 지켜야 한다. 인터뷰가 끝나면 가능한 빠른 시간 안에 기자수첩을 점검할 필요가 있다. 시간이 지나면 인터뷰 내용들이 혼란스러워질 수 있기 때문이다. 인터뷰 동안 메모장에 표시한 기호나 그림, 축약된 단어의 의미를 정리하는 것이 어려울 수 있다.

인터뷰 주제가 논쟁적인 경우, 메시지에 찬성하거나 반대할 수 있는 조직이나 사람이 있을 수 있다. 이런 경우 정확한 사실(fact)이나 통계자료들을 점검할 필요가 있다. 예를 들어 공원에서의 흡연 반대 정책이 나왔다면 실제 정책이 집행되는 시기나 찬반 여론이 어떠한 집단을 통해 어떠한 명분으로 전개되고 있는지를 사전 점검하여야 한다.

특정 인터뷰 질문에 대한 답변 과정에서 준비된 다른 질문에 대한 답변도 나올 수 있다. 이럴 경우 준비된 질문은 답변되었음을 표시할 필요가 있다. 인터뷰 과정에서 질문 목록에 없는 새로운 이슈가 제기되는 경우도 있다. 이러한 경우 새로운 이슈를 위한 질문을 위해 준비된 질문 순서를 바꿀 수도 있다.

인터뷰 분위기를 부드럽게 하여 충분한 대화가 이뤄질 수 있는 환경을 조성하여야 한다. 청문회식 질문만 던질 경우 상대방은 자신을 방어하면서 비협조적인 상황을 연출할 수가 있다. 기자는 인터뷰 내내 상대방이 당황하지 않도록 노력하여야 한다. 상대방이 긴장할 수 있는 메모나 녹음은 상대방의 태도나 분위기를 살펴가며 양해를 구하고 실행에 옮겨야 한다. 녹음은 인터뷰 내용을 이해하는 도구이자 말을 바꾸는 것을 대비한 보험의 성격도 있다.

기자는 무엇보다 인터뷰 대상자의 이야기를 흥미롭게 경청하고 있다는 느낌을 주어야 한다. 이를 통해 상호신뢰가 형성되면서 심층적인 정보가 나올 수 있다. 또한 상대의 답변에 간단한 추임새를 넣거나 흥미 있는 이야기를 끄집어내면서 상대방에게 질문하는 기교도 부릴 줄 알아야 한다.

간결한 질문이 이뤄질 경우 상대방이 쉽게 파악하고 답변에도 집중할 수 있다. 여러 가지 내용을 하나의 질문에 다 포함시킨다면, 상대방을 혼란스럽게 하여 충실하지 못한 답변결과를 얻을 수 있다. 상대방을 긍정적으로 평가하면서 이해하려는 태도도 중요하다. 가벼운 질문부터 시작하여 무거운 질문으로 옮겨가는 것도 답변에 대한 상대방의 집중도를 높이는 데 도움이 된다.

리차드슨(Richardson, 2007)은 효과적인 인터뷰 전략으로서 다음 사항들을 추천하고 있다.

- 인터뷰에 앞서 학습하라. 인터뷰 주제나 대상에 대한 철저한 준비가 이뤄질 때 효과적인 인터뷰가 이뤄질 수 있음을 명심해야 한다.
- 질문 문항들을 준비하라. 사전 문항 준비를 통해 중요한 것을 점검할 수 있는 기회를 가져야 한다.
- 준비된 문항을 벗어날 마음의 준비도 필요하다. 상대방이 예기치 못한 반응을 대응할 수 있도록 주의 깊게 경청하여야 한다.
- 저널리즘 활동에 맞는 시각적 단서들을 제공하라. 상황에 맞는 옷차림과 기자의 공적 위치를 보여줄 수 있는 시각적 도구를 적절히 활용하여 인터뷰의 중요성을 말하는 것도 좋다.
- 간결하게 질문하라. 질문은 짧고 상대방의 이야기가 길어지는 것이 바람직하다.
- 인터뷰 대상자의 진술이 너무 빠르다면 속도 조절하라. 인터뷰 참여자가 지나치게 서두를 경우 그의 진술 하나하나가 매우 소중하다는 메시지를 전달할 필요가 있다.
- 듣는 것 못지않게 보는 것도 중요하다. 인터뷰에 참여한 상대방이 어떻게 행동하는지 비언어적(nonverbal) 메시지를 효과적으로 해석한다면 인터뷰 내용을 더욱 풍성하게 만들 수 있다.
- 신선한 이야기를 만들어라. 인터뷰가 없었다면 알 수 없었던 사실들이라는 확신을 독자에게 주어야 한다.
- 진술의 구체적 의미를 확인하라.[41] 준비한 질문만 하는 것이 아니라 진술된 답변에 대하여 질문하여 내용을 정확하게 파악하는 것이 중요하다.

◆ 인터뷰 대상자의 신상정보를 거듭 확인하라. 상대방의 기본 정보를 모두 안다고 생각하는 것을 조심해야 한다. 필요할 경우 명함도 요청하여 재확인할 필요가 있다.

인터뷰 기사의 리드는 인터뷰 동기나 인터뷰 가운데 가장 핵심적인 진술로부터 시작되는 경우가 많다. 지연된 리드를 사용하는 경우라면 인터뷰 대상 관련 주변 정보로부터 시작할 수도 있다. 본문에서는 제기된 질문들이 자연스럽게 전개되어야 한다. 시간적 혹은 주요 사건별 전개를 시도하거나 사적 혹은 공적 영역으로 나누어 작성하는 것이 바람직하다. 다른 유형의 기사에서 단락의 자연스런 연결이 중요하듯 인터뷰 기사에는 질문의 연결이 매끄러워야 한다.

대판[42]인 〈조선일보〉 4월 3일자 B7면은 아래 광고 7단을 제외한 나머지를 한 명에 대한 인터뷰 기사로 독점 편성하고 있다. '돌아온 검투사, 황영기' 로 처리된 5단 기사(그림 속 2번)가 메인 기사이며, 2단으로 처리된 우측에 위치한 3개의 기사는 인터뷰 내용 중 인상 깊은 주제들을 따로 묶어 처리하거나 재밌는 일화(逸話)를 다룬 내용이다.

메인 인터뷰 기사는 그에 대한 소개와 질문과 답변으로 구성되었다. 질문은 '–' 로 표현되었고 답변은 큰따옴표("")로 처리되었다. 이밖에도 질문과 답변은 'Q' 와 인터뷰이의 성으로 제시되기도 한다.[43] 일반적으로 질문

---

41) 기자는 인터뷰하는 동안 상대방의 진술이 구체적으로 무엇을 의미하는지를 지속적으로 점검해야 한다. 즉, "What does that mean?" 이라는 질문을 반복할 필요가 있다.

42) 대판 크기는 가로 788mm × 세로 545mm다. 이 크기에 두 개의 지면이 놓이므로, 한 지면의 크기는 394mm x 545이다. 그리고 대판 사이즈의 한 면이 타블로이드 사이즈에 해당된다. 중앙일보는 베를리너판(323mm × 470mm)을 사용한다.

2

# 돌아온 검투사, 황영기

## "삼성전자같은 기업, 금융에선 왜 안나오나고? 나가면 다칠까봐… 골목대장처럼 안에서만 싸우잖소"

CEO & 리더십 **금융계 복귀 선언한 前 KB금융회장… 3년 반만에 직격 인터뷰**

황영기 전 KB금융 회장은 "검투사라는 별명을 좋아하지는 않는다"면서도 "경제 전쟁에서 지면 죽는다. 그 절박함을 가장 크게 느끼는 CEO라면 검투사와 같은 자세를 갖는 것이 당연한 것 아닌가"라고 말했다. 전기병 기자

황영기(61) 전 KB·우리금융 회장은 지난달 28일 인터뷰가 시작되자, A4 용지에 직접 사인펜으로 적은 '답안지'를 꺼냈다. 지난 2009년 9월 29일 금융위원회의 징계로 KB금융 회장에서 물러난 뒤 3년 반 만에 언론과 정식인터뷰를 가진 그는 진지했다.

40대에 삼성그룹 금융 계열사 사장으로 발탁됐고, 50대엔 한국 최대 금융지주 회사 회장에 올랐지만, 한순간에 추락했다. 그래서 '금융계 풍운아'라는 별명이 그에게 붙었다. 이날 인터뷰를 통해 그는 출사표(出師表)를 던지는 듯했다. 그가 예약한 서울 신문로의 한정식집 방 안에는 '삼국지'에서 제갈공명이 쓴 출사표의 일부를 초서체로 쓴 10폭 병풍이 있었다. "진의종 전 국무총리의 동생 취운 진학종 선생 글씨입니다. 제가 출사표의 기개와 애국심을 좋아하는데, 글씨도 이렇게 훌륭하니 참 좋습니다. 우리은행 본점 로비에도 이것과 똑같은 병풍이 있습니다. 제가 사다 놓았더니, 이 집 주인이 같은 것을 구한 겁니다. 그래서 이 방에서 밥 먹는 걸 좋아합니다."

지난 2009년 금융위원회는 그가 우리은행 행장이던 2004~2007년 파생상품 투자로 은행에 1조원대의 손실을 끼쳤다는 이유로 당시 KB금융 지주 회장이던 그에게 직무정지 3개월의 중징계를 내렸다. 그는 2011년 "징계가 부당하다"고 소송을 냈고, 지난 2월 대법원에서 승소가 확정됐다.

취
이

만큼 금융권 복귀가 가능해졌다.

-금융 당국을 상대로 소송을 내서 승소했다.

"얼마나 억울하면 개인이 정부를 상대로 소송을 했겠는가. 당시 투자했던 상품이 불량식품이라는 것은 나중에 판명된 것이다. 누구도 몰랐다. 그런데도 나는 업무정지라는 중징계, 임직원 20여명은 각종 징계를

> **"파생상품 손실로 직무정지 얼마나 억울했으면 소송했겠나**
>
> **결국 "징계 부당" 소송 이겨 내 자리 노린 사람들의 음모 정치적 배경… 타깃은 나였다**

받았다. 타깃은 나였고, 정치적인 배경이 있었다. 내 자리를 노리는 세력들의 음모였다."

-그동안 어떻게 지냈는가. 금융계로 돌아올 것인가.

"차병원그룹의 총괄 부회장으로 2년 반 동안 근무했고, 작년 8월 법무법인 세종에 고문으로 합 사무실을 두고 있다. 금융계 복 희망한다. 우리금융과 KB금융 회장을 지냈으니 내가 갈 수 있 리가 흔하지는 않을 것이다. 하

역량과 열정을 쏟아붓고 싶다."

-저성장, 저금리 시대로 접어들고 있다. 금융의 활로는 무엇인가.

"우선 국제화돼야 한다. 삼성, 현대는 좁은 국내 시장을 오래전부터 벗어나 세계 시장에서 활약하고 있다. 그들은 실패도 많이 했다. 위험을 감수하지 않는 시장 개척은 없다. 그런데 한국 금융의 몰골은 너무 부끄럽다. 아시아를 휘젓고 다녀도 아쉬운 판에 이 작은 국내 금융시장도 개인금융과 중소기업금융 정도를 제외하고는 외국 금융회사들이 차지하고 있다. 대기업 금융은 씨티뱅크 같은 글로벌은행이, 대형 인수·합병(M&A) 자문 등은 골드만삭스 같은 미국 투자은행이, 인프라투자는 호주의 맥쿼리은행이 주도하고 있는 상황이다. 걸핏하면 왜 금융에서는 삼성전자 같은 기업이 안 나오느냐고 이야기들을 하는데, 삼성전자가 어느 날 갑자기 생긴 것이 아니라 정부의 적극적 산업정책과 기업가의 동물적 본능이 합쳐져서 오랜 시간 시행착오를 겪으면서 탄생했다는 것을 잊으면 안 된다. 한 학교에서 공부한 학생들이 왜 제조업에 가면 세계적 선수가 되고 금

진다. 자산운용업계가 강해져야 한다는 뜻이다."

-신제윤 금융위원장은 우리금융 민영화를 서두르겠다고 한다. 어떻게 생각하나.

"우리금융 민영화는 지금 당장이라도 해야 한다. 정부가 국내 최대 금융지주회사를 갖고 있다는 것 자체가 우스꽝스러운 일이다. 당초 5년 안에 민영화하라고 매각 시한까지 정해놓

> **우리 금융 민영화 당장 해야 KB금융이 인수해도 괜찮아 세계적 금융으로 키워내야**

고 공적 자금을 투입한 것인데 13년째 미루고 있다. KB금융이 인수하는 방안 등을 검토해 볼 만하다."

-KB금융이 우리금융을 인수하면 뭐가 좋은가.

"만약 두 지주회사를 합친다면, 국민은행과 우리은행을 합병하지 않고 '투 뱅크 시스템(two bank sys-
좋다고 본
국제금융을
금융, 중소
만드는 것
합하니 그리
앞서가니
험은 5대 5
중에 기회
는 기회가

오면 ING생명 한국법인 인수를 검토해 볼 수 있다. 이렇게 해서 세계적인 금융지주회사를 키워나가야 한다. 우리나라 금융지주회사들의 시가총액이 장부 가격의 50~60% 수준이다. 원가에도 못 미치는 가격에 거래된다는 뜻이다. 국내 은행들은 글로벌 은행의 5분의 1, 10분의 1 수준이다. 모든 은행이 기업금융, 소매금융 다 한다고 하면서 국내 금융시장을 일곱 난쟁이가 사는 집으로 만들고 있다."

-CEO는 검투사라고 말한 적이 있다.

"전문 경영인이라는 운명을 평생 안고 살았다. 자기 브랜드가 있는 전문 경영인이 되고 싶었다. 기업은 경제전쟁을 치르는 조직이다. 지면 죽는다. 그 절박함을 가장 크게 느끼는 CEO라면 검투사와 같은 자세를 갖는 것이 당연한 것 아닌가."

-너무 잘나서 사람들이 싫어한다는 평도 있다.

"삼성 입사해서 5년 만에 사표를 내고 영국 유학을 갔다가 여러 곳을 거쳐 8년 만에 다시 입사했다. 그래서 삼성의 전통적인 핵심 인재들과는 분위기가 달라서 한동안 마음고생도 많았다. 전무는 하고서 나가야 할 텐데라는 걱정을 했다. 지난 1993년 이건희 회장이 신경영선언을 하면서 그룹 분위기가 젊어지고, 도전적이 되면서 젊고 국제 감각이 있다는 이유로 쓰임을 받았던 것 같다."

-좋아하는 노래가 있나.

"배호의 노래를 다 좋아한다. 부르기도 잘 부른다. 배호 노래엔 독특한 애절함이 있다." 이진석 기자

1

## "파생상품이 잘못 먹은 불량식품? 왜 그땐 못가려냈나" 물었더니…

금융위원회는 황영기 전 회장에게 패소했지만 "법원은 징계 절차에 문제가 있다고 했을 뿐, 투자 실책에 대한 실체적인 판단은 하지 않았다"는 입장이다.

> **"도의적 책임은 인정한다 하지만 내가… 법적 책임도 져야하는가"**

그는 1조원대 손실을 본 파생상품 투자를 '불량 식품을 사먹고 배탈이 났다'고 비유했다.

-불량 식품이라면 가려냈어야 하는 것 아닌가.

"세계 일류 신용평가사들이 우량 식품이라는 등급을 부여했고, 그 식품을 만든 회사도 세계 일류 금융회사였고, 판매한 회사 국의 초일류 투자은행들이 도의적인 책임, 관리자로서 임은 있다고 생각한다. 하지 적인 책임을 져야 한다고 생 지는 않는다."

-불량 식품인지 가려내라고 높은 연봉을 받은 것 아닌가.

"실패한 투자라는 것은 인정한다. 그러나 불법 투자는 아니었다. 금융감독원도 내가 우리금융 회장을 떠난 뒤에 몇 차례 검사를 했지만, 문제가 없다는 판정을 내렸었다. 투자를 할 당시나, 그 후에도 누구도 불량 식품인 줄 알아채지 못했다. 나도 그랬다. 그런 점에 도의적인 책임이 있다고 인정하는 것이다. 책임을 피하는 것이 아니다."

3

## "사외이사, 경쟁사 사람도 과감히 발탁해야"

> **"경영진과 사외이사 한국선 감정으로 싸워"**

"우리가 이름만 들어도 알 만한 해외 기업들은 경쟁업체의 임원을 사외이사로 받아들이기도 한다. 우리는 왜 못 하는가."

황영기 전 회장은 현재 논란이 되고 있는 금융지주회사 사외이사와 관련, 제도보다는 사외이사의 구성이 문제라고 지적했다. "사외이사들이 CEO의 경영 전략을 상담하고 평가해 줄 수 있는 전문성을 갖춰야 한다. 그런 점에서는 상당수 사외이사가 역량이 부족하다고 본다."

그는 최근 KB금융 경영진과 사외이사 간 대립으로 금융계의 현안으로 불거진 금융지주회사의 지배구조 개선에 대해 "경영진 견제라는 측면에서 사외이사 제도 자체에는 아무런 문제가 없다. 문제는 운영 과정에서 생기는 잡음"이라고 말했다.

그는 "한국적인 상황이 경영진과 사외이사 간의 관계를 왜곡시키는 경우가 많다"면서 "경영진과 사외이사 간 갈등과 마찰이 이성적 주장의 차이에서 생기는 것이 아니라, 감정의 분출로 시작되기 쉬운 것이 현실"이라고 했다. 그는 사외이사보다 경 를 수도 있다"고

4

## 지휘봉 돌렸더니 칼이 나와… 그래서 황영기는 검투사?

황영기(61) 전 KB금융 회장의 가장 유명한 별명은 '검투사'다. 우리은행장 시절 지역 영업본부장 40여명에게 단도를 나눠줬다는 일화가 있을 정도다.

사실은 좀 다르다. 그는 "영업본부장들은 현장의 지휘관이라고 생각해서 남대문시장에서 구입한 지휘봉을 나눠준 적이 있다. 그런데 그 지휘봉의 손잡이를 돌리면 단도가 나오더라. 나는 몰랐다"고 했다. 당시 우리은행에는 "영업 잘못하면 자결하라는 얘기"라는 말이 돌았다고 한다. 영어 실력이 탁월해 1990년부터 1999년까지 이건희 삼성 회장의 통역을 맡았다. 서울고와 서울 상대를 졸업했고, 영국 LSE(런던정치경제대학)에서 석사 학위를 받았다. 삼성투자신탁운용과 삼성증권 사장, 우리금융그룹과 KB금융그룹 회장을 지냈다.

출처 : 조선일보 2013년 4월 3일 B7면

은 의문문과 서술형 모두 가능하다. 위 기사는 다음과 같이 9개의 질문을 사용하고 있다.

① 금융 당국을 상대로 소송을 내서 승소했다.

② 그동안 어떻게 지냈는가. 금융계로 돌아올 것인가.

③ 저성장, 저금리 시대로 접어들고 있다. 금융의 활로는 무엇인가.

④ 금융권의 신성장 동력이나 신규 사업은 어떤 것이라고 생각하나.

⑤ 금융위원장은 우리금융 민영화를 서두겠다고 한다. 어떻게 생각하나.

⑥ KB금융이 우리금융을 인수하면 뭐가 좋은가.

⑦ CED는 검투사라고 말한 적이 있다.

⑧ 너무 잘나서 사람들이 싫어한다는 평도 있다.

⑨ 좋아하는 노래가 있나.

질문 ①과 ②는 금융사 회장직을 떠난 후 지금까지의 과정과 관련되어 있다. 질문에 앞서 그를 인터뷰한 동기와 계기에 대한 기자의 진술과 관련된 부분이다. 질문 ③과 ④는 인터뷰이가 현 금융상황에 대해 어떻게 인식하고 전망하는지를 다루고, ⑤와 ⑥은 정부 정책에 대한 평가를 묻고 있다. 여기까지가 시사적이며, 공적인 내용에 대한 질문이다.

⑦, ⑧, ⑨번 질문은 개인사항과 관련된 것이다. ⑦번 질문을 통해 경영철학을 묻고, ⑧번 사람들의 평판에 대한 개인적 생각을 다루고 있다. 질문 ⑨번은 인터뷰이의 개인사항에 대한 질문이다. 이밖에도 빈번하게 등장하는 개인사항은 생활철학, 미래계획, 목표, 취미, 좋아하는 음악이나 음식, 종

43) 〈조선일보〉의 인터뷰 기사의 경우 질문은 기호 'Q.' 후에 놓이고, 답변은 '박:' 다음에 나열된다.

교 등과 관련된 내용이다. 만약 ⑧번 질문을 앞에서 했다고 가정해보자. 인터뷰이가 당황했을 수도 있다. 개인적인 질문들이 가급적 뒤로 가야하는 이유이다.

### 3. 보도사진 기사

신문 사진은 시각적 효과(visual effect)와 뉴스 가치에 적합한 메시지를 담고 있어야 한다(한국편집기자협회, 2006). 메시지는 뉴스 가치 판단과 유사하지만, 시각적 효과는 사진의 게재 여부를 결정할 중요한 요인이라는 것이다. 인쇄 매체 가운데 스포츠 신문이나 잡지 등에서 사진은 더욱 선호되고 있으며, 이러한 지면에서는 레이아웃할 때 사진의 크기나 여백도 중요성하다.

**그림 2-3.** 보도사진 기사의 구성

**"나비 유충 예쁘게 생겼네요"** 25일 충남 서산시 부석면 서산버드랜드(철새 생태공원)를 찾은 어린이들이 나비 유충을 신기한 듯 만져 보고 있다. 서산버드랜드에는 여름방학을 맞아 하루 평균 500여 명의 관광객이 몰리고 있다. 서산=연합뉴스

출처 : 동아일보 2012년 7월 26일 A15면

사진 기사는 크게 세 가지로 구성되어 있다. ① 제목, ② 해설, ③ 출처. 제목은 크기로서 해설(본문내용)과 차별화 되어야 한다. 출처는 보도하는 언론사의 사진일 경우 장소와 기자의 이름이 제공되지만, 뉴스 제휴 서비스를 이용할 경우 장소와 제공 언론사의 이름이 제시되는 것이 일반적이다. 아래 사진에서는 아이의 미묘한 얼굴 표정이 벌레와 좋은 대조를 이루어 벌레에 대한 아이들의 호기심과 두려움이 잘 표현되고 있다. 독자가 공감할 수 있는 좋은 사진이라 할 수 있다.

뉴스보도에서 사용되는 사진은 내용에 따라 크게 다섯 가지로 분류되고 있다(한국편집기자협회, 2006). 현장(spot) 뉴스 사진은 사건·사고와 같이 기획되지 않은 돌발적인 상황을 담은 사진을 말한다. 일반 뉴스 사진은 사전에 계획된 행사 관련 사진과 관련되어 있다. 특집 사진 혹은 피처(feature) 사진은 연례행사, 동물 등과 같은 비시사적인 인간적 관심사를 담은 것이다.

스포츠 사진은 스포츠나 레저 분야의 생생한 현장을 담은 것이다. 스포츠 사진의 경우, 경기 규칙에 대한 지식을 가지고 있을 때 보다 다양한 사진을 만들 수 있다. 사진 가운데 가장 높은 비율을 차지하고 있는 인물사진은 얼굴 중심(mug shot)의 인터뷰 사진과 직업, 신분 등과 같은 주변 환경에 대한 정보를 사진에 표현하는 인물사진(environment portrait)으로 구분된다.

사진 기사의 배치에서 고려해야 할 것은 피사체의 시선이다. 지면 밖으로 향하지 않는 방식으로 사진이 편집되고 배치되어야 한다. 피사체의 시선이 지면 밖을 향하면 기사가 분산되는 느낌을 받을 수 있기 때문이다.

보도사진 기사가 독자에게 서비스되는 방식은 사진 기사 단독으로 혹은 일반 기사 내용과 함께 이뤄진다. 아래 기사의 경우 〈중앙일보〉는 사진 기사만 제공한 반면, 〈동아일보〉는 일반기사와 함께 사진을 활용하고 있다. 비록 동일 사건을 다루고 있지만 〈중앙일보〉의 사진이 〈동아일보〉 사진보

## 그림 2-4. 보도사진 활용 유형

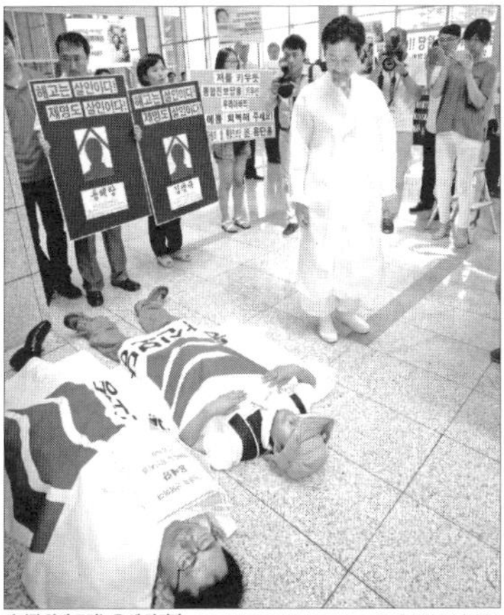

**강기갑 앞에 드러누운 옛 당권파** 통합진보당 중앙위원회가 25일 서울 효창동 백범기념관에서 열렸다. 옛 당권파 당원들이 회의장으로 들어가려는 강기갑 대표에게 '우리를 밟고 가라'며 항의하고 있다. 김성룡 기자

출처 : 중앙일보 2012년 7월 26일 6면

▲ 사진 기사만 보도된 경우

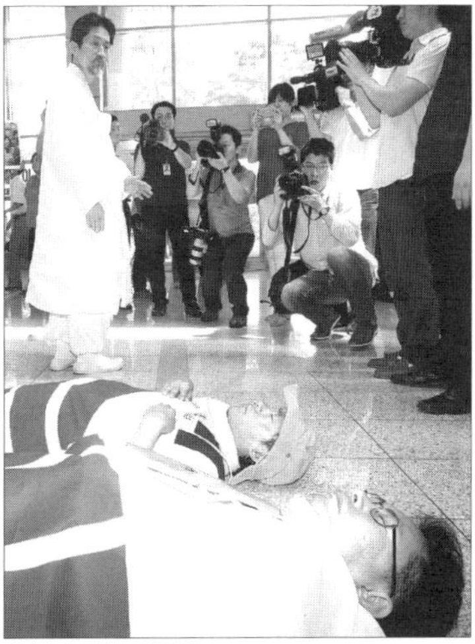

**강기갑 가로막은 구당권파** 통합진보당 강기갑 대표가 25일 서울 용산구 백범기념관에서 열린 당 중앙위 회의에 참석하려다 이석기 김재연 의원 제명에 반대하는 구당권파 당원들의 시위에 막혀 발길을 돌리고 있다. 강 대표는 다른 문을 통해 회의에 참석했다. 전영한 기자 scoopjyh@donga.com

### 통진 중앙위 신-구당권파 충돌 9시간 동안 안건조차 못 정해

**의제 싸고 6차례 정회끝 종료**

**이석기-김재연 제명 의총 예정대로 오늘 열기로**

이석기 김재연 의원 제명의 분수령이 될 25일 통합진보당 중앙위원회가 안건조차 정하지 못한 채 9시간 동안 파행을 거듭하다 끝났다.

대학생 당원 30여 명은 회의 시작 시간인 오후 2시 전부터 서울 용산구 효창동 백범기념관에 도착해 '제명은 살인이다'라고 쓰인 피켓을 들고 시위를 벌였다. 5·12 중앙위 폭력사태에 연루돼 제명 절차가 진행 중인 두 당원은 회의장 입구 바닥에 드러누워 강기갑 대표 등의 입장을 방해했다. 26일 열리는 의원총회에서 제명이 논의될 두 의원도 회의장에 모습을 드러냈다.

의장인 강 대표는 개회사에서 "실천과 결과로 혁신을 입증할 때"라고 호소했다. 하지만 두 의원의 중앙위원 자격 해석을 놓고 신·구 당권파가 충돌하면서 개회는 2시간 가까이 지연됐다. 강 대표가 재적 위원이 84명이라고 선언하자 구당권파는 두 의원이 빠진 이유가 뭐냐며 반발했다.

오후 11시까지 여섯 차례 정회를 거듭하며 양측은 현장발의 안건과 회순, 폐회 문제까지 사사건건 공방을 펼쳤다. 구당권파가 두 의원 제명 조치의 근거가 된 '1차 비례대표 부정경선 진상조사보고서'를 폐기하는 내용의 '비례대표 진상조사 후속조치의 건' 등 6개 현장 발의 안건을 들고 나온 것. 신당권파는 일부 안건이 현장 발의 요건을 갖추지 못했다고 지적했다.

구당권파 이상규 의원이 "안건 표결 지연은 꼼수"라고 비난하자 강 대표가 "사과하라"고 격분하며 긴장은 극에 달했다. 강 대표는 "이번 (당직) 선거를 통해 나타난 결과의 의미가 무엇이냐"고 반문했다. 당원들의 고성이 오가며 회의는 중단과 속개를 거듭했다.

신당권파는 예정대로 26일 의총을 열어 두 의원의 제명을 처리할 계획이다. 한편 당 비례대표 부정경선 문제를 처음 폭로한 이청호 부산 금정구의원은 이날 페이스북에 "이석기 의원이 운영한 CNC와 광역시도당이 합작해 부정회계를 조작한 증거가 있다"는 글을 올려 추가 의혹 폭로를 예고했다. 이남희 기자 irun@donga.com

스트레이트 뉴스에 사진이 ▶
함께 사용된 경우

출처 : 동아일보 2012년 7월 26일 6면

다 주변 상황에 대한 정보를 더 많이 담고 있다. 아쉬운 점은 〈중앙일보〉의 해설이 〈동아일보〉의 사진 본문 내용보다 적다는 것이다. 사진 기사가 하나의 기사라는 점을 인식한다면, 기자는 늘 충분한 정보 전달을 위해 노력하여야 한다.

사진 기사는 색인기능으로 사용되기도 한다. 아래 사진은 조선일보 1면 중앙에 사용된 것으로 올림픽 첫 번째 축구 경기를 함축해서 비중 있게 다루고 있다. 새벽에 열린 경기에 대해서 독자들의 궁금증을 바로 해소할 수 있도록 간략히 요약하여 생동감 있게 보여주고 있다. 구체적 내용을 어느 지면

**그림 2-5.** 보도사진 기사의 색인 기능

로이터 뉴시스

**런던올림픽은 시작됐다… 축구 첫 경기, 멕시코와 아쉬운 0대0**

26일 영국 뉴캐슬의 세인트 제임스 파크에서 열린 2012 런던올림픽 축구 남자 B조 조별 리그 1차전에서 한국 올림픽 대표팀 공격수 박주영(오른쪽)이 멕시코의 레예스와 볼을 다투고 있다. 한국은 멕시코를 상대로 활발한 공격을 펼쳤으나 득점을 올리지 못하고 0대0으로 비겼다. 한국은 30일 오전 1시 15분(한국 시각) 스위스와 2차전을 치른다. **관련기사 A2·24·25면**

출처 : 조선일보 2012년 7월 27일 1면

에서 추가적으로 볼 수 있는지를 안내하는 색인으로 활용된 경우다. 제목과 본문이 제시되어 있으며, 관련 내용을 추가적으로 A2·24·25면에서 확인할 수 있음을 안내하고 있다.

신문 편집시 사진을 지면 중앙에 배치할 경우 신문이 접히는 접지선 자리를 피하는 것도 중요하다. 사진이 상하로 분리될 경우 전달 효과가 반감될 수 있기 때문이다. 특히, 인물사진의 경우는 주의하여야 한다.

시각적 효과를 고려하면 사진은 2단 이상 크기로 사용하는 것이 바람직하다. 한 지면에서 작은 사진을 여러 개 분리하여 위치시킨다면 산만하여 독자의 관심을 끌기가 어려울 수 있다. 이런 경우 가급적이면 한 곳에 모아야 한다. 또한 지면 위에서 사진의 위치는 지면 왼쪽 상단이나 지면 중앙에 위

아들과 어린 손자에게 상속 고려중인 80대 전 씨

아들은 투병

며느리는 양육권 포기·이혼소송 중인데

어느덧 80대에 접어든 전성운 씨(가명)는 최근 상속에 대한 고민이 깊어져 잠을 이루지 못한다. 전씨는 이미 수년 전 거주하고 있는 단독주택과 금융자산 일부를 하나뿐인 아들에게 사전증여를 통해 넘겨줬고, 현재 본인 명의로 된 명동 소재 상가 건물(80억원 상당)과 현금자산 10억원만 남겨두고 있다.

현재 아들은 며느리와 이혼소송을 진행하고 있고, 며느리가 손자 2명(9세·12세)의 양육권을 포기한 상태다. 상속 방안을 마련 중인 전씨는 최근 부쩍 조바심을 내고 있다. 당뇨를 앓고 있는 아들 건강이 최근 소송을 치르며 더 나빠졌기 때문이다. 이에 아들의 갑작스러운 유고 시 재산 상속을 어떻게 해야 할지가 새로운 걱정거리가 됐다. 또 전씨는 본인 명의로 된 상가 건물을 손자들에게 물려주고 싶은데, 본인 사후에도 문제 없이 상속이 가능한지 궁금하다.

## 아들이 먼저 죽을 경우도 대비 생전 신탁으로 손자 몫 보호를

◆수익형 부동산은 부동산관리신탁으로 관리

먼저 전씨가 보유한 부동산의 현재 수익성과 성장성에 대해 최근 국내 부동산 경기를 고려한 가치 판단이 필요하다.

부동산 시장 거래가 얼어붙고 경기 침체가 길어지면서 자산가치 상승은 크게 기대할 수 없지만 상가 건물의 수익성은 여전히 유효하다. 또 전씨 건물이 소재한 명동은 최근 몇 년간 외국인 관광객 방문이 꾸준히 늘면서 임대료와 자산 가치가 날로 높아지고 있다. 현재 부동산 투자 패턴이 운영수익 중심으로 변하고 있는 과도기라는 점

상속 염두에 둔 고령자에게 유용한 신탁 서비스

▸부동산관리신탁
- 해외 장기체류나 직업 등의 사유로 직접 부동산을 관리하기 어려울 때 부동산 관리 대행
- 임대차관리, 시설유지, 세무, 법률, 회계 등 종합적 관리 서비스
- 피상속인의 고령화로 관리가 힘든 경우에도 유용하게 쓰일 수 있음

▸생전신탁(Living Trust)
- 유언장·유언신탁 없이도 원만한 상속이 가능

출처 : 매일경제 2012년 7월 27일 B5면

치하면 안정감을 줄 수 있다.

신문편집 과정에서 사진이 기사의 상황을 묘사하기 위해 보조 혹은 참조 자료로 활용되기도 한다. 아래 사진에서처럼 기사의 내용을 시각적으로 쉽게 이해할 수 있는 사진을 배치시켜 독자의 관심을 끌 수 있다. 물론 취재기자보다 편집부에서 고민해야 할 사항이다.

보도사진의 경우 출처 표기 방식에 대한 이해도 필요하다. 아래 〈조선일보〉의 사진 기사는 로이터에서 받은 것을 국내 통신사인 뉴시스가 조선일보에 제공한 사진이다. 같은 날 〈중앙일보〉도 동일한 지면에 같은 뉴스를 다루고 있는데, 〈중앙일보〉의 기사는 예멘의 수도 사나에서 AP통신이 보낸 것을 연합뉴스가 받아 중앙일보에 제공한 것이다. 첫째 사진은 5단에 걸쳐 시각적으로 시원하게 편집되었다. 그래서 주변적 상황을 시각적으로 잘 스케치하여 시위 참여 규모와 상황을 이해하는데 도움을 주고 있다. 반면 〈중앙일보〉 사진은 특정 장면을 클로즈업하여 구체적 피해 상황과 사태의 심각성을 알려주는 역할에 충실한 모습이다.

한편 위 사진들은 부제에 대한 편집에서도 차별화되고 있다. 조선일보는 '조작된 영화 예고편 동영상에…反美이슬람 전역 확산' 이라는 내용을 사진 설명제목(이런 경우를 '역어깨 제목'[44]이라 함) 위에 위치시켰다. 이를 통해 상황적 심각성을 강조하여 독자들의 주목도를 높이고 보이고 있다.

앞의 뉴스 유형 외에도 동정란, 특정 인물이나 기업 등에 대한 홍보성 기사, 서적 소개나 영화 시사회 기사, 부음기사와 같은 다양한 형태들이 있다. 특히 부음기사에는 누구의 상인지를 밝히고, 장지나 발인날짜를 정확히 확

---

44) 주제목 부분에 작은 활자를 사용하고, 제목 위에 큰 활자를 사용하고 주제목을 작은 활자로 처리하는 경우를 말한다. 어깨 위 큰 활자는 특정 주제나 사안을 강조하거나 구체적 상황을 설명하는 형식이다. 이마 부분이 무거운 형태를 보이기 때문에 이마 제목이라 칭하기도 한다.

인하여 보도하여야 한다. 미국 대다수 신문에서 부음기사는 유료로 운영되고 있다.

**그림 2-6.** 보도사진 기사의 출처 및 제목형태

**조작된 영화 예고편 동영상에… 反美시위 이슬람 전역 확산**

로이터 뉴시스

**공격당하는 예멘 美대사관** 예멘 수도 사나에서 13일 흥분한 군중이 미국 대사관에 몰려들어 각목으로 창문을 깨는 등 격렬한 시위를 벌이고 있다. 영화 원본과는 달리 이슬람을 모독하는 내용으로 조작한 예고편 동영상이 유포되자 리비아·이집트에서 반미 시위와 외교공관 습격 사건이 터졌고, 이어 튀니지·모로코·수단·예멘·팔레스타인·이란 등 각국으로 반미 시위가 확산됐다. **관련기사 A8·16면**

출처 : 조선일보 2012년 9월 14일 1면

**예멘 미 대사관도 피습… 이슬람 분노 전세계 확산** 이슬람교와 예언자 마호메트를 모독하는 미국 영화 '무슬림의 무지'가 촉발시킨 미 시위가 이슬람권 전역으로 확산되는 양상이다. 리비아에서 11일 크리스토퍼 스티븐스 현지 주재 미 대사 등 외교관 4명이 숨지는 격렬한 무장 시위가 일어난 데 이어 13일(현지시간) 예멘·이라크·이란 등 중동 국가는 물론 아시아 지역의 이슬람 국가인 방글라데시에서도 성난 시위대가 성조기를 불태우는 등 반미 시위를 벌였다. 특히 예멘에서는 시위 진압 과정에서 시위대 1명이 경찰의 총에 맞아 숨졌다. 사진은 예멘의 수도 사나에 있는 미국 대사관 창문을 시위대가 부수고 있는 모습. ≫**관계기사 12면** [사나 AP=연합뉴스]

출처 : 중앙일보 2012년 9월 14일 1면

## 4. 방송뉴스

방송뉴스는 '읽는 글' 이 아닌 '말하는 글' 로 작성된다. 즉 문어체가 아닌 구어체이어야 한다. 말하는 글은 읽는 글보다 더욱 짧고 명료하다. 시간적 여유를 가지고 글의 내용을 이해하는 것이 허용되지 않기 때문이다. 방송뉴스는 음성에 좌우되는 단점이 있기에 적은 어휘를 사용해야 전달력을 높일 수 있다.

방송은 구어 중심적인 매체이고 주로 의존하는 정보처리 기관은 청각이기에 중복 및 반복된 정보처리를 허용한다. 문어체로 구성되는 신문에서는 논리적 측면에 호소하는 것이 강하여 정보의 중복 및 반복처리가 지양되어야 한다.

**표 2-4.** 문어와 구어의 특성

| 구분 | 구어 | 문어 |
|---|---|---|
| 사용기준 | 화법 | 문법 |
| 지향성 | 시간지향성 | 공간지향성 |
| 호소방법 | 감각적 호소 허용 | 논리적 호소에 적합 |
| 정보기관 | 청각 | 시각 |
| 정보처리 | 중복 및 반복 허용 | 중복 및 반복 지양 |

출처 : 강태완 외(2001).

발생한 사건·사고를 간략히 기술하고 전달하는 단신[45] 뉴스인 경우 앵커나 아나운서가 메시지를 읽으며 진행한다. 단신은 시청자가 빠른 시간 내

45) 짧게 요약하여 낭독하는 뉴스를 말한다. 작은 사안이나 아직 확보된 자료화면이 없을 때 사용하는 경우가 많다. 화재, 교통사고, 자살, 강력사건 등 돌발적인 상황으로 발생한 뉴스 혹은 구속/판결/집회 관련 기사가 많다.

에 사건을 파악하기 쉽도록 간결하게 보도되어야 한다. 앵커의 멘트가 이뤄질 때 뉴스에 대한 시청자의 이해를 위해 그림과 문자를 사용한 제목이 상단 모서리에 제공되는 경우가 많다. 시청자의 관심을 모으는 기능을 가진 방송 뉴스의 제목은 인쇄 매체에 비해 더 간결한 편이다. 제목은 8자 내외가 적절하다. 사건·사고 뉴스는 일반적으로 ① 리드 ② 사건·사고 개요 ③ 피해 ④ 사건·사고 현장 스케치 ⑤ 목격담 ⑥ 원인이나 수사방향 순으로 전개된다. 시위나 집회와 관련된 기사는 대부분 ① 사건 개요 ② 주장 또는 요구사항 ③ 사건파장의 형태로 전달되는 경향이 있다.

일반적으로 아침이나 밤 종합뉴스나 정오뉴스 시간 등에는 리포트 기사가[46] 주를 이룬다. 앵커나 아나운서가 다룰 내용을 10-15초 요약하여 설명하고, 이어 기자의 리포트가 이뤄지는 형식이다. 리포트는 아이템(item) 당 약 1분20초 걸린다. 기자의 리포트를 소개할 때 일반적으로 뉴스의 제목은 그림과 문자로 제시된다. 리포트에서는 현장음이 들어가 생동감을 불어넣어야 한다. 취재기자와 카메라기자는 촬영 장면들이 취재내용과 적절히 조화될 수 있도록 사전 논의하여야 한다.

아래 리포트 기사의 경우 보도되는 기사 제목이 앵커의 우측에 등장하여 4.24 재보궐 선거를 위한 후보 등록 관련 기사임을 밝히고 있다. 제목으로 사용된 문자의 수는 여덟이고, 중간에 기호가 들어갔다. 뉴스 진행 앵커가 무엇에 관한 뉴스인지를 밝히고 담당 기자를 소개하고 있다. 담당 기자는 여당과 무소속 후보에 대한 멘트를 하고, 관련 후보자의 녹취를 보여주는 방식으로 진행하였다. 또한 취재된 지역에 출마한 군소 정당 후보들을 간략히 소개하고 있다. 관심 지역에 출마한 후보자는 없지만 민주당은 제1야당이기에

46) 기자가 내레이션, 인터뷰, 관련 화면 등을 구성하여 자신의 이름으로 전달하는 뉴스이다.

**표 2-5.** 리포트 방송 뉴스 구성

**〈앵커 멘트〉**
오는 24일 치러질 재보궐 선거 후보등록 첫 날인 오늘 주요 후보들이 등록을 마쳤습니다. 여야지도부도 당 차원의 총력지원에 나서고 있습니다. 강민수 기자입니다.

**〈리포트〉**
새누리당은 최대 격전지인 서울 노원병에서 최고위원회의를 열었습니다.당 차원에서 지역 현안 해결에 나서겠다고 약속했습니다.

**〈녹취〉** 황우여(새누리당 대표) : "허준영 위원장 중심으로 행복국가 만드는 지표를 이곳에서 펼쳐나갈 예정입니다."
새누리당 허준영 후보는 '지역 일꾼론' 을 강조했습니다.

**〈녹취〉** 허준영(새누리당 후보) : "일꾼은 말로 되는게 아니라 일의 맥 알고 일하는 사람 알고 일을 실천해본 경험 있어야 됩니다."

불출마하기로 한 민주당 예비후보로부터 지지를 약속받은 무소속 안철수 후보는 새정치를 강조했습니다. 이번 선거는 대한민국 정치를 바꾸는 선거라며, 박근혜 정부와 대립각을 세웠습니다.
**〈녹취〉** 안철수(무소속 후보) : "혁신하고 거듭나지 못하면 새 정치의 이름으로 견제하고 바로 잡을 것이다."

통합진보당 정태흥, 진보정의당 김지선 후보도 각각 후보 등록을 마쳤습니다. 민주당도 다음 주 부산 영도와 충남 부여, 청양에서 잇따라 비상대책위원회의를 여는 등 총력전을 펴기로 했습니다.
**〈녹취〉** 박용진(민주당 대변인) : "127명 전의원을 저인망식 선거운동에 투입해 반드시 승리하도록 하겠다."
문재인 의원은 부산 영도 선거 지원에 나설 예정입니다.

**〈기자 스탠드 업〉**
이번 재보궐 선거 후보등록은 내일 마감되고 공식선거운동은 오는 11일 개시됩니다.KBS 뉴스 강민수입니다.

출처 : KBS 9시뉴스, 2013년 4월 4일.

재보궐 선거전략 측면에서 추가로 다루고 있다.

아래 작성된 내용 가운데 리포트가 '최대 격전지' 라 표현한 것은 부적절해 보인다. 전날 KBS 9시 뉴스보도에서 무소속 안철수 후보 44.5, 여당 후보인 허준영 24.5이라는 큰 차이를 보이는 여론조사 결과를 발표했기 때문이다. '최대 관심 지역' 정도가 맞지 않을까 싶다.

후보등록 첫날에 대한 보도였기에 등록 마감일과 다음 선거일정을 한 문장으로 처리한 마무리 멘트는 깔끔해 보인다. 마지막 멘트는 기자의 스탠드업으로 이뤄졌다. 이는 현장에서 녹화되기에 기사 작성이 마무리 되기 전에 만들어지는 경우가 많다. 기자는 스탠드 업 멘트를 리포트 처음, 중간, 마무리 가운데 어디서 사용할지를 현장에서 결정해야 한다.

스트레이트 뉴스는 카메라 기자의 영상물과 취재기자의 기사를 뉴스 진행자가 전달하는 보도양식을 말한다. 기사의 비중에 따라 문장 수와 읽는데 걸리는 시간이 차이가 난다. 뉴스가치가 적은 기사는 대개 2-3개 문장, 20초 내외로 작성되지만 비중 있는 기사는 1분 정도 걸리며 5-6개 문장으로 이뤄진다. 스트레이트 뉴스 영상은 최소한의 컷과 장면(scene)으로 구성될 필요가 있다.

리포트 기사는 전통적인 텔레비전 뉴스 보도 양식을 일컫는 것으로 앵커가 혼자 진행하는 스트레이트 뉴스와는 뚜렷한 차이를 가진다. 앵커 멘트 후에 이뤄지는 리포팅은 일반적으로 기자 멘트, 기자 스탠드 업[47], 인터뷰[48] 등으로 구성된다.

육하원칙을 강조하는 스트레이트 기사와 달리 리포트 기사는 화면 스케

---

47) 기자가 현장 상황을 배경으로 설명하거나 시청자들에게 현장감을 전달하기 위해 사용하는 영상 표현 기법이다. 주로 기사의 첫머리 또는 중간에 장소나 특정상황을 생생하게 소개할 때 혹은 기사 말미에 전체 내용을 정리할 때 사용되며 10-15초 분량이 일반적이다.

치나 사건 분위기 묘사에서 출발하여 본문으로 들어가는 기법들을 구사한다. 그래서 현장감이 더욱 살아나는 것이다. 스트레이트 기사가 역피라미드로 작성되는 반면 리포트 기사는 피라미드나 혼합식과 같은 다양한 방식으로 시도될 수 있다. 일반적으로 임팩트 강한 화면이나 멘트가 도입부에 배치된 후 본문과 결론이 뒤따르는 형태를 취한다. 결론에서 기자는 뉴스를 요약 혹은 강조하거나 미래 전망을 할 수도 있다.

인터뷰가 이뤄질 경우 적절한 인터뷰 대상을 선택하여 10초 내외의 시간을 할애하여 진행한다. 물론 다루어야 내용이 많은 큰 뉴스의 경우 인터뷰는 길어질 수 있다. 기자 리포트와 인터뷰 내용이 중복될 필요는 없다. 또한 의미 있고 명확한 메시지를 전달하기 위해 기자는 내용과 부합되는 배경 장면을 사용하여 10-15초 정도의 스탠드 업 멘트를 할 수 있다. 스탠드 업 멘트를 할 때 기자의 자세는 적절한 동작을 하거나 다양한 자세를 취할 수도 있다. 효과적인 방송 인터뷰를 위해서 인터뷰 대상자들은 다음 사항들에 주의할 필요가 있다(언론속으로, 2012).

최영재와 양영철(2011)은 실제 인터뷰에서 기자가 지켜야할 가장 기본적인 사항들을 다음과 같이 제시하고 있다.

◆ 10초 안팎으로 짧게 하되 핵심 단어 포함시키기

---

48) 인터뷰는 카메라보다 취재기자를 바라보며 진행되는 것이 가장 보편적이다. 하나의 뉴스에서 1-2개 사용되며 건 당 10초 내외로 구성된다. 인터뷰에 일반적인 카메라 앵글은 시청자에게 인물이나 사물을 객관적으로 보여주고 안정적 느낌을 줄 수 있는 수평 앵글(eye angle)이다. 높은 위치에서 인터뷰 참가자(interviewee)를 바라보는 하이 앵글(high angle)도 상황판단과 객관적 설명을 위해 사용되기도 한다. 영상 구도를 잡을 때 카메라 기자는 헤드룸(headroom), 룩킹룸(lookingromm), 리드룸(leadroom)과 같은 화면의 여백에 신중하여야 한다. 카메라 포지션은 방향성과 입체감을 살리는 3/4 샷이 일반적이다.

- 구어체 표현 쓰기
- 전문용어 자제하기
- 수식어 빼기
- 추상적 표현 피하기
- 취재기자와 둘이 편안한 대화식으로 하기
- 편안하게 해주어라
- 경청하라
- 질문은 간결하게 하라
- 긍정적으로 대응하라
- 개방형 질문을 하라[49)]
- 정보원(source)을 밝혀라
- 녹음을 해둔다

뉴스 리포팅은 시청자가 이해하기 쉽게 이뤄져야 하며 말하듯이 자연스러워야 한다. 기자는 시청자가 이해하기 쉽도록 쉬운 말과 표준어를 사용하는 노력이 중요하다. 리포팅 분량은 시청자들이 영상을 보고 감상할 수 있는 시간적 여유를 고려하여 결정되어야 한다. 또한 문장의 구조도 단순할 필요가 있으며 전달하는 속도[50)]도 중요하다. 평소 호흡, 발성, 마이크 사용을 익힐 필요가 있다. 그리고 의미를 말하듯이 전달하기 위해서는 말의 완급, 강

49) 인터뷰 대상자의 생각을 허심탄회하게 듣고자 할 경우는 개방형(open-ended) 질문이 바람직하다. 특히 상대방이 인터뷰 경험이 적고, 긴장하거나 흥분 상태에 있다면 자유로운 상황을 연출하는 개방형 질문이 적절하다. 그러나 답변이 모호할 때 혹은 특정한 입장을 밝히기를 거부할 때는 폐쇄형(closed-ended) 질문이 적절하다. 폐쇄형 질문을 사용할 경우 일반적으로 기자는 요점을 신속하게 파악할 수 있으며 인터뷰 대상자는 주제에 쉽게 집중할 수 있다.

약, 간격 등이 자연스러워야 한다.

인쇄 매체의 뉴스와 마찬가지로 방송뉴스도 리드가 필요하다. 리드에서는 가장 중요한 사실부터 언급하며 20자 안팎으로 작성하도록 노력하여야 한다. 방송문장을 작성할 때 지켜야할 기본 원칙으로서 최영재·양영철(2011)는 다음 사항들을 강조하고 있다.

- 간단명료한 문장을 만든다.
- 첫 문장에서 결론을 제시한다.
- 문장을 한 숨에 전달할 수 있게 짧게 쓴다.
- 논리구성을 간단하게 한다. 원인과 결과를 바로 연결토록 문장을 배치한다.
- 원칙적으로 주어를 문장 맨 앞에 둔다.
- 서술어는 주어 가까이에 둔다.
- 시간의 흐름에 따라 문장을 구성한다.
- 글의 흐름이 전체에서 세부적인 것으로 나가야한다.

또한 최영재·양영철(2011)는 효과적인 의미전달을 위해 단어사용의 적절한 원칙들을 제시하고 있다. 줄임말 사용[51], 수식어 빼기, 절제된 숫자 사용[52], 구어체적 시제[53], 쉬운 용어, 첫 문장 약칭사용 자제, 정확한 우리말 사

50) TV는 영상과 소리가 어울려야하기에 뉴스 읽는 속도가 라디오보다 늦지만 라디오는 오디오 중심 매체이기에 텔레비전보다 뉴스 전달 속도가 빠르다. TV 뉴스는 대략 1분에 350-370 음절을 읽는다고 한다.

51) 예를 들어 '홍길동 기자입니다' 는 '홍길동 기잡니다', '홍길동 기자의 보도입니다' 는 '홍길동 기자의 보돕니다' 로 쓰고 읽어야 한다.

용 등을 제안하고 있다.

방송뉴스에서 취재대상에 대한 내용을 전달할 때 경어를 사용해서는 안 된다. 뉴스는 시청자들을 대상으로 하며 공평하게 서비스하는 것이기 때문이다. '대통령이 말씀하셨습니다.' 가 아닌 '대통령은 말했습니다.' 라고 말해야 한다. 또한 발표된 여러 내용을 전달할 경우 '전했습니다.' , '언급했습니다.' 등의 다양한 표현을 써서 변화를 주는 것도 바람직하다. 하지만 인터뷰나 대화 등에서는 경어를 적절하게 사용할 수 있다.

직역하는 습관도 수정될 필요가 있다. 예를 들어, '감사원이 공기업에 대한 실사에 나섰습니다.' 는 '감사원이 공기업을 실사했습니다.' 로 '학생과 학교 관계자가 등록금 문제를 논의하기 위한 회동을 가졌습니다.' 는 '...... 논의하기 위해 모였습니다.' 로 바꾸는 것이 좋은 표현이다.

단어의 올바른 의미를 이해하고 사용하는 것도 중요하다. 무심코 사용해온 단어들 중에는 잘못 사용하고 있는 경우가 많다. 피로회복-원기회복(피로해소), 발자국 소리-발소리, 진위여부-진위, 임산부-임신부 등과 같이 올바른 어휘를 선택하는 것도 매우 중요하다. 이밖에도 '혈세(血稅)' 는 '가혹한 조세' 를 의미하며, '기리다' 는 좋은 점이나 잘하는 일을 높이고자 할 때 사용하는 말이다.

---

52) 되도록 많은 숫자 사용을 피하고 적절한 선에서 끝자리는 반올림하여 큰 단위를 사용할 필요가 있다. 1만, 1천은 '만, 천' 으로 쓰고 읽는다.

53) 신문기사의 경우 날짜가 제시되는 경우가 많지만 방송은 시점을 구어체적으로 표현한다. ○○일 대신 오늘, 어제, 지난 5일, 지난달 5일 등을 사용한다. 시간은 오전, 오후 외에도 새벽, 아침, 낮, 저녁, 밤 등을 적절하게 이용한다.

## 5. 디지털 매체의 기사 작성[54)]

전통적인 인쇄 매체가 위기라는 인식이 한층 심화되고 있다. 신문 산업의 위기가 심화되는 상황 속에서 저널리즘의 품질 저하에 대한 우려의 목소리도 커다. 인쇄 매체의 쇠퇴와 달리 인터넷을 통한 뉴스 이용은 급증하는 추세이다. 뉴스 수용 형태의 변화에 부흥하는 새로운 뉴스 생산 방식이 필요함을 의미한다.

컴퓨터를 중심으로 한 새로운 기술과 언론 활동의 만남은 온라인 저널리즘, 디지털 저널리즘 현상을 초래하여 언론인 작업 영역을 탈바꿈시키고 있다. 온라인을 통한 정보 검색, 다양한 공적 자료에 대한 접근, 소프트웨어를 통한 시각적 자료 활동 등은 언론인의 활동 지평을 흔들고 놓았다. 불과 얼마 전까지 언론인들은 펜과 수첩을 지니고, 사건 현장이나 인터뷰 장소를 방문하거나 전화를 사용해 취재한 정보를 기사화하였다. 그러나 멀티미디어 저널리스트들은 노트북, 디지털 카메라, 캠코더를 사용하여 기사와 더불어 사진과 동영상을 편집하고 웹문서를 작성하여 서버에 올리는 작업을 수행하고 있다.

컴퓨터 활용 취재(Computer Assisted Reporting : CAR) 활동은[55)] 검색(search), 조사(investigation), 분석(analysis) 등 세 가지로 유형화되고 있다(이건호, 2010). 검색은 기사를 발굴하기 위한 작업을 의미한다. 기사화 가능

---

54) 디지털 매체의 기사 작성은 [커뮤니케이션과 미디어]에서 저자가 집필한 '인쇄 매체의 이해'를 부분 수정하여 사용하였음을 밝힙니다.

55) 이 용어를 가장 먼저 사용한 사람은 1989년 'Editors & Publishe' 잡지에 기고한 테스 치치오코(Tess Chichioco)이다. 그 후 미네소타 대학의 진 워드(Jean Ward)와 캐서린 핸슨(Katherine Hansen)이 컴퓨터를 활용한 기자들의 취재보도 경향을 발견하여 'CAR'이라 불렀다.

성이 높은 주제를 찾고 관련 정보를 추적하는 과정이다. 기사 작성자는 다양한 웹사이트를 서핑하거나 토론방, 전자게시판 등을 검색하면서 주요 이슈들을 확인할 수 있다. 이 과정에서 이용자들의 주요 관심사가 무엇인지, 이슈 주제별 인식은 어떠한지를 파악할 수 있다. 관심 있는 주제를 선택하였다면 세부 제재들을 찾아가는 작업을 수행해야 한다. 이러 활동도 검색에 해당된다.

검색(investigation)을 통해 주제와 소재를 파악한 후 조사 단계로 나아갈 수 있다. 결정된 소재를 어떠한 방식으로 정보를 제시할까를 고민하는 작업을 지칭한다. 선택한 이슈에 대한 깊은 탐색과정이 조사에서 이뤄진다. 문제가 있다면 왜 그러한 문제가 발생하는지를 확인해가는 과정이다. 조사는 취재활동의 기본이라 할 수 있다. 신뢰할 수 있는 웹사이트를 활용하는 것은 매우 중요하다. 일반적으로 정부, 교육기관, NGO, 기업 등의 순으로 신뢰도가 평가된다. 특정 이슈에 대해서는 국가간 언론보도를 비교하는 것도 정확한 판단에 도움이 될 수 있다.

언론인은 컴퓨터를 활용하지 않고도 조사활동을 위해 수많은 취재원들을 접촉할 수도 있다. 하지만 컴퓨터 활용 취재는 주요 취재원을 먼저 알아야 취재가 가능한 전통적 취재 과정을 보완한다는 장점도 있다. 검색과 조사활동을 수행함에 있어 자료의 업데이트 날짜를 확인하거나 글쓰기 수준 등을 확인하는 노력을 통해 정보 신뢰도를 점검할 수 있다.

분석(analysis) 과정은 정밀 저널리즘의 특성을 컴퓨터를 활용하여 강화할 수 있는 작업들과 관련되어 있다. 내용분석에서부터 다양한 통계적 방법을 활용한 자료의 해석 및 제시 방법들이 이를 통해 이뤄진다. 기자는 분석작업을 위해 데이터베이스를 적극적으로 활용할 수 있다. 또한 특정 주제와 관련된 정보들을 다양한 소프트웨어를 활용하여 분석함으로써 데이터에 대한 설명력과 예측력을 높일 수 있다. 특히 조사방법론에 대한 지식을 가지고 컴퓨터를 활용한다면 신속하고 효율적인 분석이 가능하다.

이외에도 언론인들은 컴퓨터를 통해 다양한 편집 작업들을 수행하거나 미래의 취재 활동을 위해 다양한 정보들을 체계적으로 축적할 수도 있다. 그러나 컴퓨터가 좋은 기자를 만들어 낼 수는 없다. 따라서 좋은 기자의 능률을 높이는 도구라는 인식이 중요하다. 컴퓨터를 활용한 취재활동을 수행할 때도 기자의 판단과 합리적인 사고 등과 같은 기자의 능력과 자질이 무엇보다 중요하기 때문이다.

디지털 시대의 언론인들은 새로운 기사 작성법에도 익숙해져야 한다. 새로운 매체가 생겨날 때마다 새로운 글쓰기에 대한 요구도 생겨나기 때문이다. 이제 미디어 이용자들은 1면 톱기사부터 읽거나 방송 뉴스를 시작부터 시청하지 않아도 된다. 하이퍼텍스트를 통한 정보 이용이 비선형적으로 이뤄지기 때문이다.

새로운 정보환경에서는 뉴스가치에 대한 평가도 달라질 수 있다. 과거에 비해 신기성(novelty)과 독자들의 정보의 연관성(involvement) 및 유용성(usefulness)이 더욱 강조되고 있다. 여기서 연관성이란 기사가 독자들의 생활이나 관심사와 관계되는 것을 의미한다. 온라인 독자들은 연관성 높은 정보가 극적으로 표현되었을 경우 높은 흥미와 관심을 보이고 있다. 기사 작성에 있어서도 기존 육하원칙에 따른 집착은 정보를 경직된 형태로 만들 수 있기 때문에 바람직하지 않다고 한다(김숙현, 2004).

콘텐츠를 이용하는 포털 섹션 중 사람들이 가장 많이 이용하는 것은 뉴스 섹션이다. 이는 포털에서 가장 경쟁력 있는 콘텐츠가 뉴스라는 것을 의미한다. 포털 뉴스 서비스 이용을 살펴보면 인터넷 뉴스는 5대 포털(다음, 네이버, 네이트, 야후코리아, 파란)에 집중되어 있다. 인터넷에서 뉴스 이용 시간의 5분의 3이상, 그리고 페이지뷰의 3분의 2이상이 5대 포털의 뉴스 섹션이다. 하지만 대다수의 포털 뉴스가 선정적이고 가볍다는 평가를 받고 있다. 뉴스 박스의 기사 내용에서 연예와 스포츠와 같은 연성뉴스가 정치와 경제 같은 경성뉴스보다 많이 제시되고 있다.

인포그래픽과 인터랙티브한 뉴스 체험을 중시하는 젊은 독자들을 위해서는 멀티미디어 뉴스 콘텐츠 형식들에 대한 다양한 실험이 이뤄져야 한다. 우리나라 온라인 뉴스 콘텐츠는 대부분 텍스트와 사진 혹은 동영상을 기계적으로 결합한 '조합형' 기사에 머물러 있다. 조선일보와 중앙일보와 같이 '크로스 미디어 기획' 들을 제외한다면 찾아보기 힘든 실정이다. 그러나 미국 주요 신문사들은 이미 다양한 디지털 표현(텍스트, 사진, 동영상, 인포그래픽, 하이퍼링크, 인터랙티비티 등)들을 패키지화한 '융합형' 뉴스를 생산하고 있다. 디지털 매체의 특성을 활용한 다양한 뉴스 제작을 통해 뉴스에 대한 젊은이들의 호기심과 이용 동기를 극대화시키는 효과를 낳고 있다.

인터넷상에서는 더욱 간결하고 짧은 문장을 통해 매체 이용자들의 피로감을 최소화시켜야 한다. 또한 기호를 빈번하게 사용하거나 굵은 글씨나 컬러로 주요 내용을 표시하고 중간제목이나 부제를 자주 달아줌으로써 독자들이 친근감 있게 정보를 볼 수 있도록 만들어야 한다. 이밖에도 긴 문장의 기사를 위해 주요 사실들을 아이템별로 나누고 이를 한 문장으로 해서 기호와 함께 제시하는 게시판식 글쓰기도 권장되고 있다.

아래 조선일보 인터넷 신문 기사는 다양한 기호를 사용하여 아이템별 정보가 서비스되고 있다. 소위 게시판식 글쓰기의 전형이라 할 수 있다. 또한 문단별 여백을 극대화하고 구어체적 단어 사용(예, '두말할 필요 없는 대박이다.' )을 통해 편안하고 친근하다는 느낌을 독자에게 주고 있다. 이를 통해 과거 읽기방식에서 보기 혹은 훑어보기 형태의 미디어 이용을 자극하고 있다. 참고로 정보이용의 특성에 있어 신문 독자들은 읽기, TV 시청자들은 보기와 듣기 그리고 인터넷 사용자들은 훑어보기의 특성을 보여주고 있다. PC 모니터의 이미지 해상도로 인해 독자들이 인쇄된 글보다 모니터를 내용을 접할 때 더 피로감을 느끼기 때문에 이러한 행태를 보이는 것으로 알려져 있다.

**표 2-6.** 디지털시대의 미디어글쓰기 방식 사례

**심야 '미드' 지상파방송 VIP로 부상**

SBS가 방송한 인기 '미드'(미국드라마) '프리즌 브레이크' 시즌1이 15일 마지막 21~22회 연속 방송에서 각각 5.7%와 5.3%의 시청률을 기록하며 막을 내렸다. 방송 시작 시간은 밤 12시 20분. 두말할 필요 없는 '대박' 이다.

지상파TV의 시청률이 나날이 떨어지고 있는 가운데서도 심야에 방송되는 '미드' 는 꾸준히 시청률 상승곡선을 그리고 있어 눈길을 끈다. '미드' 의 인기와 함께 새로운 시청층의 탄생을 보여주는 현상이다. 그러나 동시에 한류가 주춤하는 사이 미국, 나아가 중국, 일본 드라마의 역공이 가속화되고 있음이 더욱 분명해져 긴장하게 만든다.

◇ '미드' 자정 넘어 광고 100%까지 판매광고시장의 전반적인 불황으로 방송사의 전체 프로그램 광고 판매율이 오래 전부터 60%를 밑돌고 있는 현실이다. 그런데 자정 넘어 방송되는 미국 드라마들의 사정은 다르다.

MBC 'CSI뉴욕', KBS '그레이 아나토미' '위기의 주부들', SBS '프리즌 브레이크' 등 지상파를 통해 최근 심야에 방송되거나 방송 중인 '미드' 의 시청률은 모두 짭짤했다. 4~5%의 전국 가구 시청률을 종종 기록한 것. 대체로 심야 프로그램의 시청률은 2%를 넘기기 힘들다.

〈중략〉

◇ '미드' 넘어 '중드' '일드' 까지 '프리즌 브레이크' 의 높은 시청률은 2000년대 이후 지상파TV가 심야에 방송한 '미드' 중 최고의 기록이다. 이미 케이블·위성TV를 통해 '미드' 와 '중드' '일드' 마니아층이 두터워졌지만 지상파TV에서, 그것도 심야에 방송하는 더빙된 '미드' 가 이처럼 높은 인기를 끄는 것은 앞으로 '미드' 의 성장 가능성이 더 높음을 증명한다. 이런 추세라면 '80년대의 영광' 을 재현할 수도 있는 것.

〈중략〉

이에 지상파방송사들은 '미드'와 함께 인기 '중드'의 수입도 적극적으로 검토하고 있다. 편당 4천~8천 달러 사이의 '미드'에 비해 수입가도 낮은 데다 최근 드라마의 질이 높아져 국내에서 시장성이 있다고 보는 것.

이와 함께 현재는 케이블·위성TV에서만 허용된 일본 드라마 역시 조만간 지상파TV를 통해 개방될 것이라 전망하고 있다. 국내에서는 이미 미국 드라마 못지않게 일본 드라마 마니아층이 두텁다.

◇ "문화는 교류하는 것" vs "위기"

그런데 이 같은 외화의 인기가 한편으로는 한류의 위기 심화로 이어지는 것이 아닌가 우려하는 시선도 있다.

〈중략〉

Chapter 03

# 언론 법과 윤리의 이해

제1절 / 글쓰기 관련 법적 이슈

제2절 / 글쓰기 관련 윤리적 이슈

03

# 언론 법과 윤리의 이해

언론인은 법을 알고 윤리적 의식을 가지고 기사를 작성하여야 한다. 국민의 알권리도 중요하지만 그릇된 언론 활동은 소송의 가능성도 있어 책임 있는 보도자세가 중요하다. 또한 시대적 흐름에 따라 법의 잣대도 변화한다는 점을 인식하면 언론과 관련된 법률의 변화에 늘 주의하여야 한다.

예를 들어 과거 명예훼손이 인정되는 집단의 크기는 두 자리 숫자에 그쳤었다. 그러나 최근에는 대상의 숫자가 증대되는 양상이다. 2010년 국회의원의 여자 아나운서 비하 내용이 언론을 통해 보도되면서 한국아나운서협회에 등록된 여성들이 모욕죄로 고소하는 사건이 벌어졌다. 피고인은 유죄에 대해 구성원의 수가 많고 변화가능성이 있는 아나운서 일반을 지칭하였기에 피해자가 특정되지 않았다는 이유로 무죄를 주장하였다. 그러나 항소심은 다음과 같이 명예훼손의 성립을 판결하였다.

이 사건 피해자들은 공중파 아나운서들로 구성된 한국 아나운서 협회에 등록된 회원들로서 등록을 통하여 그 경계가 분명하고, 특정되어 이 사건 발언은 여성 아나운서들 집단의 개별 구성원, 적어도 한국 아나운서 협회에 등록되어 있는 회원들인 이 사건 피해자들에 대한 사회적 평가를 저하시킬 위험성이 있는 경멸적 표현에 해당한다고 할 것이다."(서울서부지방법원 2011. 11. 10. 선고 2011노529 판결)

위 판결의 시사점은 대상 집단의 구성원 수가 명예훼손 성립의 중요한 기준이 아니라는 것이다. 앞으로는 집단의 경계가 있고, 특정할 수 있는 경우 비록 수백 명이 넘는 다소 큰 규모의 집단도 '집단표시에 의한 명예훼손'을 인정할 가능성이 높아졌음을 의미한다.

다음의 첫 째 절은 미디어 취재 및 보도와 관련된 주요한 법적 이슈들은 어떠한 것이 있는지 살펴보고 있다. 두 번째 절은 취재보도의 자율적 규제에 해당되는 윤리적 측면을 다루었다.

## 제1절
## 글쓰기 관련 법적 이슈

미디어글쓰기를 수행하는 언론인은 취재원 보호를 위해 올바른 법률 지식을 가져야 한다. 이러한 법적 규정들은 언론 활동을 위축시킬 수 있는 여지도 있지만 공적 도구로서의 언론이 감내해야 할 부분이기도 하다. 언론법 가운데 '명예훼손', '초상권', '프라이버시권' 은 언론 규제적 측면이 강하다. 그러나 언론 활동을 지원하는 법률도 존재 한다. '정보원 비닉권', '정보공개법', '액세스권' 등은 언론의 자유로운 활동을 보장하는 대표적인 언론법이다.

### 1. 명예훼손(defamation of character)

타인의 인격권을 침해하지 않는 언론 활동은 중요하다. 하지만 현장에서 이를 지키기가 쉽지는 않다. 기자들은 인격권 보호에 늘 주의를 기울여야 하지만 이로 인해 취재 및 보도 활동이 위축되는 것(chilling effect)도 문제다. 따라서 올바른 언론활동을 위해서는 이와 관련된 논의들을 살펴볼 필요가 있다.

박재선(2006. 4)에 따르면, 명예훼손[56)]이 성립되기 위해서는 뉴스의 내용이 피해자에 관한 것으로 인정되며(피해자 특정), 피해자의 사회적 평가를 떨어뜨릴만한 구체적인 사실의 적시가 있어야 한다(사회적 평가의 저하, 구체적인 사실의 적시). 물론 보도내용이 공공성과 진실성을 갖춘 경우라면 명예훼손적인 성격이 있더라도 위법성이 소멸되어 법적 책임을 지지 않는다. 여기서 명예훼손이 성립되는지 여부와 명예훼손으로 법적 책임을 지는지는 구분될 필요가 있다.

기자가 익명으로 기사를 작성하더라도 독자나 시청자들이 주변 상황을 종합하면 기사나 영상에 나타난 사람이 누구인지 알 수 있고 많은 사람이 이

56) 명예는 사람의 인격적 가치에 대한 사회적 평가이다. 형법상 명예훼손이 성립되려면 불특정 또는 다수인이 인지할 수 있는 상황에서 사실 또는 허위의 사실이 적시(摘示)되어야 한다.

사실을 안다면 피해자는 특정된다. 예를 들어 'S방송사의 수목드라마에 출연중인 미스코리아 출신의 L양(25세)이 금융사기에 관여되었다는 소문이 있다' 를 접한 독자가 주변 정황과 이니셜을 종합하여 그녀가 누구인지 아는 경우 피해자는 특정될 수 있다. 따라서 익명으로 보도한 경우 명예훼손이 모두 부정되는 것은 아니다.[57)]

그러나 앞서 언급된 L양이 사기혐의로 검찰에 소환되어 수사 중이라는 사실을 보도한 경우 객관적인 사실을 보도하였기 때문에 명예훼손 문제에서 벗겨날 수 있다. 사실에 덧붙여 기자의 의견이나 논평이 이뤄진 경우도 위법하지 않다. 하지만 의견 표명이 인신공격에 해당하는 경우 불법으로 인정되어 손해배상의 대상이 될 수도 있다.

국민의 알권리 충족을 근거로 재판 전 피의사실들이 빈번하게 보도되고 있다. 그러나 재판이 열리기 전 검찰의 일방적 주장을 사실인 것처럼 보도하면 무죄추정의 원칙과 공판중심주의를 훼손할 수 있다. 또한 보도 후 반대되는 정보가 나와 기존 정보가 잘못된 것으로 판정된다면 명예훼손 소송이 제기될 수도 있어 주의하여야 한다.

대중매체의 범죄사건 보도는 공공성과 관련된 측면도 있다. 사회적 대책을 강구하는 등 여론형성에 필요한 정보로서 기능할 수 있다. '공공성과 진실성' 또는 '공공성과 영향성' 이 인정될 경우 언론은 법적 책임으로부터 자유롭다. 특히 범인이나 범죄 혐의자가 공적인물이면 실명이나 초상의 보도 등 신원 공개도 가능하다.

그러나 범죄사건 보도가 공적 인물이 아닌 평범한 시민과 관련될 경우

---

57) 익명보도의 경우 소송이 신중하게 제기될 수 있고, 법원이 위자료를 계산할 때 이를 참작할 수 있다(박재선, 2006).

범인이나 범죄혐의자에 대한 신원 공개는 불법이기에 익명보도를 하여야 한다. 대법원은 원고 등이 공적 인물이 아닌 평범한 시민인 경우 언론사가 범인이나 범죄 혐의자에 대한 신원까지 보도하는 것이 정당하지 않다는 입장을 밝혀왔다(대법원 1998. 7. 14 선고 96다17257). 이는 언론의 범죄사건 보도가 공공적인 성격이 있음을 인정하면서도 "범죄 자체를 보호하기 위하여 반드시 범인이나 범죄 혐의자의 신원을 명시할 필요가 있는 것은 아니다"라는 것이다. 즉 범죄에 대해 아는 것은 정당할지라도 그 범인이 바로 원고라는 것까지 알아야 하는 것은 아니라는 입장이다.

경북지방경찰청 홍보담당관실에서 작성한 보도자료 상단에는 제공되는 정보가 가져올 명예훼손적인 부분에 대한 기자들의 주의를 당부하는 내용을 다음과 같이 언급하고 있다.

> 이 자료는 오로지 범죄예방 등 공익을 위한 보도목적으로만 사용할 수 있습니다. 공개되는 사실은 혐의일 뿐 확정된 사실이 아니므로 개인이나 단체를 특정할 수 있는 성명, 직업, 주소, 상호, 상표 등은 보도되지 않도록 특별히 주의하시기 바랍니다.

경북지방경찰청이 2013년 3월10일 발송한 포항 산불 관련 보도자료에서도 사상자에 대한 정보를 '사망 1명 안OO(80세, 남), 포항 우현동' 등으로 표현하고 있다. 부상자에 대해서도 '김OO(81, 남)' 등의 형태로 피해자에 대한 정보를 약식으로 제공하고 있다.

언론보도로 인한 명예훼손 피해자는 언론사를 상대로 언론중재법에 있는 손해배상청구, 정정보도청구, 반론보도청구, 추후보도청구를 행사할 수 있다(박재선, 2006). 손해배상청구는 인격권을 침해당한 피해자가 언론사를 상대로 불법행위로 인한 손해에 대해 금전적 배상을 요구하는 것이다. 기사를 작성한 기자 개인에 대한 손해배상청구는 언론중재위원회의 조정·중재로 구제받을 수 없고 법원에 소송 제기하여야 한다. 언론중재법이 아닌 민법상의 손해배상청구권을 행사하는 것이다. 언론은 손해배상 책임을 면하기 위해 가능한 한 공식 발표에 근거하여 취재 보도할 필요가 있다. 특히 피의사실이 진실이라고 믿을 만한 신뢰도 높은 취재원을 확보하여 보도하려는 자세가 중요하다.

정정보도청구는 보도된 내용의 전부 또는 일부가 진실하지 아니한 경우 이를 바로잡아 줄 것을 요청하는 권리이다. 언론중재법은 정정보도 청구에 대해 언론사의 고의 또는 과실로 인한 위법성을 따지지 않는다. 잘못된 부분이 있다면 언론은 손해배상책임을 지지는 않을 수 있으나 정정보도는 해주어야 하는 것이다. 이는 공공 이익을 위해 언론의 자유가 지켜져야 하지만 진실이 훼손되어 타인의 권리를 침해하는 것은 문제라는 시각에서 비롯된 것이다. 헌법재판소는 진실에 대해 일방적으로 침묵을 강요하는 것이 언론·출판의 자유로 정당화될 수 없다는 입장을 가지고 있다.

반론보도청구는 사실적 주장에 관한 보도로 피해를 입은 자가 그 보도내용에 관한 반론보도를 언론사에 청구할 수 있는 권리이다. 보도에서 언급되었거나 연관성 있는 자는 보도에 대해 자신의 반론을 실어달라고 주장할 수 있다. 예를 들어 특정 혐의에 대한 보도가 있는 경우 해당 관계자는 이를 부인하기 위한 반론을 제기할 수 있다.

한편, 언론이 범죄혐의가 있거나 형사상의 조치를 받았다고 보도되거나 또는 공표된 자는 자신에 대한 형사절차가 무죄판결 또는 이와 동등한 형태로 종결된 경우 이에 관한 추후보도 게재를 청구할 권리를 가진다. 무죄판결을 받은 경우 판결 선고일로부터 3개월 이내에 청구하여야 한다. 무혐의처분 등의 불기소처분을 받았다면 불기소처분 통지서가 본인에게 송달된 때로부터 3개월 이내 행사할 수 있다.

## 2. 초상권(right of likeness)

초상권은 사람이 자기의 초상[58]에 관하여 함부로 촬영되어 공표되지 아니하며 광고 등에 영리적으로 이용되지 아니할 인격적, 재산적 권리를 말한다. 박재선(2006)에 따르면 초상권 내용에는 초상을 함부로 촬영, 작성되지 아니할 권리(촬영·작성거절권), 촬영된 사진 또는 작성된 초상이 함부로 공표 또는 복제되지 아니할 권리(공표거절권), 초상이 함부로 영리에 이용되지 아니할 권리(초상영리권)를 포함하고 있다. 언론보도에서 타인의 초상을 사용할 경우 초상 주체의 동의가 필요한 것이다.

초상 주체의 동의 없이 촬영된 사진이나 영상은 초상권과 프라이버시권 침해 가능성이 존재한다. 사회적 물의를 일으킬 만한 중대한 불법적 행위를 포착한 공익적 언론활동은 인정되지만 비밀녹음이나 몰래카메라를 이용한 단순취재는 법적 제재를 받을 수 있다. 하지만 뉴스 보도에서 공적 인물 또는 시사적 인물은 초상권이 제한적으로 보호된다.

한편 불법 녹음된 타인의 대화내용을 공개하는 것은 통신비밀보호법 위반으로 기소될 수 있다. 물론 보도 목적의 정당성, 법익의 균형성, 수단의 상당성 및 비례성 등의 요건을 모두 충족하여 위법성이 조각된다고 판단되어

58) 사람의 얼굴 또는 사회 통념상 특정인임을 식별할 수 있는 신체적 특성을 말한다.

무죄판결이 선고될 수도 있다.[59] 비록 개인정보에 대한 자기결정권을 침해하였지만 그 내용이 극히 중대한 공적인 사항에 관련되고 정당한 공중의 관심 대상이라면 언론은 이를 보도할 수도 있다. 그러나 중대한 공익상의 필요에 의하여 불법적인 정보 공개가 허용되더라도 언론기관은 권리 침해를 최소화하기 위한 노력을 기울어야 한다. 공익적 이익을 위해 불법 녹음된 내용이 보도될 수는 있지만, 전문이 개재되는 경우 유죄가 인정될 수도 있다. 공중의 정당한 관심사와 관계없는 내용도 보도함으로써 개인의 기본권 침해가 최소화되도록 충분한 주의와 노력을 기울이지 않았기 때문이다.

비록 통일된 정의는 없지만 일반적으로 공인은 공직자(public official), 전면적 공적 인물(pervasive public figure), 제한적인 공적 인물 또는 논쟁에 관련된 공적 인물(vortex public figure)로 분류될 수 있다. 공인이라 하더라도 유명인의 초상을 상업적으로 사용하는 경우 재산권적 성격인 배포권(publicity) 침해에 해당될 수 있다.

공직자는 정부의 중요 정책 결정자, 선출직 공직자나 후보자, 검찰/경찰/군 고위 간부 등을 지칭한다. 이런 측면에서 하위직 공무원은 공인이라 보기 어렵다. 전면적 공적 인물은 유명인사로서 프로선수, 연예인, 대기업 총수 등을 의미한다. 그 사람이 사회에 대해 가지는 영향력이나 매체에의 접근 가능성을 고려하여 판단될 수 있다. 마지막으로 논쟁적인 공적 인물은 공적인물이나 유명인은 아니지만 공적 논쟁에 참여하여 인지도가 높아진 경우를 말한다. 그러나 범죄 혐의를 받고 있는 피의자는 이 범주에 속하지 않는다.

공인과 달리 일반인의 초상 사용은 불법인 경우가 많다. 하지만 풍경, 날씨, 관중석, 집회, 시위 스케치 사진 등에서 인물은 한 장면 또는 장소에서

---

59) 조각사유란 위법성을 깨뜨리는 사유, 위법성을 없게 하는 사유라는 뜻이다. 위법성조각사유, 책임조각사유 모두 같은 뜻으로 사용된다.

부수적으로 사용된 경우이기에 초상 사용이 가능하다. 사건·사고 현장의 촬영에서도 초상 사용이 대부분 가능하지만 사생활 침해가 될 수 있는 장면이 있다면 자제하거나 모자이크 처리하는 것이 관례다. 이는 사건 현장들의 끔직한 사진이 사고 피해자들의 프라이버시권 침해를 초래할 수 있기 때문이다.

### 3. 프라이버시권(right of privacy)

프라이버시권은 개인이 자신의 의사에 반해 개인 생활의 비밀이 함부로 공표되지 아니할 권리를 의미한다. 프라이버시권은 다음과 같은 네 가지 유형의 행위를 불법으로 보고 있다. ① 개인의 사생활이나 평온을 침해하는 것, ② 난처한 사적 사실을 공개하는 것, ③ 개인에게 부당한 대중적 주목을 받게 하는 것, ④ 개인의 이름이나 유사성을 타인이 자신의 이익을 위하여 사용하는 것. 처음 세 가지 유형은 자신을 대외적으로 노출하지 않거나 자신이 원하는 방법으로 스스로를 외부에 표출할 수 있는 기본권적인 성격이 강하다. 네 번째는 자신의 이름이나 유사성을 대외적으로 판매할 수 있는 권리를 보호하는 것이다. 특히 자신의 이름이나 모습이 상품성을 가지는 유명인의 경우 이러한 권리는 매우 중요하다. 이러한 권리를 좀 더 적극적으로 해석하여 초상, 이름, 목소리 등의 사용을 독점하는 권리를 보호해야 한다는 관점이 있으며, 이를 따로 퍼블리시티권(right of publicity)이라고 부른다. 그러므로 퍼블리시티권은 광의의 프라이버시권에 속하는 개념이다.

박재선(2006. 7)은 언론사가 본인의 동의를 받지 않고 다음과 같은 보도를 한 사례를 통해 프라이버시권 침해 문제를 설명하고 있다. 먼저, '미혼인 여성 연예인이 재벌 2세와 동거한다는 사실 또는 숨겨둔 자식이 있다는 보도' 나 '유명인사의 자식이 배우자의 아이가 아니라 혼외정사에 의하여 낳은 아이라는 소문을 보도하는 경우' 는 내밀영역, 비밀영역에 해당하여 일반에 노출되어서는 안 될 사적인 비밀에 관한 사항이라 밝히고 있다.

특히 성폭력 사건 피의자, 처참한 사고 피해자, 청소년 관련 범죄, 환자 관련 보도 등에서는 이들에 대한 사생활 침해가 발생하지 않도록 각별히 주의하여야 한다. 개인의 사생활을 엿보고자하는 관음증적 보도 태도는 피해자에게 많은 정신적 고통을 수반할 수 있다는 점을 명심하여야 한다.

공적 인물의 경우 그 보도내용이 일부 사람의 호기심이 아닌 '공중의 정당한 관심' 의 대상이 된다면 사생활이라도 공개가 가능하다. 예를 들어 '국회의원이 배우자가 아닌 여인과 호텔방에서 바람을 피웠다는 사실을 보도하는 경우' 와 '인기 연예인이 올 가을에 결혼 한다는 보도' 는 공적인 부분에 영향을 미치는 내용일 수 있다. 국회의원의 품위유지 의무 위반이나 형법상 간통죄라는 범죄 측면에서 다뤄질 수 있다. 인기연예인의 결혼도 공중의 정당한 관심사로 인정될 수 있다. 그러나 결혼에 대한 보도가 진실이 아닌 경우 허위보도에 해당되어 문제가 된다.

이밖에도 기자의 취재 욕심이 과하여 불법적으로 자료를 취득하는 과정도 문제가 될 수 있다. 미디어 기술의 발달로 몰래카메라 설치와 촬영이 용이해져 이로 인한 피해도 증대되는 추세이다. 시사 고발성 탐사보도 프로그램의 경우 몰래카메라 기법을 사용하지 않고는 제작이 어려운 점도 있지만 불법적인 도청을 통해 정보를 수집한 경우 심각한 법적 문제에 직면할 수 있다. 통신비밀보호법 제2조는 '누구든지 이 법과 형사소송법 또는 군사법원법의 규정에 의하지 아니하고는 우편물의 검열·전기통신의 감청 또는 통신사실 확인 자료의 제공을 하거나 공개되지 아니한 타인간의 대화를 녹음 또는 청취하지 못한다.' 라 규정하고 있다. 16조는 이를 위반하는 자는 10년 이하의 징역과 5년 이하의 자격정지에 처함을 밝히고 있다.

## 4. 정보원 비닉권[60]

언론 활동은 공식채널을 통해서만 이뤄지는 것은 아니다. 자신의 신분을 숨기고 정보를 제보하는 많은 사례가 있다. 예를 들어 1974년 미국 닉슨 대통령이 사퇴하게 된 워터게이트 사건은 워싱턴 포스트의 두 기자가 딥 스롯(deep throat)으로 불린 익명의 취재원을 통해 획득한 정보로부터 출발하였다. 이들은 31년 동안이나 취재원의 신원을 보호해주었다. 이러한 취재원 보호 원칙은 다양한 정보원들이 언론을 통해 진실을 밝히고자 하는 동기부여에 영향을 미친다. 정보원의 익명성이 보장되지 않는다면 언론자유가 위축되는 효과(chilling effect)를 낳을 수 있다. 따라서 정보원의 비밀을 은닉하여 언론에 대한 신뢰도를 높이고 이를 통해 자유롭고 책임 있는 언론 활동이 이뤄져야 할 것이다.

## 5. 정보공개법

언론인이 정보 수집을 위해 국가 정보에 접근할 수 있는 법률적 근거가

60) 정보원의 비밀을 은닉해주는 권리를 말한다. 이 권리는 일명 방패법(shield law)이라 지칭되기도 한다. 이는 정보원 신분 노출에 대한 수사당국의 요구를 언론이 방패로 막아준다는 의미로 해석되기 때문이다.

정보공개법이다.[61] 정보에 대한 인간의 자유를 표명한 최초의 문건은 1948년 12월 공표된 '세계 인권 선언' 이라고 한다. 이 법은 일반 국민이면 누구나 국가가 보유, 관리하고 있는 정보의 공개를 청구할 수 있어야 한다고 주장한다. 이 정보공개청구권(freedom of information)이 행사되지 않는 분야도 있다. 국가안정보장에 관련된 정보 등이 대표적인 예라 할 수 있다. 그러나 예외조항의 입증 주체가 누구인지는 논란이 되고 있다. 언론기관인지 청구권자인지에 따라 권리의 활용 가능성이 차별적인 결과를 가져올 것으로 예측된다.

## 6. 액세스권[62]

액세스권(right to access to media)은 엄밀히 말하면 언론에 대해 행사할 수 있는 국민의 권리이다. 이는 국민이 원하는 정보를 언론에 요구하고 자신의 사상이나 의견을 발표할 수 있는 권리이다(일명 매체이용권). 이 법의 출발은 미국의 매스컴 법학자인 배론(J. A. Barron)의 논문에서 비롯되었다. 그에 따르면, '사상의 자유시장' 이 국가 권력뿐만 아니라 언론 독과점에 의해

---

61) 우리나라는 1996년 '공공 기관의 정보 공개에 관한 법률' 이라는 이름으로 정보공개법을 제정·공포하고 1998년 1월 1일부터 시행하고 있다. 인터넷 신문사인 오마이뉴스의 경우 한국수자원공사에 정보공개를 청구해 받은 자료를 통해 '4대강 살리기 사업에 의한 부채비율 현황에 대한 기사를 보도하였다(2012.7.6. 일자).

62) 알권리는 일반적으로 접근할 수 있는 정보를 받아들이고 취사선택할 수 있는 소극적 자유의 권리 그리고 여론형성에 필요한 정보를 적극적으로 수집할 수 있는 적극적인 자유의 권리로 구분될 수 있다. 비록 성문화가 된 것은 아니지만, 알권리의 헌법적 근거는 제1조 국민주권주의와 제21조 제1항 언론의 자유 조항에서 찾을 수 있다.

서도 왜곡될 수 있다는 것이다. 따라서 시민들은 언론 기관에 대한 액세스권을 보장받음으로써 표현의 자유를 확대할 수 있다는 것이다.

결국 액세스권은 미디어의 거대화와 독점화 현상에서 소외된 시민 정보주권을 회복시키는 권리인 셈이다. 액세스권을 통해 국민의 알권리(right to know)가 실현될 수 있다. 이러한 권리는 언론에 의견광고나 반론(反論)을 게재 또는 방송하도록 요청하는 권리나 미디어에 대해 비판, 항의, 요구할 수 있는 권리와 미디어 경영 참여를 요청할 수 있는 권리 등으로 폭넓게 활용되고 있다.

## 7. 저작권

저작권은 문화발전을 위해 생각이나 감정을 표현한 창작자의 결과물을 보호하는 것을 목표로 한다. 저작권은 어떠한 사실(fact)보다 사실이 표현(expression)된 것만을 보호한다. 이를 고려하면 뉴스 자체는 저작권 보호대상이 아닐 수 있다. 그러나 기자는 발생한 사실을 자신의 방식으로 표현하여 전달하는 경우가 많아 저작권 보호대상이 될 여지가 높다. 예를 들어, 언제 어디서 회담이 열렸다는 뉴스는 사실보도로서 저작권에서 제외될 수 있지만, 회담 전망이나 분위기에 대한 기자의 관점이 기사에 포함된다면 하나의 저작물로 인정된다는 것이다. 특히 사설, 칼럼, 논평 등과 같이 저자의 주관과 의견이 가미된 피처뉴스들은 저작물로 인정될 가능성이 매우 높다.

사실만을 보도한 경우라도 부정이용의 원리(doctrine of misappropriation)에 의해 저작권 침해가 인정될 수도 있다. 이대희(2008)에 따르면, 언론사 A가 어느 지역에서 배포한 뉴스를 B라는 언론사가 A의 뉴스에 포함된 사실을 바탕으로 A보다 먼저 다른 지역에 제공하는 경우가 이에 해당된다. 사실은 보호되지 않는다는 규칙에 대한 예외로서 'hot news doctrine'과 유사하다. 정보가 시간에 민감하다는 의미인 hot news는 사실과 마찬가지로 저작권으로 보호될 수 없지만 부정이용의 원리에 의해 보호될 수 있다는 원칙이다. 미국 판례에 의하면 ① 원고가 일정한 비용에 의해 정보를 창출하거나 수집하고, ② 정보 가치가 시간에 매우 민감하여야 하며, ③ 피고가 정보를 사용함으로써 원고가 정보를 창출 · 수집하는 데 소용한 노력에 무임승차하여야 하며, ④ 피고가 정보를 사용함으로써 원고가 제공하는 상품이나 서비스와 직접적으로 경쟁하는 것이 되어야 하며, ⑤ 원고의 노력에 무임승차하여 원고가 제품이나 서비스 생산 동기를 감소시켜 그 존재나 품질이 상당히 위협을 받아야 한다.

결국 사실 정보에 대한 접근이 제한되는지 여부는 그 정보가 일반인의 공유영역(public domain)에 들어갔는지에 따라 결정될 수 있다. 공유영역에 들어가기 전에 권리자는 정보에 대한 재산권을 가지지만, 공유 영역에 들어간 경우 저작자의 권리는 상당히 제한되거나 존재하지 않을 수 있다. 방송에서 이뤄지는 스포츠 경기에 대한 포털에서의 문자중계 사례가 이에 해당된다. 경기 내용을 기사화 하더라도 저작권에서 벗어날 수 있다는 것이다.

일반적으로 대다수의 기사는 언론사에 소속된 기자에 의하여 작성된다. 이러한 경우, 기자가 소속된 언론사가 저작자가 되어 저작권을 가지게 된다. 그러나 프리랜스 기자가 작성한 경우에는 몇 가지 조항에 따라 저작권자가 달라질 수 있다(이대희, 2008). 첫째, 기사 저작권은 프리랜스 기자와 언론사의 계약에 의해 결정될 수 있다. 둘째, 계약관계가 없는 경우 언론사가 프리랜스 기자 기고에 대한 약관을 두고 있고, 그 약관이 '약관의 규제에 관한 법률' 등에 의하여 유효하다면 그 약관에 의해 저작권자가 결정된다. 마지막으로 계약이나 약관도 존재하지 않을 경우 프리랜스 기자의 기사에 대해 언론사가 지급한 기고료 등에 의해 저작권 소유자가 결정된다. 많은 액수가 기고료로 지급되었다면 해당 언론사가 저작권을 가진다.

## 제2절 글쓰기 관련 윤리적 이슈

인간은 지켜야할 도리나 덕목에 관한 윤리적 잣대를 가지고 살아간다. 윤리의 영역은 법의 영역을 넘어서는 포괄적 특성을 가지고 있다. 인간의 기본적인 윤리가 있는가 하면 직업별로 바람직한 윤리 기준도 있다. 의사, 변호사, 언론인 등과 전문직들은 나름대로의 윤리기준을 가지고 있다.

윤리는 성문화된 것은 아니지만 법의 정신을 포함하고 사회구성원들의 공통된 규범을 반영하는 것이다. 하지만 윤리적 기준이 다소 추상적이고 모호한 개념이 있어 논쟁적인 부분도 많다. 대다수의 논쟁들은 언론의 자유와 사회적 책임을 어떻게 조화롭게 만들 수 있는가와 관련되어 있다. 윤리적 규제는 외부 세력의 힘에 의해서가 아니라 자율적으로 이뤄지는 측면이 있다. 그러나 세계 언론사는 언론 자체의 노력이 부족할 경우 법적, 제도적 규제가 강제되었다는 사실을 보여주고 있다.

언론의 영향력을 고려할 때 기자들은 투철한 직업윤리가 무엇보다 필요하다. 언론인들은 취재 및 보도할 권리가 국민으로부터 위임받은 것임을 인식하여 자유로운 언론 활동을 통해 국민의 알 권리 충족과 진실 보도의 의무를 다하고자 노력하여야 한다. 언론윤리를 자율적으로 지키려는 노력은 여러 언론사들이 윤리강령을 가지고 있다는 사실에서 드러나고 있다. 한국기자협회도 회원들이 지켜야할 행동기준으로 다음의 10가지 윤리강령을 제정하고 이를 준수할 것을 대내외에 표방하고 있다(www.journalist.or.kr).

① 언론자유 수호 : 우리는 권력과 금력 등 언론의 자유를 위협하는 내·외부의 개인 또는 집단의 어떤 부당한 간섭이나 압력도 단호히 배격한다.

② 공정보도 : 우리는 뉴스를 보도함에 있어서 진실을 존중하여 정확한 정보만을 취사선택하며, 엄정한 객관성을 유지한다.

③ 품위유지 : 우리는 취재 보도의 과정에서 기자의 신분을 이용해 부당이득을 취하지 않으며, 취재원으로부터 제공되는 사적인 특혜나 편의를 거절한다.

④ 정당한 정보수집 : 우리는 취재과정에서 항상 정당한 방법으로 정보를 취득하며, 기록과 자료를 조작하지 않는다.

⑤ 올바른 정보사용 : 우리는 취재활동 중에 취득한 정보를 보도의 목적에만 사용한다.

⑥ 사생활 보호 : 우리는 개인의 명예를 해치는 사실무근한 정보를 보도하지 않으며, 보도대상의 사생활을 보호한다.

⑦ 취재원 보호 : 우리는 어떠한 경우에도 취재원을 보호한다.

⑧ 오보의 정정 : 우리는 잘못된 보도에 대해서는 솔직하게 시인하고, 신속하게 바로 잡는다.

⑨ 갈등·차별 조장 금지 : 우리는 취재의 과정 및 보도의 내용에서 지역·계층·종교·성·집단간의 갈등을 유발하거나, 차별을 조장하지

않는다.

⑩ 광고·판매활동의 제한 : 우리는 소속회사의 판매 및 광고문제와 관련, 기자로서의 품위를 손상하는 일체의 행동을 하지 않는다.

위 윤리강령 가운데 '갈등·차별 조장 금지' 조항은 언론의 정파주의 경향과 관련하여 논의될 수 있다. 정치적 성향에 따라 특정 정당과 정책을 지지하거나 상대방을 평가절하 하려는 태도는 언론이 가져야할 공정보도 원칙을 스스로 무너뜨린 결과라 할 수 있다. 특히 선거기간 후보나 정당에 대한 언론의 편파보도는 국가의 발전과 민주주의를 저해하는 중요한 원인이라 할 수 있다. 몇 개의 신문이 절대다수의 신문시장을 장악하고 있는 현실을 고려하면, 균형감 있는 취재와 보도가 지켜져야 할 것이다.

수집된 정보에 대해 인용이 인색한 경우도 문제이다. 1차 정보 생산자가 타 언론사인 경우 정확한 인용을 결여한다면 표절에 해당될 수 있다. 그럼에도 불구하고 "한 일간지에 따르면", "유력 일간지는", "한 시사주간지" 등의 표현을 쉽게 볼 수 있다. 타 언론사에 대한 배타적 관행에서 비롯된 이러한 문제가 하루속히 해결되어야 한다. 기자는 콘텐츠 생산자를 정확하게 인용함으로써 공정하게 경쟁하는 긍정적 이미지를 시민들에게 심어주어야 한다. 이때 언론에 대한 신뢰도도 증대될 것이다.

신문 산업 기반이 약화되고 각 조직의 홍보노력이 확대되면서 언론사와 기자가 '광고·판매활동의 제한' 원칙을 지키는 것이 점점 어려워지고 있다. 매출과 이익감소에 직면하여 광고성 기사 혹은 기업이나 제품 홍보와 관련된 기사들을 배제하기가 쉽지는 않다. 만약 '기사형 광고'로 소비자가 손해를 입은 경우 언론사는 손해배상책임이 있다는 판례도 있다. 언론사의 책임을 벗어나고자 한다면 '광고라는 명백한 표시'가 필요하다. 광고 표시 유무와 관련해서는 글의 형식, 바이라인 표시, 포털사이트 내 분류항목 등이 함께 고려된다. 신문 산업이 위축되면서 기자들이 광고 수주 업무까지 담당하는 경우도 생기면서 언론 윤리 강령을 준수하기가 어려운 환경이다. 이제 기자 개인적 신념으로 해결될 사안은 아닌 듯하다. 제도적 지원 정책을 통해 건전한 언론 산업 육성이 절실한 부분이다.

저널리즘 영역에서는 미디어 활동에 대한 윤리적 평가 기준으로서 크게 세 가지 이론들을 활용하고 있다(중용의 원칙, 공리주의 원칙, 의무의 원칙)(오택섭, 강현두, 최정호, 2005). 어떠한 원칙이 더욱 적절한지는 여전히 논쟁적이지만 기자들이 윤리적 판단의 중요한 근거로서 오랫동안 사용되어 왔다.

첫째, 중용의 원칙[63]은 극단을 피하고 중간을 선택할 것을 강조한다. 중간은 언론보도의 공정성을 위해 중요한 기준으로 활용될 수 있다. 이 원칙에 따르면, 논쟁적 이슈를 다룰 때 양측의 입장을 동등한 시간이나 지면을 할애하여 다루어야 한다.[64] 이러한 원칙은 선거방송 토론에서도 중요한 기준으로 활용되고 있다. 하지만 중간이 어디인가에 대한 판단이 어렵고 이슈에 따라 시간 배분이 상이한 측면도 있다.

둘째, 언론 활동이 윤리적인가 여부를 판단할 기준으로 공리주의 원칙[65]이 사용될 수 있다. 공리주의 입장은 윤리성에 대한 판단을 행위의 결과가 '최대 다수의 최대 행복' 에 기여하는가에 기초하고 있다. 그래서 공리주의

---

63) 중용의 원칙(the golden mean principle)은 기원전 4세기경 그리스 철학자인 아리스토텔레스(Aristotle)의 윤리학의 중심 개념이다. 중용은 행동이 양 극단 사이의 중간을 취하되 수량적 중간이 아니라 최선성(最善性)의 위치를 의미한다.

64) 1987년 미국에서는 방송보도에서 오랜 동안 지지되어 왔던 동등시간의 원칙(equal time provision)이 국민의 이익과 언론자유를 침해하는 소지가 있어 위헌 판결이 나왔다. 다양한 미디어와 채널이 출현하여 방송이 제한된 자원이 아니기 때문에 이 원칙을 적용하는 것은 언론 활동을 위축시킨다는 것이 판결의 핵심이었다.

는 과정보다는 행위의 결과를 강조하는 이론이라 할 수 있다.

국민의 알 권리 충족이라는 명제를 위해 다소 무리한 취재나 보도도 정당하다고 인정받을 수 있는 근거는 이러한 공리주의 사상에 근거하고 있다. 그러나 공리주의 원칙이 주장하는 '최대 다수의 최대 행복' 을 누가 판단하며 어떻게 확인할 수 있는가와 소수자의 행복 권리에 대해서는 여전히 논쟁적이다. 자칫 잘못하면 언론인의 비윤리적 행위를 정당화시키는 수단으로 남용될 여지도 있다.

마지막으로 칸트(I. Kant)의 도덕철학에 기초한 의무의 원칙(duty-based principle)도 언론 활동의 옳고 그름을 판단하는데 적용될 수 있다. 의무의 원칙은 절대적인 윤리적 기준을 중요시하는 것으로 행위의 결과보다 행위 자체의 도덕성에 초점을 맞춘 이론이다. 이 원칙은 결과가 수단을 정당화할 수 있다는 공리주의 원칙을 반박하고 있다. 언론인이 지켜야 할 도덕적 의무를 다하지 못한다면 윤리적 행위에서 벗어난 것으로 판단하며, 예외를 인정하지 않으려는 태도를 가지고 있다. 따라서 중요 정보를 획득하기 위해 사용하는 잘못된 언론 관행들을 비윤리적인 것이라 판단할 수 있다.

의무의 원칙은 절대적 기준점이 명확하다는 장점은 있지만 언론 활동의 유연성을 저해한다는 지적도 받고 있다. 언론 현장에서는 도덕적 명분을 저울질해야 하는 많은 상황들이 있다. 신분을 속이고 취재하여 사회적, 국가적으로 명백한 해악들을 밝힐 수 있는 경우가 하나의 예라 할 수 있다.

이밖에도 기자는 취재 과정에서 만난 취재원과의 약속 정도에 따라 정보 출처를 밝히는 정도도 달라져야 한다. 이러한 문제를 엠바고와 보도유예의

---

65) 공리주의(utilitarianism)는 19세기 영국의 철학자 제레미 벤담(J. Bentham), 제임스 밀(J. Mill), 존 스튜어트 밀(J. S. Mill) 등에 의해 형성된 사회사상이다. 어떤 행위의 옳고 그름에 대한 판단은 인간의 이익과 행복을 늘리는데 도움이 되었는가라는 유용성과 결과의 좋고 나쁨에 따라 결정된다.

무와 관련하여 살펴보았다. 또한 보도 후 발생한 언론오보와 관련된 언론인의 윤리적 측면들을 다루었다. 특히 '오보의 정정'은 한국기자협회의 윤리강령 중의 하나이기도 하다.

## 1. 엠바고와 보도유예의무

엠바고(embargo)는 원래 자국 내 외국국적의 선박에 대해 내리는 '출항정지명령'을 의미한다. 언론에서는 어떤 사안에 대해 공식발표 이전에 보도를 제한해줄 것을 요청하는 것으로 사용되며 '시한부 보도중지' 또는 '보도유예'로 표현된다. '지금 보도하지 말라. 시간이 지난 후 보도해도 좋다'라는 의미이다.

엠바고는 정보원이 언론사에 요청하고 이를 언론사가 수용하는 형식으로 이뤄진다. 기존 판례에 따르면, 엠바고 대상이 아닌 언론사라도 엠바고 사실을 인지했다면 '사안에 따라서' 보도유예의무가 발생할 수 있다. 언론사는 요청된 엠바고를 국민의 알권리와 비교하여 그 중요성을 판단하여야 한다. 언론 활동에서 사용되는 엠바고는 4가지 유형이 있다.

① 보충취재용 엠바고 : 발표할 내용이 뉴스가치가 높지만 전문적이고 복잡한 문제가 있어 취재원이 발표 내용에 대한 보완이 필요하다고 취재기자에게 사전에 요청하여 상호 합의가 이뤄진 것

② 조건부 엠바고 : 뉴스가치가 있는 사건 발생이 예측되지만 정확한 시간을 예측하기 어려운 경우 그 사건이 일어난 이후에 기사화한다는 조건으로 보도자료를 미리 제공하는 것

③ 공공이익을 위한 엠바고 : 국가안전, 사회적 이익과 직결되거나 인명에 위해한 사건이 진행 중일 경우에 사건이 해결될 때까지 특정한 정보를 보도하지 않는 시한부 보도중지[66]

④ 관례적 엠바고 : 아그레망[67]과 같은 외교관례에 따라 인사명령이 공식적으로 발표되기 전 혹은 국가간 동시 발표로 약속된 협정 또는 회담 개최에 대한 내용을 공식 발표까지 일시적으로 보도중지하는 것

엠바고는 다뤄지는 주제가 심층적으로 취재되어 더욱 명확해 질 수 있다는 장점을 가지고 있다. 또한 취재원과 언론과의 커뮤니케이션을 보다 자유롭게 가져갈 수 있도록 분위기를 조성해주는 측면도 있다. 하지만 정보원과 언론사간 담합성 엠바고가 취재 현장에서 공공연하게 이뤄지는 경우가 적지 않다. 이로 인해 국민의 알권리가 훼손될 수 있다.

## 2. 언론오보[68]

언론은 시민들의 의사결정을 도울 수 있는 필수적 정보들을 제공하는 중

---

66) '아덴만의 영웅' 으로 유명한 석해균 선장의 '삼호주얼리호' 사건처럼, 2011년 4월 소말리아 해적에게 납치되었던 '제미니호' 의 한국인 선원에 대해 외교통상부의 '보도유예' 요청이 있었다. 이에 따라 외교부 출입기자단은 관련 사실을 수개월 동안 보도하지 않아 여론의 질타를 받기도 하였다. 한국인 선원들은 피랍 후 1년 7개월 만에 풀려났다.

67) 아그레망(agrément)은 특정한 인물을 외교사절로 임명하기 전에 상대접수국에게 이의의 유무에 관한 의사를 조회하는 국제관례상의 제도를 말한다. 일어날 수 있는 분쟁을 미리 방지하기 위하여 파견국은 임명에 앞서 '아그레망' 의 요청을 선행하는 것이 보통이다. 특정인물이 '만족한 사람(personagrata)' 이라고 생각할 때에는 '아그레망' 을 부여한다. '아그레망' 을 부여한 경우에는 접수국이 그 인물을 외교사절로서 접수할 의무가 생긴다(출처: 위키백과).

요한 역할을 수행한다. 뉴스보도 활동에서 언론이 추구하는 중요한 가치 중의 하나는 사실 중심의 객관적이고 정확한 내용전달이다. 그러나 언론의 구조적 취재환경과 기자 개인적 요인에서 비롯된 적지 않은 실수들이 개인의 정보환경을 위협하거나 국가적 논란이 되기도 한다. 예를 들어 정확한 취재원 확보가 어렵고 특종 경쟁이 야기한 북한 관련 오보들[69]은 경제적, 사회적, 정치적 파장을 야기하기도 하였다. 오보가 피할 수 없는 결과라면 언론의 과제는 이러한 오류를 인식하고 적절한 관리 및 대응일 것이다.

언론 오보로 인한 개인적, 사회적 피해는 경제적 측면에서부터 사회 건전한 여론형성을 방해하는 과정에 이르기까지 매우 다양하다. 또한, 언론에 대한 개인의 불신감을 유발시켜 구독 감소, 해당 언론 불신 등과 같은 부정적 결과를 낳을 수 있다. 2002년 퓨(PEW) 연구소 자료에 의하면 설문 참가자의 과반수는 보도된 기사들이 빈번한 오류를 가진다고 인식하고 있지만 언론사가 이를 제대로 인식하지 못하는 것으로 답변하여 저널리즘 활동에 대한 부정적인 인식이 팽배함을 보여주었다. 실버만(Silverman, 2007)은 오보 정정을 통해 언론사는 정확성의 윤리를 지향한다는 점을 독자에게 보여주어야 함을 주장하고 있다. 결국 언론이 오보에 대해서 사과나 정정 보도를 하는 것은 독자에 대한 서비스이면서 경영적 측면에서도 고려해야할 필수적 요소라 할 수 있다.

나아가 보도내용에 대한 균형된 시각이나 새로운 의견들을 담아내는 반론글에 대한 보도도 시민 권리 존중의 차원에서 적극적으로 모색되어야 한

---

68) 언론오보 관련 내용의 일부는 '구교태(2011), 인터넷 신문의 언론 오보 대응 방안에 대한 연구, 언론정보학연구, 5-16.' 에 게재된 내용임을 밝힙니다.

69) 북한과 관련된 주요 오보들은 1986년 김일성 피격사망, 1994년 북한 장학금 교수 연행, 2003년 김정일 측근 망명설, 2005년 핵실험 임박, 2010년 김정은 사진 등이 있다.

다. 반론글은 사실과 자료에 근거했는지에 대한 이슈보다 서로 상반되거나 상충되는 관점이나 주장들 사이의 균형 감각을 이룰 수 있는 중요한 수단으로 인식될 필요가 있다. 언론보도에는 탈사실성을 포함하여 진실 규명이 어려운 상황들이 많다. 하지만 올바른 보도의 기본적인 요건은 사실과 관점의 균형이며 언론활동을 올바로 평가하기 위해서는 사실성 검증뿐만 아니라 윤리성과 이데올로기 평가 과정과 관련된 공정성이 확보되어야 한다(강명구, 1994).

한편 1995년부터 시작된 한국 인터넷 신문의 출현은 오프라인 매체와는 다른 취재 및 편집 시스템을 갖추어 새로운 형태의 오보 대응 환경을 조성하고 있다. 오프라인 매체와 달리 보도된 기사에 대해 독자로부터 신속한 피드백을 받을 수 있으며 거의 실시간에 가까운 지속적인 수정이 이론적으로 가능해졌기 때문이다. 신속한 온라인 취재보도가 오보의 가능성을 증대시킬 가능성도 있지만 이를 유연하게 정정할 수 있는 기회도 커졌다. 그럼에도 불구하고 언론중재위원회(www.pac.or.kr)의 2011년 4월 매체유형별 언론조정신청 현황을 보면 일간지 신문은 52건, 인터넷신문 46건, 인터넷 뉴스 서비스 19건으로 인터넷 뉴스 관련 정정 및 반론 조정신청 건수가 상당한 비율을 차지하고 있다.

### 1) 오보 유형과 원인

좁은 의미로 오보는 사실과 다른 내용이나 부정확하거나 신빙성 없는 보도를 의미한다. 넓게 보면 기사의 판단이나 해석상의 차이에 따른 오류를 포함한다. 오보는 잘못된 인용, 의미호도, 이름, 나이, 숫자, 직위, 주소, 위치, 일시 등에 대한 오류 등으로 인식될 수 있다(Nemeth & Sanders, 2009).

언론 오보는 크게 객관적 오보와 주관적 오보로 구분될 수 있다(우병동,

2002; Maier, 2005). 삭제(omission), 과대강조(overemphasis), 과소강조(underemphasis), 잘못된 인용(misquote) 등은 주관적 오보에 속한 반면 이름, 숫자, 설명, 날짜, 이산, 주소, 시기 등에 대한 오보는 객관적인 오보로 분류된다. 객관적 오보는 날짜, 장소, 이름, 시간 등 사실적 기술이 잘못된 것을 의미하는 반면 주관적 오보는 의미의 생략이나 잘못된 강조, 의미 축소, 과장 등의 맥락상 오보 등을 의미한다. 객관적 오보는 언론 관행상 쉽게 야기되고 쉽게 발견되는 반면, 주관적 오보는 의도성이 개입될 수 있어 보는 시각에 따라 상이할 수 있다(한국언론연구원, 1991).

객관적 오보의 경우라도 년도나 이름의 철자와 관련된 객관적 단순오보(text misleading report)가 있는가 하면 무혐의를 구속으로 보도하는 것과 같은 내용적 측면의 객관적인 문맥오보(context misleading report)가 존재한다. 정정보도 가운데 이름을 바꾸거나 한자표기에서 뜻이 잘못된 음을 사용한 경우와 같은 오보는 의미전달과 영향력 측면에서 문맥오보와 달리 취급될 필요가 있다. 일반적으로 오보에 대한 기자의 부담감은 단순오보보다 문맥오보를 범한 경우 더 높을 것으로 예상된다. 이러한 문맥오보는 기사 내용에 대해 상이한 관점을 제시할 수 있어 더욱 문제라 할 수 있다.

**표 3-1. 언론 오보 유형**

| 유형 | 내용 |
|---|---|
| 객관적(사실적) 오보 | 날짜, 장소, 이름, 시간 등 사실적 기술이 잘못된 것 |
| 주관적 오보 | 의미 생략, 잘못된 강조, 의미 축소, 과장 등 맥락상 오해<br>전체적 인상, 기사 내용 또는 제목에 의견 삽입으로 인한 오해 (취재원 ≠ 기자 ≠ 수용자) |

김동민(1998)은 오보와 허보의 차이를 구분할 것을 주장하고 있다. 오보는 그럴 수밖에 없는 상황이나 과실로 인한 불가피성을 고려할 측면이 있지

만 허보는 '작문' 과 같은 의도적인 조작이라는 것이다. 예를 들어 미네르바 취재와 관련된 신동아의 보도는 허보일 수 있다. 신동아는 2009년 4월 1일자 진상조사 보고서를 통해 "……신동아는 저널리즘의 기본인 사실 검증과 확인을 소홀히 했습니다. '게이트키핑 시스템' 도 작동하지 않았습니다. 취재윤리에 어긋난 부분도 있었습니다. 그 결과 '미네르바' 가 아닌 사람의 기고문과 인터뷰가 신동아 2008년 12월호와 2009년 2월호에 게재됐습니다."를 발표하였다.

오보의 생성원인은 크게 언론사 내부적 요인과 외부적 요인으로 설명될 수 있다. 내부적 요인은 언론인 자질이나 능력과 같은 인적 자원이나 취재재원과 관련된 물적 자원을 들 수 있다(김동규 · 김경호, 2005; 김창룡, 1994). 외부적 요인은 과다한 취재경쟁 시스템으로 인한 왜곡, 과장 보도 및 미확인 보도 환경 등과 관련되어 있다. 또한 매체에 영향을 미치는 특정인의 이데올로기가 보도에 영향을 미쳐 사건이나 이슈에 대한 잘못된 해석을 이끌어 내는 것도 외부적 요인에 해당된다.

앞서 기자는 발로 글을 쓰는 직업이라 하였다. 이는 기자가 주어진 보도자료에 의존하여 기사를 작성하기보다 직접 확인하고 검증하는 작업을 하여야 함을 말한다. 다음은 이러한 원칙을 소홀히 하여 발생한 오보를 지적하는 〈조선일보〉의 기사이다. 많은 신문들이 엉터리 집계에 의존하여 산불피해 인원을 보도하여 생긴 문제를 다루고 있다.

경북지방경찰청 홍보담당관실에서 나온 2013년 3월 10일 자료에 의하면 인적 피해 총 15명(사망/부상14)였다. 그리고 부상인원들은 세 개의 병원으로 이송되었다. 경찰청 자료가 급박한 상황에서 작성되었음을 고려하여 기자가 보도자료에 있는 3병원에 연락하여 확인만 하였어도 이러한 오보는 막을 수 있었을 것이다.

# 포항산불 피해 축소 의혹… 死傷者 집계 엉터리

市는 "15명" 소방서는 "14명"
본지, 병원 확인해보니 28명

**2배 차이 나는 사상자 집계**

| | 본지 집계 | 포항시 | 소방서 |
|---|---|---|---|
| 9일 | 사망 1명<br>부상 21명 | 사망 1명<br>부상 14명 | 사망 1명<br>부상 13명 |
| 10일 | 사망 1명<br>부상 27명 | 변동 없음 | 변동 없음 |
| 11일 | 변동 없음 | 변동 없음 | 변동 없음 |

지난 9~10일 도심을 덮쳐 큰 피해를 낸 '경북 포항 산불'의 사상자 수가 본지 확인 결과 포항시와 소방 당국이 밝힌 수의 2배에 이르는 것으로 나타났다. 시와 소방 당국이 미숙한 대응에 대한 질책을 피하려고 집계를 일부러 늦춰 피해 규모를 축소하고 있다는 의혹이 일고 있다.

본지 취재 결과, 산불이 발생한 지난 9일 오후 3시 38분부터 진화가 끝난 이튿날 오후 3시 35분까지 응급실이 있는 포항 시내 대형 병원 네 곳을 찾아 치료받은 환자 수는 사망자 안모(79)씨를 포함해 28명이었다. 화재 현장에서 가까운 포항선린병원에는 9일 11명, 10일 2명 등 모두 13명이 다녀갔다. 또 안씨가 안치된 포항성모병원 7명, 포항의료원 5명, 포항세명기독병원 3명 등이었다.

그러나 이날 포항시 재난대책본부는 11일에도 전날과 마찬가지로 인명 피해 규모를 사망 1명, 부상 14명으로, 포항북부소방서는 사망 1명, 부상 13명이라고 각각 다른 집계를 밝혔다.

뉴스1

대규모 산불 피해를 당한 경북 포항시가 11일 오전부터 본격적인 복구 작업에 나섰다. 포항시 공무원 1000여명과 지역단체 회원 500여명, 해병대 1사단 병력 1000여명 등이 피해 복구를 위해 구슬땀을 흘렸다.

**市·소방당국 재난대응 허술**

**"洞별 주민센터 통해 집계했다"**

**"119車 이송된 환자수로 계산"**

포항시는 산불 발생 직후 포항여고에 현장대책본부를 차리고 각 동 주민센터를 통해 피해 집계를 했다고 밝혔다. 동 주민센터에 확인해보니 각 통장에게 전화를 걸어 이웃들의 피해 상황을 모았다고 한다. 용흥동 한 통장은 "그냥 여기저기서 들리는 대로 동 주민센터에 알려줬다"고 말했다. 병원 현황과 갑절가량 차이 나는 데 대해 포항시 측은 "동 주민센터·통장 등에게 알리지 않고 병원에 갔으면 피해 집계에서 빠질 수도 있을 것"이라고 말했다. 그러나 한 병원 관계자는 "산불 피해 환자 수는 이미 보건소나 시청에서 여러 차례 확인해 갔다"고 말했다.

포항시보다 부상자 1명이 적다고 밝힌 북부소방서는 "119 구급대 차량으로 이송한 환자 수를 토대로 인명 피해 집계를 내는데, 이번 산불은 범위가 넓고 인력이 부족해 제대로 파악하지 못했다"고 털어놨다.

재산 피해도 뒤죽박죽이다. 230가구가 사는 용흥동 우미골(5통)은 가장 피해가 컸다. 10일 오전 포항시의 공식 발표에선 28가구가 전소했을 뿐 인명 피해는 없다고 밝혔지만, 이날 새벽 1시쯤 불탄 옆집에서 불씨가 되살아나 자기 집으로 옮아 붙은 조모(51)씨 등 2명이 포항의료원으로 옮겨졌다. 불에 탄 주택도 50채로 늘었다고 동 주민센터는 전했다.

포항시는 11일 오후 재산 피해가 늘었다며 불에 탄 주택·상가 등이 당초 발표한 56채에서 89채로 늘었다고 밝혔다. 이 중 주택은 56채라고 했다. 용흥동 37개 통 가운데 1개 통(우미골)에서 이미 50채가 불에 탄 것으로 미뤄 이조차 정확하지 않은 현황으로 보인다.

대구=최재훈 기자

출처 : 조선일보 2013년 3월 12일 10면

오보가 발생 원인은 내외적 요인으로도 분류될 수 있다. 내적 요인은 언론인 개인에 관한 것이고, 외적 요인은 언론활동을 둘러싼 환경적 측면들과 관련되어 있다. 내적 요인은 언론인 개인의 글쓰기 자질에서부터 기사의 최종 수정자인 편집 담당자의 실수나 오판 등을 말한다. 외적 요인은 언론사간 과다경쟁 구조나, 언론사의 이데올로기가 기자의 뉴스 프레임에 관여하여

**표 3-2. 언론 오보 요인**

| 유형 | 내용 |
|---|---|
| 내적요인<br>(개인적 측면) | 언론인 자질(부주의, 과오, 미숙, 의도성, 정보원 접촉 부족), 편집 담당자의 실수나 오판(다시 쓰기) |
| 외적요인<br>(구조적 측면) | 시간이나 비용의 한계(보도자료 의존경향), 언론사 이데올로기, 언론사 간 특종경쟁(과잉경쟁구조), 과도한 정보나 복잡한 이슈의 단순화, 부정확한 소스 |

중립성을 저해하는 사례가 해당된다.

한편 온라인 매체의 등장은 뉴스 오보를 더욱 가속화시키고 있다. 흔히 온라인 뉴스의 가장 두드러진 특징으로 언급되는 것은 즉시성(immediacy)과 상호작용성(interactivity)이다(구교태, 2011). 즉시성은 뉴스가 생성되고 소비되는 주기(cycle)가 짧아졌음을 의미한다. 인터넷에서는 뉴스 조직이 취재한 기사를 지속적으로 업데이트할 수 있는 장점을 가지고 있다. 즉시성으로 인해 하루 여러 차례의 뉴스 수정, 보완이 가능해져 6시 뉴스, 9시 15분 온라인 신문 뉴스가 만들어 질 수 있는 것이다. 물론 즉시성으로 인해 기사의 정확성(accuracy)이란 뉴스의 질적인 문제가 발생할 가능성은 커졌다. 즉 뉴스 제작의 시간적 제약은 언론의 오보 가능성 증대라는 위험성을 안고 있다.

제공된 뉴스의 하이퍼링크로는 자사의 뉴스와 연결된 내부적 링크(internal link), 자회사의 결과물에 연결된 준 내부적 링크(quasi-internal link), 뉴스에 언급된 기관의 웹사이트나 관련 데이터에 연결된 외부적 링크(external link) 등이 존재한다. 따라서 하나의 오보가 연속적 반응을 불러일으킬 수 있는 구조이기도 하다. 물론 인터넷 신문의 상호작용성 기능은 온라인 뉴스 이용자들이 뉴스 내용에 대해 즉각적으로 반응하는 것을 허용해 준다. 그래서 뉴스 콘텐츠에 대한 지속적인 확인 작업도 가능하다. 아래 제시된 오보도 시민의 참여로 확인되었다고 한다.

2013년 3월초에 발생한 포항 지역 산불 관련 보도는 인터넷 신문의 오보가 연속적으로 재생산되는 모습을 보여주었다. 오보의 내용은 2004년 군용헬기 추락기사와 동일한 내용이었다. 부대, 헬기종류, 사망자 수가 동일했다고 한다. 관련 부대에 연락만 취했어도 확인될 수 있는 사실이었다. 오보를 보고 다른 언론사가 또 사용하여 오보가 지속적으로 재생산되는 모습을 보였다. 이처럼 인터넷 신문의 속보성은 큰 장점일 수 있지만 정보의 신뢰성에 있어서는 여전히 큰 문제일 수 있다.

그림 3-1. 인터넷 신문의 오보 사례

[영상] 포항 산불 '섬뜩', 눈앞에서… 스포츠서울 23분전
근처 아파트와 주택 등 56가구를 태운 뒤 6시간 여만에 큰 불길이 잡혔다. 한편, 화재를 진화하던 소방 **헬기**가 추락해 4명이 사망했다는 보도는 오보로 밝혀졌다. ◆ 포항산불 화재 현장 영상( ) sseoul@media.sportsseoul.com
네이버에서 보기 관련기사 보기 이 언론사 내 검색

포항 산불 끄던 **헬기** 추락 사고, 전원 사망 '참사' 티브이데일리 2시간전
[티브이데일리 포항 산불을 진화하려던 **헬기**가 추락해 전원 사망하는 참사가 일어났다. 소방당국은 9일 오후 4시께 경북 포항시 북구 용흥동 뒷산에서 산불이 발생했다고 밝혔다. 이 화재로 인근 주민들에게는 긴급...
관련기사 보기 이 언론사 내 검색

[고침]포항 산불 **헬기**추락 4명 사망 뉴시스 2시간전
= <뉴시스 9일자 오후 5시12분과 5시27분에 출고된 '[2보]포항서 산불 **헬기** 추락 4명 사망', '[3보]포항서 용흥동 산불… 신광면 군용 **헬기** 추락 4명 사망' 제하의 기사 중 진화작업에 나섰던 포항 해군 6전단 UH-60**헬기**가...
네이버에서 보기 관련기사 보기 이 언론사 내 검색

포항 산불, 포항고 맞은편 학산까지 옮겨붙어 경북일보 3시간전
중앙119구조대**헬기** 등 모두 6대의 **헬기**가 투입돼 산불진화에 총력을 기울이고 있다. 한편 연일읍 우복리 산불 진화에 나섰던 해군 **헬기**가 추락했다는 소문이 퍼졌으나 급유를 위해 **헬기**가 잠시 내려앉은 것으로 전해졌다.
관련기사 보기 이 언론사 내 검색

포항 산불 아파트 단지로 확산…주민 긴급 대피 서울파이낸스 4시간전
이와관련, 불을 끄기 위해 출동했던 **헬기**가 추락해 탑승자 4명 전원이 사망했다는 보도가 나오기도 했으나 사실확인이 안되는 상태다. 불이 나자 오후 3시 40분께 경북 포항시 남구 청림동 해군기지에서 출발해...
관련기사 보기 이 언론사 내 검색

포항 산불 진화 중 **헬기** 조종사 4명 사망 이투데이 4시간전
9일 오후 경북 포항시 북구 용흥동 뒷산에서 발생한 화재 진압 중 **헬기**가 추락해 전원 사망했다. 현재 용흥동 용흥초등학교 뒷산에 불이 확산돼 인근 주민들에게 긴급 대피령이 내려졌다. 포항 해군 6전단 UH-60**헬기**는...
관련기사 보기 이 언론사 내 검색

포항 산불 진화작업 나선 해군 **헬기** 추락…조종사 등 4명 사망 매일신문 4시간전
9일 오후 포항시 북구 신광면에서 발생한 산불을 진화하기 위해 출동한 해군 6전단 소속 **헬기**가 추락해 탑승자 4명이 전원 사망했다. 이날 오후 3시40분경 포항시 남구 청림동 해군기지를 출발한 **헬기**는 산불을...
네이버에서 보기 관련기사 보기 이 언론사 내 검색

포항 산불 끄던 군용 **헬기** 추락…"조종사 4명 사망" TV리포트 4시간전
[TV리포트] 9일 오후 경북 포항시 북구 용흥동 뒷산에서 발생한 화재 진압에 나선 **헬기**가 추락해 전원 사망하는 불상사가 발생했다. 뉴시스 등 매체 보도에 따르면 9일 3시 50분쯤 오후 용흥동 용흥초등학교 뒷산에 불이...
네이버에서 보기 관련기사 보기 이 언론사 내 검색

포항 산불, **헬기** 6대 투입…아파트 위협(3보) 노컷뉴스 4시간전
한편, 연일읍 우복리 산불 진화에 나섰던 해군 **헬기**가 추락했다는 소문이 퍼졌고, 해군6전단은 급유를 위해 **헬기**가 잠시 내려앉았을 뿐, 추락사고는 없다고 밝혔다. jnpark@cbs.co.kr [관련기사]
네이버에서 보기 관련기사 보기 이 언론사 내 검색

출처 : 네이버(http://news.naver.com)

## 2) 오보 정정 체계

오보에 의한 정보 왜곡이나 피해 당사자인 피보도자에 대한 적절한 대응 원칙은 어떠해야 할까? 미국 워싱턴포스트는 오보 정정에 대해 다음과 같은

가이드라인을 제시하고 있다(Washington Post, 2006. 14 May).

> 정정은 명확하고, 간결하며, 직접적이어야 한다. 정정은 최초의 기사를 읽지 않은 사람들도 이해할만한 수준으로 작성되어 무엇이 잘못되었는지 그리고 어떻게 정정되었는지를 충분히 알 수 있도록 하여야 한다.

미국의 대표적인 온라인 매체라 할 수 있는 뉴욕타임즈와 워싱턴포스트를 살펴보았다. 뉴욕타임즈(www.nytimes.com)는 'Corrections'[70] 항목을 그리고 워싱턴포스트(www.washingtonpost.com)는 'Corrections/Suggestions' 카테고리를 통해 정정이나 반론에 대한 독자의 의견을 적극적으로 수용하는 태도를 보이고 있다. 특히 워싱턴포스트는 자동기입 양식을 활용하여 온라인에서 전달할 수 있는 형태를 취하고 있어 이용자의 의견 개진 절차가 쉽고 즉각적으로 이뤄질 수 있다는 장점을 가지고 있다.

국내 오보 대응 방식을 보면 특정 기사에 대해 피보도자가 '알려왔습니다' 를 통해 의견 개진한 내용을 전달하는 반론내용이 가장 많은 것으로 나타났다. 다음으로 기사 내용의 큰 변화 없이 단순한 명칭 변경이 이뤄진 경

---

70) 뉴욕타임즈는 정정(corrections) 카테고리를 통해 다음과 같이 이메일, 전화, 팩스를 활용한 참여 기회를 제공한다는 사실을 공지하고 있다.
The Times welcomes comments and suggestions, or complaints about errors that warrant correction. Messages on news coverage can be e mailed to nytnews@nytimes.com or left toll-free at 1-888-NYT-NEWS (1-888-698-6397). Comments on editorials may be e-mailed to letters@nytimes.com or faxed to (212) 556-3622. Readers dissatisfied with a response or concerned about the paper's journalistic integrity may reach the public editor at public@nytimes.com or (212) 556-7652. For newspaper delivery questions: 1-800-NYTIMES (1-800-698-4637) or e-mail customercare@nytimes.com

우 문맥적 의미가 변화는 내용 수정을 한 사례 순이었다. 이것은 1997년과 2007년 뉴욕타임즈와 워싱턴포스트에 대한 오보 연구(Nemeth & Sanders, 2009)에서 약 90%가 객관적 오보였다는 사실과 비교하면 많은 차이가 있다. 국내 메이저 언론의 정정 및 반론보도 유형은 객관적 오보보다 주관적 오보가 더 많이 발생하였다. 이러한 결과는 주관적 보도가 의도성이 개입될 수 있어 더욱 부정적인 의미변화를 초래할 가능성이 있다는 점을 고려하면(한국언론연구원, 1991) 뉴스 오보와 관련된 기자의 책임의식이 향후 더욱 개선되어야 할 것이다.

2011년 4월 국내에서 이뤄진 언론조정 신청인 유형을 살펴보면 개인의 조정 신청이 가장 많은 것으로 나타났다.[71] 개인적 측면의 조정 신청이 지배적임을 고려한다면 보다 쉬운 온라인 조정신청 방법을 고려하는 언론사의 노력이 절실해 보인다. 이러한 점에서 외국의 사례를 참조할 필요가 있다. 워싱턴포스트(www.washingtonpost.com)는 하이퍼링크를 통해 정정이나 반론 관련 정보를 적극적으로 수렴하고 있다. 온라인을 통해 정정신청을 쉽게 할 수 있다는 것이다. 문제시되는 형태의 정보들에 대한 URL 주소, 기사유형, 오보유형, 수정의견 등을 온라인으로 기입하여 '보내기' 버튼을 이용하여 의견을 직접 전달하는 방식을 취하고 있다. 따라서 국내 인터넷 신문들도 오보에 대한 의견을 즉각적으로 전달할 수 있도록 하이퍼링크를 통한 다양한 의견 접수 방법을 고려할 필요성이 있다. 인터넷이라는 매체적 특성을 활용한 언론조정 신청을 개인들에게 서비스해야 한다는 말이다.

---

71) 2011년도 4월 신청인 유형별 언론조정신청 처리현황

| 청구 건수 | 개인 | 일단단체 | 회사 | 교육기관 | 종교단체 | 국가기관 | 지자체·공공단체 |
|---|---|---|---|---|---|---|---|
| 133 | 75 | 11 | 19 | | 3 | 2 | 23 |

출처 : 언론중재위원회(www.pac.or.kr)

국내 인터넷 신문에서 반론보도 경우 최초 기사에 대한 수정이나 보완 없이 최초의 기사가 제공되고 마지막에 독자의 반응으로 '알려왔습니다'를 공지하는 형태를 취하고 있다. 이는 독자로 하여금 무엇이 사실인지를 바르게 판단하는 것을 어렵게 할 수 있다. 예를 들어 정치후보자의 학력이 학사로 최초 보도된 후 반론보도로 석사를 요청한 경우 최초 기사에 대한 확인이 이뤄지고 정확한 정보가 무엇인지를 밝히는 작업이 결여되어 있다. 독자는 기자가 학사 학위라 했지만 피보도자가 석사를 알려왔다면 최종 확인 작업을 통해 무엇이 오류인지 검토하여 하나 만을 독자에게 서비스할 필요가 있다. 기자의 입장과 피보도자의 입장들만 나열하는 것은 독자들에게 무엇이 정확한 정보인지 파악해야 하는 부담으로 작용할 수 있다.

오보 정정에 대한 워싱턴포스트의 가이드라인(Washington Post, 2006. 14 May) 내용처럼 정정 내용은 무엇이 잘못 보도되었는지, 무엇이 정정될 내용인지를 명확하게 밝혀야 한다. 나아가 최초 기사를 접하지 않은 사람들에게 무엇이 최초 기사였는지를 제공함으로써 독자의 정보 판단을 도우려는 언론의 자정 노력이 필요하다.

최초의 기사가 정정된 경우 이에 대한 설명을 기사 말미에 첨부하여 최초의 기사에서 무엇이 잘못되었는지를 밝혀야 한다. 비록 오보를 수정하여 정확한 기사를 제시하더라도 처음 접하는 독자도 언론사의 처음 오보를 인식할 수 있어야 한다. 아래에서 보는 것처럼 뉴욕타임즈는 하나의 기사에서 1차, 2차 수정이 이뤄졌음을 보여주어 지속적인 교정 노력을 제시하고 있다.

국내 인터넷 신문들도 온라인의 특성을 활용하여 정정보도와 더불어 최초 기사를 확인할 수 있는 방식으로 기사 운영이 이뤄져야 하며 정정 내용이 순차적으로 이뤄질 경우 뉴욕타임즈의 경우처럼 이에 대한 정정보도도 업데이트되어야 할 것이다. 이러한 과정은 보도된 기사마다 최선의 노력을 통해 정확한 보도를 하고 있다는 언론사의 태도를 보여준다는 측면에서 매우 효과적인 것으로 판단된다. 심지어 뉴욕타임즈는 온라인 판을 통해 오프라인 기사의 출처를 밝히는 노력도 병행하고 있음을 눈여겨 볼 필요가 있다.

**표 3-3.** 뉴욕타임즈 온라인판 정정 관련 내용

This article has been revised to reflect the following correction:

Correction: June 2, 2011
An earlier version of this article stated that of the new magazines' founders, only Ms. Adams had much experience in design. But Katie Armour, a co-founder of Matchbook, worked for three years for interior-design firms.

This article has been revised to reflect the following correction:

Correction: June 2, 2011

In an earlier version of this article, an online magazine called Trad Home, a collaboration between Lonny and Traditional Home, was described imprecisely as a "one-off." Trad Home will be published again by Traditional Home in October, whether or not there is any collaboration with Lonny.

A version of this article appeared in print on June 2, 2011, on page D1 of the New York edition with the headline: The Thriving (Online) Shelter Magazine Industry.

물론 언론 오보를 완전히 막기는 불가능한 이야기다. 그러나 언론 오보가 발생되는 그릇된 패턴이 있는지 살펴보고 문제점이 있다면 이에 대한 효과적인 대응을 강구하여야 할 것이다. 나아가 적절하고도 합리적인 오보 대응 방안이 있다면 이를 채택함으로써 독자들에게 더 높은 신뢰감을 주어야 한다.

현재 언론보도로 인한 피해 구제 방법은 언론중재위원회에 정정보도나

반론보도, 추후보도, 손해배상청구 등의 조정 및 중재신청을 하는 것과 법원에 손해배상 청구 등 민사소송을 제기하는 방법, 그 밖에 검찰이나 경찰에 형사고발하는 방법 등으로 분류되고 있다.

반론보도청구는 언론보도로 피해를 입은 사람이 해당 언론사에 자신의 주장을 게재 또는 방송해줄 것을 요구하는 것을 말한다. 그리고 추후보도청구는 범죄혐의자 또는 범인으로 보도되었으나 무죄판결 등 혐의가 없는 것으로 밝혀졌을 때 해당 언론사에 자신의 결백을 게재 또는 방송해줄 것을 요구하는 것이다. 추후보도청구의 경우에는 사건이 무혐의·무죄로 종결된 날로부터 1개월 이내에 신청해야 한다. 한편 '반론보도청구' 나 '추후보도청구' 의 경우 언론중재위원회의 중재절차를 거치지 않고 법원에 바로 청구할 수는 없다. 마지막으로 정정보도청구는 허위보도를 한 언론사에 기사가 잘못되었음을 밝히고 정정기사를 게재 또는 방송해줄 것을 요청하는 것이다. 정정보도청구에서 경우에도 중재절차와 상관없이 법원에 바로 청구할 수도 있다.

언론중재 신청을 위해서는 보도가 있음을 안 날로부터 1개월 이내(단 보도된 날로부터 6개월 이내)에 신청가능하다. 단 언론사에 반론보도 등을 직접 청구한 경우에는 협의가 불성립된 날로부터 14일 이내에 중재를 신청하여야 한다. 언론중재위원회는 신청 접수일로부터 14일 이내 처리를 완료하여야 한다. 그러나 직권중재결정시에는 21일 이내 처리 완료한다.

언론중재법 제15조 제6항은 언론사는 정정보도를 원보도와 동일한 효과를 발생시킬 수 있는 방법으로 하여야 한다고 규정하고 있다. 법조항의 의미를 고려한다면 정정보도의 위치나 크기 등과 같은 편집 노력이 필요하고 기사 구성에 있어서도 기존 관행을 탈피하여 피해구제의 실효성을 높이려는 노력이 절실해 보인다.

정정보도도 속성상 하나의 뉴스로 간주되어야 한다는 주장도 있다. 이러한 관점에서 정정보도는 정보 소비자에게 흥미를 끌 수 있도록 구성될 수 있다. 기존 정정보도의 제목으로 자주 이용된 '정정보도문' 형식은 독자의 관심을 끌지 못하는 요소가 있어 뉴스 이용자에게 외면당할 가능성이 높다. 이에 대한 개선으로 '…에 대한 정정보도문' 과 같은 내용이 추가되어야 한다는 목소리도 있다. 나아가 정정보도를 보다 일반적인 기사 내지 속보성 보도 형식으로 다룰 수도 있다. 즉 새로운 제목을 발췌하여 하나의 기사를 구성하는 것이다.

예를 들어 A국회의원이 불법 정치자금을 받았다는 초기 보도에 대한 정정보도를 생각해보자. 기존 관행을 좇는다면 단순히 '정정보도문' 으로 원보도 내용을 수정 보도하였을 것이다. 그러나 대안으로서 제시된 안을 따른다면 'A의원 불법정치자금 수수에 대한 정정보도문' 이 될 것이다. 나아가 'A의원 불법정치자금 누명 벗다' 와 같은 제목으로 하나의 자연스런 기사로 재구조화될 수도 있다.

## 3. 지역언론[72)]

지역 언론의 활성화는 지역발전과 자치의 필요조건이다. 언론은 주민들을 대신하여 정책을 감시·비판하며 지역 정치제도 및 행정에 대해 주민들에게 교육·홍보하는 역할을 담당하기 때문이다. 또한 지역 언론은 지역 사

72) 지역 언론에 대한 글은 대구광역시의회의 2007년 7월 의회보에 '지역 발전과 지역 언론' 이라는 제목으로 게재된 글(p.118-122)을 부분 수정한 것이다.

회의 유대와 공동체 의식을 조성하여 지역 구성원들을 연결시키고 다양한 지역 현안들에 대한 지역민의 관심과 참여를 이끌어내는 효율적인 수단이기도 하다.

지역 언론의 중요성에도 불구하고 중앙에 종속된 언론보도 행태가 이뤄지는 것은 제도적 환경을 논하기에 앞서 언론인들의 개선의지 부족과도 맞물려 있다. 미국의 경우 지역뉴스가 메인으로 나온 후 전국뉴스가 편성 보도되는 사실들을 고려한다면 삶의 중심인 지역성 회복을 위해 언론이 스스로 앞장서는 모습을 보여야 한다.

지역발전을 위해 지역 언론은 어떠한 모습을 보여야 하는가? 이러한 문제에 대한 명확한 해답은 없지만 대중의 관심을 끌기위한 소위 '꼬투리 잡기' 저널리즘(gotcha jounalism)이나 일회적 사건보도 등은 최소한 자제되어야 할 것이다. 그래서 특정인의 실수나 해프닝을 집중 보도하는 흥미위주의 보도관행이나 지역사회가 직면한 구조적 이슈들과 지역사회의 비전을 회피하는 무책임한 언론 활동은 지양되어야 한다. 이제 지역 언론인들은 1990년대 이후 주목받고 있는 '시민 저널리즘(civic journalism)', '공공 저널리즘(public journalism)', 혹은 '공동체 저널리즘(community journalism)' 이라 불리는 새로운 취재보도 활동을 진지하게 고민하여야 한다.

시민 저널리즘은 공공의 삶을 돕기 위해 단순히 문제점이나 모순에 대해서만 생각하도록 보도하지 않고 그 해결책에 대해 숙고할 수 있는 뉴스 구성을 주문하고 있다. 이러한 시민 저널리즘 활동은 시민들이 공공정책의 형성과 결정에 적극적으로 참여하게 함으로써 민주주의 발전과 성숙에 기여하는 것으로 평가받고 있다. 시민 저널리즘을 추구하는 언론인들은 시민들이 공공 사안과 관련하여 방관자가 아닌 참여자라 인식하고 있다. 그리하여 공공사안에 대한 공적 토론을 자극하고 시민들의 생각과 주장을 담아내는 취재보도 관행을 추구하고 있다.

시민 저널리즘 보도를 간략히 요약하면 ① 시민들이 중요하게 생각하는 핵심가치를 파악하고, ② 생산적이고 숙의적인 시민토론을 조장하며, ③ 주요 이슈에 대한 심층보도를 제공하고, ④ 적극적, 능동적인 시민들이 문제해결에 어떻게 성공하고 있는 가를 보여주는 기사들을 적극적으로 제공하는 것이다. 특히 민주주의 기본 이념을 고려할 때 다양한 시민들의 목소리가 언론을 통해 전달되고 논의되는 것은 무엇보다 중요하다. 공공 토론을 조장하기 위해 신문은 독자 투고란을 확대할 수 있으며, 방송은 시민 참여 프로그램이나 여론 점검 프로그램들을 제작할 수 있다. 기존 저널리즘 활동과 차별화되는 시민 저널리즘의 특성들은 아래 〈표 3-4〉와 같다.

**표 3-4.** 시민 저널리즘과 기존 저널리즘의 비교

| | 기존 저널리즘 | 시민 저널리즘 |
|---|---|---|
| 언론철학 | 자유주의 | 사회책임주의, 공동체주의 |
| 언론의 기능 | 파수견(watch-dog) | 안내견(guide-dog) |
| 언론의 공신력 | 객관성, 무관여 | 공공성, 공동체 연대감 |
| 뉴스 가치 | 편집인의 뉴스가치 | 시민의 뉴스가치 |
| 뉴스 의제설정 | 상의하달식 의제설정<br>(top-down agenda setting) | 하의상달식 의제설정<br>(bottom-up agenda setting) |
| 보도 초점 | 문제 보도<br>(problem-reporting) | 문제 해결<br>(problem-solving) |
| 수용자 | 수동적 | 능동적 |
| 보도의 역할 | 정보전달 저널리즘 | 대화 저널리즘 |

지방자치 이후 지방정부는 지역 정보를 지역 구성원들에게 신속하게 제공하기 위해 지역 매체를 활용해야 하는 중요성은 더욱 커지고 있다. 이는 지방정부에 대한 지역민들의 정보욕구, 행정 참여 욕구를 고려하면 더욱 그

러하다. 그러나 다양한 지역 매체들이 지속적으로 등장하고 있음에도 불구하고 지방 정부가 지역 언론을 제대로 활용하지 못하고 있다는 비판이 많다. 언론관계에 대한 능동적이고 유연한 지방정부의 인식과 태도가 절실해 보인다. 이제 다양한 플랫폼으로 정보를 생산해내기 위한 지방정부의 고민이 있어야 하며 증가된 상호작용적 매체를 활용하여 민의를 읽어내고 효율적 정책 집행을 수행하려는 노력이 있어야 할 것이다.

지역 언론은 지방자치의 세 주체가 되는 지방정부, 지방의회, 지역주민을 연결하는 커뮤니케이션 매개체로서의 역할을 성실히 수행하여야 한다. 특히 지역 주민들이 지방자치에 관한 정보의 대부분을 언론에서 얻는다는 현실을 고려하면 주민들의 판단력을 돕고 의식수준을 높이려는 지역 언론의 태도도 무엇보다 중요해 보인다. 이러한 언론 역할을 고려하면 지역 언론 활동은 지방의원과 자치단체장 선출 못지않게 지방자치 발전의 필수적인 요소인 것이다. 올바른 지역 언론의 모습을 시민 저널리즘에서 찾을 수 있으며 이를 통해 시민들은 지역 문제에 대해 방관자가 아닌 참여자로 나아갈 수 있다.

이제 지방정부와 언론은 지역발전을 위해 건전한 긴장(緊張)관계 속에서 지역민을 위한 최선의 방안이 무엇인지 머리를 맞대야 할 것이다. 지역 언론의 정보를 가지고 시민들은 토론을 통해 건전한 여론을 형성하고 이것이 지역 정책 의제로 설정되는 순환적 과정을 통해 지역의 민주성이 개선될 수 있을 것이다.

Chapter 04

# 편집의 이해

04

# 편집의 **이해**

## 제1절 편집 디자인

미디어글쓰기가 취재기자의 몫이라면 편집은 편집기자가 담당한다. 편집기자의 핵심 업무는 작업도구인 마우스와 키보드를 가지고 컴퓨터 조판 프로그램을 활용하여 지면을 완성하는 것이다. 편집기자는 제목 달기와 기사 쓰기를 넘어 컴퓨터 활용 능력과 디자인에 대한 감각이 뛰어나야 한다. 그래서 이번 4장은 신문 디자인에 필요한 조건과 레이아웃은 어떻게 이뤄지는지를 간략히 다루고 있다.

신문 디자인의 기초는 '그리드'와 '모듈러'이다(한국편집기자협회, 2011). 그리드(grid)는 일정한 간격으로 가로/세로선을 그어 만든 망으로 지면구성의 뼈대 역할을 말한다. 세로 분할을 칼럼이라 하며 칼럼의 길이는 가독성에 영향을 미친다. 대판사이즈 신문은 대개 7단, 타블로이드 신문은 5단 칼럼을 사용하는데 각 칼럼 길이가 5.3cm일 때 가장 읽기가 편한 것으로 알려져 있다. 이들 기본 칼럼을 합치거나 나눈 변형된 방식으로 편집하기도 한다. 모든 지면이 같은 칼럼을 가진다면 다소 단조로울 수 있기 때문이다.

한편 모듈은 하나의 독립된 단위 또는 공작물의 기본 단위를 말한다. 직사각형을 모듈로 하여 지면을 구성하는 방식을 편집에서는 모듈러 디자인이라 한다. 한 개의 사각형 모듈 속에 본문, 사진, 도표, 제목을 집어넣어 독자가 읽기 쉽고 보기 쉽게 디자인한 것이다. 특히 황금비 개념이 더해져 주목받기 시작했다.[73] 모듈러 디자인에서는 황금비례로 가장 눈에 띄는 위치인 신문 반절 윗부분에 사진과 제목을 배열하는 것이 특징이다.

뉴스에서 비주얼의 중요성이 커지면서 레이아웃과 디자인의 능력이 과거보다 중요해지고 있다. 국내 신문들도 지면 사이즈, 섹션[74], 폰트 등에서 다양한 변화를 시도해 왔다. 다음에서는 디자인에서 고려해야 할 기본 사항들과 레이아웃 과정에서의 기사 배열에 대한 내용을 다루고 있다.

## 1. 디자인 조건

미디어글쓰기가 진화되어 왔듯이 신문 디자인도 끊임없이 발전되어 왔다. 디자인은 기사가 가진 목적을 극대화하고 미디어 경쟁에서 살아남는 방

---

73) 1.61803393 · · · : 1을 "황금비율 · 황금분할(Golden ration)"이라 한다. 이 황금분할은 고대 그리스의 유클리드가 정의한 이래 건축, 미술, 예술 분야 등에서 응용되고 있다. TV스크린, 명함, 신용카드 등도 이러한 황금비율 근사치로 만들어진 것들이다.

74) 지면 순서를 정하고 신문을 보기 쉽도록 하는 것이 섹션이다. 섹션은 기사 분류이기도하며 각 지면의 강, 중, 약을 결정하는 틀이기도 하다(차성진, 2011). 정치, 사회, 경제 뉴스는 '강', 문화, 생활, 교양, 스포츠는 '약'으로 분류하며, 인물 소식과 오피니언은 '중'에 넣는 것이 바람직하다. 물론 종합면은 이런 분류를 뛰어넘어 중요한 기사를 취급하고 있다.

식으로 진화되고 있다. 특히 영상을 비롯한 비주얼이 커뮤니케이션 환경에서 중요해지면서 감성적이고 구체적인 시각적 표현들이 강화되는 추세이다. 잡지의 디자인적 요소들이 신문지면에 등장하고 영상 이미지들이 인쇄매체에도 등장하여 패션, 문화, 스포츠 관련 지면에서는 과감한 디자인들이 시도되고 있다. 뉴스가치 못지않게 중요한 것은 어떻게 전달하는가에 대한 관심이다. 한국편집기자협회(2011)는 좋은 신문 디자인을 만들기 위한 다음 5가지 조건들을 강조하고 있다.

1) 합목적성(기능성)

미디어글쓰기의 목표는 정보 전달이다. 이러한 목표를 수행할 수 있도록 디자인도 이뤄져야 한다는 것이다. 기사를 접한 독자가 정보를 쉽게 파악할 수 있도록 다음 사항들이 고려될 필요가 있다. 기사 내용을 중심으로 시각화가 이뤄져야 하며 전달 정보와 자연스럽게 연결되어야 한다. 독자가 지면의 강조점을 알 수 있는 디자인이 필요하다.

〈그림 4-1〉에 있는 중앙일보 기사는 통신료가 저렴한 제4 이동통신사가 출범한다는 내용을 담고 있다. 새롭게 시작하는 사업자이기에 '뜬다' 라는 제목의 표현에 맞는 열풍선을 잘 활용한 디자인이다. 기존 통신사도 규모별 풍선의 사이즈도 차별화되고 있으며, 제4 이동통신사는 이제 막 출범하기에 아래 앞쪽에서 떠오르는 모습으로 시각화되었다.

2)심미싱

편집자는 형태, 색채, 재질을 유기적으로 연결시켜 아름답게 표현하여야 한다. 미적 기준을 고려한 심미성은 독자의 시선을 사로잡아 기사에 대한 관심을 유발시키고 편안한 기분으로 기사를 대하도록 만든다. 다음은 심미

그림 4-1. 합목적성이 부각된 지면 편집 사례

# 통신료 20~30% 싼 제4 이동통신 뜬다

**중소기업중앙회 내년 서비스 개시 – 통신3사 체제 지각변동**

양승택 전 정통부 장관 합류

대만 업체 4곳도 1억 달러 투자

"시장 이미 포화, 경쟁 벅찰 것" 우려도

SK텔레콤·KT·LG유플러스 3사가 장악하고 있는 국내 이동통신 시장에 중소기업중앙회가 주축이 된 네 번째 이동통신사가 나온다.

중기중앙회는 18일 이사회를 열고 제4 이동통신사 설립을 추진하기로 결정했다고 밝혔다. 중앙회는 정보기술(IT)분야 중소벤처기업에 새로운 성장동력이 될 수 있다는 판단에서 이동통신 사업에 진출하기로 했다고 설명했다. 또 출자금은 1000억원 이내가 될 것이라고 덧붙였다. 중앙회는 중소기업 관련 단체와 900여 개 업종별 협동조합 및 중소기업·소상공인 등 범중소기업계의 폭넓은 참여를 바탕으로 이 사업을 추진한다는 계획이다.

중앙회는 다음 달 방송통신위원회에 사업허가를 신청할 예정이다. 서비스는 내년 말 주요 도시부터 하고, 이후 전국으로 확대해 나간다는 계획이다. 중앙회가 추진하는 제4 이동통신은 와이브로(휴대인터넷)를 통한 음성·데이터 통신을 제공할 예정이다. 와이브로는 삼성전자를 비롯한 국내 기업들이 원천기술을 갖고 있는 4세대 무선통신 네트워크다.

업계에 따르면 초기 자본금은 1조원 정도가 될 전망이다. 대만의 와이브로 서비스 및 장비업체 4곳도 1억 달러를 투자하기로 한 것으로 알려졌다. 삼성전자는 와이브로 장비와 단말기 등을 제공하는 현물 출자 형태를 취할 공산이 큰 것으로 업계에서는 보고 있다. 중앙회는 기존 통신 3사보다 20~30% 저렴한 통신요금으로 소비자들에게 다가가겠다는 복안이다.

제4 이통이 처음 나온 얘기는 아니다. 국내 20여 개 기업 컨소시엄으로 구성된 한국모바일인터넷(KMI)이 지난해부터 두 차례에 걸쳐 사업 신청을 했지만 자금 조달 계획이 부실하다는 이유로 심사를 통과하지 못했다. 하지만 중기중앙회 컨소시엄은 방통위의 심사를 무난히 통과할 것으로 전망된다. 양승택 전 정보통신부 장관이 KMI 대표직을 떠나 중기중앙회 컨소시엄에 합류하기로 한 데다, 제4 이통을 올해 안에 출범시키겠다는 정부 의지가 강하기 때문이다. 최시중 방통위원장은 최근 국회에서 "제4 이동통신을 현재 몇 군데서 추진 중이니 연말에는 진입이 가능할 것"이라고 밝혔다.

정부가 제4 이통을 추진하려는 것은 기존의 통신 3사 과점체제로는 통신비 인하가 쉽지 않다는 판단에서다. 제4 이통이 시장에 진입하면 통신업체 간 경쟁이 활성화돼서 통신비가 낮아지는 효과가 있을 것으로 기대하고 있다. 회의적인 시각도 있다. 통신시장이 포화상태에 이른 상황에서 새로운 사업자가 경쟁에서 이기기 어려울 것이라는 얘기다. 동양종금 최남곤 애널리스트는 "국내 통신 보급률은 이미 102%에 이른다"며 "통신요금은 싸게 할 수 있겠지만 단말기 가격을 싸게 하기는 어려워 가격 경쟁력이 있을지 의문"이라고 말했다.

박혜민 기자, 권재준 인턴기자(한국외대 법학과)
acirfa@joongang.co.kr

제4 이동통신은

이동통신 시장 점유율

※5월 말 기준
자료:방송통신위원회

SK텔레콤 50.6
KT 31.7
LG유플러스 17.7
%

출처 : 중앙일보 2011년 7월 19일 E1면

성을 위해 고려될 수 있는 사항들이다.

- 시각적인 유인물로 독자의 시선을 사로잡아야 한다.
- 비중이 큰 시각 자료부터 배치하여 지면의 균형을 살린다.
- 여백은 독자의 쉼터로 기능하면서 본문을 강조하는 역할을 수행한다.

아래 기사는 〈영남일보〉에서 다룬 뜸 관련 기사다. 지면 바탕의 한지 무늬를 통해 한방이 가진 전통적 느낌을 살렸을 뿐만 아니라 시각적 유인물로 '뜸' 자를 사용하여 지면 편집을 함으로써 독자의 시선을 사로잡고 있다. 적절한 여백을 사용하여 본문에 대한 관심도 높인 사례라 할 수 있다. 아쉬운 점은 좌측 하단에 강의하는 사진을 게재하여 전체적 균형감을 해친 부분이다.

**그림 4-2.** 심미적 지면 편집 사례

무극 보양뜸 펼치는 구당 김남수 선생

뜸

10분만 배우면 뜰 수 있어요

"재생불량성 빈혈, 당뇨, 신경성 두통, 신경성 위장병 등 고질적이거나 원인을 찾지 못하는 신경성 병들이 침뜸으로 낫는 경우 많아"

의료법 개정으로 1962년 침구사제도 폐지 자격 갖춘 사람 전국 40명 채 안돼 최근들어 전통의술 과학성 입증 부활 주장 당국은 묵묵부답

출처 : 영남일보 2008년 1월 3일 18면

### 3) 독창성

독창성은 새롭고 독특한 것을 만들어 내는 것을 말한다. 디자인의 독창성은 어떤 사물을 처음 새롭게 만드는 것뿐만 아니라 기존의 재료나 기능과 형태를 개량하거나 개선하는 리디자인(redesign)과 이미지를 유행에 맞도록 바꾸는 리스타일링(restyling)까지 포함한다. 이러한 독창성은 신문의 정체성을 만들어 주는 요소이다. 독자들은 신문마다 독특한 디자인으로 구성된다는 것을 기억한다.

### 4) 경제성

경제성의 원리는 미디어글쓰기에서도 중요하지만 디자인에도 적용된다. 편집기자는 주어진 재료로 특정 시간 내에 최상의 효과를 내야하는 것이다. 편집에서 읽기의 경제성, 여백의 경제성, 배열의 경제성 등 효과적인 지면 활용이 이뤄지는 것이 무엇보다 중요하다.

### 5) 질서

디자인의 주요 조건들이 유기적 관계 속에 조화되도록 배치하는 것이 질서이다. 질서가 있을 때 빠른 정보 전달이 이뤄질 수 있다. 제목의 하향식 구성은 이러한 질서를 보여준다. 다양한 정보에 상하 질서를 부여하여 독자를 안내하는 역할을 수행한다. 시리즈 기사나 고정물도 같은 위치에 배치하여 질서를 만든다. 이는 지면에 안정적 질서를 제공하여 독자가 편하게 접근할 수 있도록 돕는 역할을 수행한다. 지면에 단수 체제나, 서체[75), 제목의 크기를 규격화하여 배치하는 것도 질서를 세우는 기본적 수단이다.

## 2. 레이아웃

뉴스를 시각화하는 지면 구성 연습을 통해 자신만의 색깔을 만들 수 있다. 이를 위해 신문 스크랩을 통해 수집한 기사들을 빈 지면에 배열해보면서 자신의 지면 스타일을 구축해보는 것도 도움이 된다. 이때 제목의 흐름을 바꾸어 보고 보도된 사진도 트리밍을 통해 재구성해 볼 수도 있다. 그러나 전체 지면의 흐름을 생각하면서 낱 지면을 편집할 필요가 있다. 레이아웃에서는 크고 작은 기사를 차별화하는 편집이 중요하다. 전체 지면의 흐름을 눈에 뜨게 강약 조절하여 독자가 지면별 기사의 뉴스가치를 인식할 수 있어야 한다.

편집기자는 레이아웃 과정에서 긴 기사는 나누고 유사하면 묶어서 처리하여야 한다. 인물 인터뷰 기사의 경우 핵심 내용은 메인 인터뷰 기사로 편집되지만 특이한 배경이나 일화(逸話) 등은 또 다른 기사로 나누어 처리되는 것을 생각하면 이해하기 쉽다. 반면 스케치 기사의 경우 하나의 제목아래 관련된 내용의 여러 기사들이 등장하는 스케치 기사의 경우 하나로 묶어 서비스되는 모양을 보이고 있다.

다음 〈조선일보〉 기사들 가운데 첫 번째 기사(2012.7.30.일자)는 KTX 사고 관련 내용을 단신 형태로 종합 1면을 통해 보도되었다. 해당 기사의 뉴스가치뿐만 아니라 1면에 실렸던 다른 기사들의 가치와 경합하면서 편집되다 보니 KTX 사고 기사의 비중이 조율된 사례라 할 수 있다. 추가적인 내용은

---

75) 글꼴도 글의 성향과 연결된다. 명조는 부드러움과 감성을 표현하는 대표적 서체이다. 권위적이고 이성적인 내용을 위해서는 고딕체가 선호된다. 독자의 독이성(讀易性)을 떨어뜨리며 감정이 없는 서체는 나쁜 서체에 해당 된다.

신문사가 특정 서체를 개발하여 사용하는 경우도 있다. 예를 들어 중앙일보는 산돌커뮤니케이션과 5년여 작업을 통해 2008년 디지털 환경에 적합한 중앙서체를 개발하여 독창적으로 사용하고 있다(http://jmedianet.com/company_08.jsp).

폭염 속 터널 1시간 갇혔던 KTX

# 중대 고장 알고도 2시간30분 질주

# '모터 냉각장치' 둘 다 고장… 화재났으면 대참사

## 부산 금정터널서 1시간 갇힌 KTX… 올 5번째 터널 사고

지난 27일 부산 금정터널에서 발생한 KTX 사고와 관련, 국토해양부는 안전감독관을 파견해 진상 조사에 착수할 계획이다.

정부당국은 이번 사고가 가볍게 넘길 수 없는 두 가지 심각한 문제점을 갖고 있다고 보고 있다.

첫째는, 열차가 출발한 지 10분 만에 냉각장치가 고장 난 것을 알고도 운행을 계속했다는 점이고, 둘째는 부산 금정터널 안에서 멈춘 뒤에도 소방당국 등 유관 기관의 협조를 구하는 긴급 조치를 취하지 않았다는 점이다.

코레일과 국토부 등에 따르면 서울에서 부산으로 가던 KTX 열차는 오후 3시 42분쯤 부산역 도착 5분여를 남기고 터널 안에서 갑자기 멈춰 섰다. 금정터널은 길이 20.3㎞로 국내에서 가장 긴 터널이다. 사고로 열 …

… 사고가 발생했다는 것은 상상할 수 없는 일"이라며 "특히 코레일이 무더위 속 긴 터널에서 열차가 장시간 갇히는 상황을 초래한 것은 책임을 묻지 않을 수 없는 심각한 사건"이라고 말한다.

**서울서 560여명 태우고 부산행**
**출발 10분 만에 고장 알고도**
**열차 운행 멈추지 않아**
**터널서 멈추고도 신고 안 해**
**결국 승객이 직접 구조 요청**

**호흡 곤란 느낀 승객들이**
**강제로 출입문 열기도…**
**코레일 "사고 원인 각각 달라"**

# 국내 최장 터널서 5번째 멈춘 KTX… 사고 잦아도 너무 잦다

### 코레일은 "열차 자체 문제"라는데… 터널은 정말 문제없나

… 공사(코레일) 관계자도 "금정터널 구간에서 유독 사고가 많이 일어난다는 것은 잘못된 인식"이라고 말했다.

그러나 터널 구간에서 발생하는 사고와 터널이 아닌 곳에서 발생하는 것을 단순 비교하기는 힘들다는 지적

**사고발생 빈도 비슷하지만…**
**KTX 10㎞당 사고 발생건수**
**금정터널 2.5건, 타구간 2.3건**

**터널구간, 단순 비교 말아야**
**전문가 "사고 땐 특히 더 위험**
**덜 나야 정상인데 너무 잦아"**

**곡선 반경·레일 경사도 탓?**
**일각서 사고원인 가능성 제기**
**국토부 "통상 터널과 동일설계"**

도 나온다. 한 철도 전문가는 "터널 구간은 위험하기 때문에 다른 구간보다 특히 사고가 덜 나야 정상인 점을 감안하면 10㎞당 2.5건은 지나치게 많은 사고 건수"라고 말했다.

금정터널 내 첫 번째 사고는 터널 …

KTX, 금정터널(2010년 11월 개통) 내 사고 현황

### "10분만 정차" 안내방송 후 감감무소식
### 승객들, 땀범벅 셔츠·바지 걷고 고함
### 울부짖는 아이들… 아비규환 68분
### 구원열차도 2번이나 멈춰 가슴 덜컹

**금정터널 '악몽의 재구성'**

국내 최장(20.3㎞)인 부산 금정터널에서 지난 27일 발생한 KTX 사고는 당시 560여명 승객에겐 악몽이었다. 코레일 측의 대응은 최 …

**암흑 속 찜통열차**

# 사고지점 5곳 파악도 못한 코레일 "냉각장치 2개 모두 고장, KTX 개통 후 처음"

**'부산역 귀환' 뒤엔 환불전쟁** 지난 27일 오후 3시 30분쯤 서울발 부산행 KTX 열차가 부산 금정터널에서 차량 고장으로 멈춰 서 승객들이 불편을 겪었다. 부산역으로 견인된 열차에서 내린 승객들이 요금을 환불받고 있다.

**국토부 "사고 횟수 따라 선로 사용료 더 물릴 것"**

개통한 지 2년도 안 된 부산 금정터널에서 KTX 열차가 총 5번의 운행 사고를 냈지만, 한국철도공사(코레일)와 국토해양부는 지금까지 터널 내 어느 지점에서 사고가 일어났는지 등 기초적인 정보조차 파악하지 못하고 있었던 것으로 드러났다. 29일 본지는 국토부와 코레일에 "터널 내에서 일어난 5번 사고의 정확한 지점을 알려달라"고 요청했다. 그러나 국토부와 코레일은 "사고 지점이 어디인 …

출처 : 조선일보 2012년 7월 30일 1면과 12면, 31일 8면

## 라이벌 모두 제거… 北은 '장성택의 나라'

지난 15일 북한군 1인자였던 리영호 전 총참모장의 실각을 계기로 "북한이 사실상 장성택(김정은 고모부)의 나라가 됐다"는 평가가 나온다. 김정일 국방위원장이 생전에 김정은 노동당 제1비서의 권력 장악을 돕기 위해 짜준 후견인 그룹이 사실상 무너지고 장성택 독주 체제가 형성됐다는 것이다.

29일 대북 소식통에 따르면 김정일은 2009년 1월 김정은을 후계자로 내정하면서 군은 리영호에게, 국가안전보위부는 우동측 제1부부장에게, 당 조직지도부는 신원이 확인되지 않는 젊은 측근에게 맡겼다. 그러나 김정일 사망 이후 리영호와 우동측, 조직지도부 핵심 간부 등 '권력 3인방'이 모두 제거됐다. 백승주 국방연구원 책임연구위원은 "김정은이 집권 7개월 만에 아버지가 짜준 구도를 모두 틀어버릴 이유가 없다"며 "'28세 원수(김정은)' 뒤에 장성택의 그림자가 어른거린다"고 말했다.

장성택의 '라이벌 제거'는 김정일 말기인 2010년부터 조짐이 보였다. 장성택의 최대 정적(政敵)이던 리제강 조직지도부 제1부부장은 2010년 5월 장성택의 국방위 부위원장 승진을 며칠 앞두고 의문의 교통사고로 숨졌다. 작년 초에는 보위부 실세였던 류경 부부장이 서울을 다녀간 뒤 간첩으로 몰려 숙청됐다. 류경도 장성택과 경쟁 관계였다고 한다.

반면 장성택 계열로 분류되는 인물들은 김정은 시대 당·군·정의 요직을 차지하고 있다. 최룡해 총정치국장, 문경덕 당 비서, 리영수 당 근로단체 부장, 지재룡 주중 북한대사, 박명철 체육상 등은 20~30년째 장성택과 인연을 맺고 있다.

장성택과 '제휴'를 택했던 인사들도 살아남았다. 대표적 인물이 김정일의 마지막 부인 김옥이다. 김옥은 2008년 8월 김정일이 뇌졸중으로 쓰러졌을 때 병상을 지키며 '문고리 권력'을 행사했다. 대북 소식통은 "당시

조선중앙통신 연합뉴스

김정일 국방위원장의 마지막 부인인 김옥(흰색 네모선)이 지난 4월 노동당 대표자회 이후 100여일 만에 북한 매체에 다시 등장했다. 조선중앙통신이 지난 26일 릉라인민유원지 준공식(25일)을 보도하며 공개한 이 사진에서 김정각 인민무력부장(사진 오른쪽)과 김영춘 국방위 부위원장 사이에 김옥이 보인다. 사진 맨 왼쪽이 장성택.

**리제강 의문사, 류경 숙청**

**軍 리영호, 보위부 우동측 등**

**후견인 그룹 모두 제**

**김정일 마지막 부인**

**장성택·김경희 부부**

**100일만에 공개석상**

**김정은, 릉라유원지**

**올해 들어 4차례나**

김옥은 장성택·김경희 부

존중했던 것으로 안다"며

정일 사후에도 어느 정도

장받은 것으로 보인다"고 했다. 김옥은 지난 25일 릉라인민유원지 준공식에 참석하는 등 꾸준히 북한 매체에

**김정은-이설주 뒤편에… 김정일 마지막 부인 김옥, 100여일 만에 다시 등장** 북한 김정일 국방위원장의 마지막 부인 김옥이 올해 4월 노동당 대표자회 참석 이후 100여 일 만에 다시 모습을 드러냈다. 조선중앙통신이 26일 공개한 김정은 노동당 제1비서의 능라인민유원지 준공식 참석 사진에는 김영춘 국방위 부위원장(맨 왼쪽)과 김정각 인민무력부장 사이로 원피스 차림의 김옥(원 안)의 모습이 확인된다. 김옥은 지도부와는 상당한 거리를 둔 채 뒤를 따르고 있다. 김정일 사후 김옥도 사라질 것이라는 관측이 있었으나 2월에 김정일훈장을 받은 데 이어 주요 행사에도 나타난 것으로 볼 때 김정은이 김옥에게 일정한 예우를 하고 있는 것으로 보인다. 평양=조선중앙통신 연합뉴스

**모습 드러낸 김정일 네 번째 부인 김옥** 지난해 12월 사망한 북한 김정일의 네 번째 부인으로 알려진 김옥(왼쪽에서 셋째)이 지난 26일 김정은이 참석한 능라인민유원지 준공식 때 모습을 드러냈다. 지난 4월 4차 당대표자회 참석 이후 100여 일 만이다. 왼쪽부터 장성택 국방위 부위원장, 김영춘 당 군사부장, 김옥, 현영철 신임 총참모장. [연합뉴스]

출처 : 2012년 7월 30일 조선일보 4면, 동아일보 10면, 중앙일보 10면

사회 12면을 통해 보도하면서 사고 발생 과정, 사고 처리 과정에 나타난 문제점 등을 상세히 담고 있다. 사회면 보도에서는 첫 번째 기사의 내용을 보다 구체적으로 풀어낸 것이다. 세 번째 기사(2012.7.31.일자)는 사회 8면을 통해 금정터널에서 사고가 빈번하게 발생하고 있다는 점을 밝히고 이에 대한 사고 경과를 심층적으로 분석한 기사이다. 그리고 기존 자료들을 취합하고 정리하였으며, 사건의 상황들을 구체적으로 생생하게 묘사하는 3개의 기사를 한 지면에 담았다. 지면을 열차사고에 할애하여 강조하고자 사회 지면 제목도 'KTX, 또 정차사고' 로 변경된 사례이다. 7월 31일자 지면에 구성된 3개의 기사 가운데 좌측 상단에 위치한 기사가 가장 핵심적인 기사이다. 다음 우측 상단에서 좌측 하단 순으로 기사의 중심이 이동한다.

다음 기사들은 모두 제목 위치는 동일하게 왼쪽 끝 맞추기를 하고 있다. 사람들은 왼쪽부터 보는 습관이 있어 왼쪽 정렬은 지면이 정돈된 느낌을 주기에 가장 많이 사용되는 방식이다. 가운데 정렬은 제목의 여백이 들쭉날쭉해지는 문제가 있어 조심스럽게 사용해야 한다. 좌우 여백이 많은 경우 가능하다.

다음은 동일한 사진도 언론사에 따라 강조하고자 하는 내용에 맞는 구도로 사진 트리밍(trimming)이 차별화 될 수 있음을 보여주는 사례들이다. 연합뉴스를 통해 제공된 동일한 사진이 다양한 형태로 편집에 활용되고 있다. 동아일보의 사진은 전체적인 배경 정보를 알려주는 반면 조선일보와 중앙일보의 사진은 전달할 핵심 내용에 맞게 3대2의 비율로 과감한 트리밍이 이뤄진 경우이다.

또한 사진의 특정 부분을 강조하기 위한 편집으로 조선일보는 박스, 동아일보는 타원형으로 처리하는 차이를 보여주고 있다. 이밖에도 원본사진을 흑백이나 컬러로 처리하는 정도에 따라 전달하는 의미도 달라질 수 있다.

## 제2절 편집 요소

### 1. 기사 제목

신문 기사의 크기는 단의 수로 구별되며 기사의 중요도와도 관계된다. 기사의 크기는 제목크기와 비례하며 큰 제목일수록 그 기사가 중요하다는 것을 말해준다. 겉보기에 제목달기 작업은 글을 쓰는 기자와는 무관한 편집 기자의 몫이라 생각하기 싶다. 하지만 제목은 기사의 초점 역할을 한다. 좋은 기사는 적합한 제목으로 제시될 때 빛이 난다. 이름 없는 사람이 없듯이 제목 없는 기사는 없다. 기억하기 쉽고 그 사람의 인상과 어울리는 이름을 가진 사람이 있듯 제목도 기억하기 쉽고 기사의 내용을 잘 압축하여 표현하는 것이 좋다. 주 제목을 독자에게 이해시키기 위해 부제를 덧붙이는 경우가 많다.

힘들게 작성한 기사가 독자에게 선택되는 과정에서 제목은 매우 중요한 역할을 담당한다. 아무리 힘들게 작성한 기사라도 읽히지 않는다면 그 수명을 다한 것과 마찬가지다. 따라서 독자들의 시선을 단번에 사로잡을 수 있는 제목을 뽑는 것이 중요하다.

글쓰기에서 제목이 중요한 이유는 글을 읽는 대다수 독자들이 매우 바쁜 사람들이기 때문이다. 독자들은 제목을 통해 기사의 내용과 방향을 가늠할 수 있다. 제목을 통해 원하는 기사 선별이 가능하다. 물론 기만적인 '낚시성 제목'은 독자의 판단을 흐린다는 점에서 문제가 되고 있는 경우이다. 일반적으로 좋은 제목을 달기 위해 필요한 기자의 자질은 크게 세 가지로 요약될 수 있다.

우선 전체를 분석하는 능력이다. 분석 능력을 통해 기사 구성을 파악하

그림 4-3. 좋은 기사 제목을 위한 기자 자질

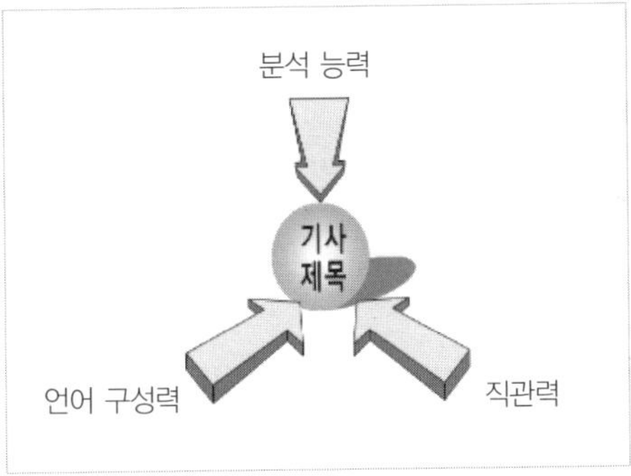


고 전체 맥락을 이해하여야 한다. 다음은 부분을 통해 전체를 파악할 수 있는 직관력이다. 핵심적 단어나 인용 등 전체를 대변할 적절한 단어의 선택과 조합 등을 할 수 있는 능력을 말한다. 그리고 다양한 기획력과 감각적인 언어 구성력을 들 수 있다. 기호, 단어, 경구, 한자어 등 다양한 어휘력과 문학적 소양을 발휘할 수 있는 잠재력을 갖추어야 한다.

신문 제목의 자수는 보편적으로 8-10자이다. 취재기자에게도 제목 달기는 글의 방향성을 설정하기 위해 추천되는 과정이다. 그러나 편집 기자를 희망하는 사람은 기사를 압축 요약하는 훈련을 반드시 거쳐야 한다. 기존 기사에 대해 제목달기 한 후 그 특성을 비교해보는 연습도 도움이 될 것이다.

제목달기 행위는 광고의 카피라이터 역할과 유사하다. 소비자가 광고 카피를 통해 제품이나 서비스를 판단하듯 기사 제목은 기사를 읽을지 말지를 판단하는 중요한 요소라 할 수 있다. 제목 유형들을 이해하고 실전에 활용할 수 있도록 기존 기사 제목들을 살펴보았다.

먼저 다음에 제시된 두 제목들은 남자 교사가 부족하여 학생 생활지도가 어렵다는 내용에 관한 것이다. 연합뉴스의 제목은 교수 성비 불균형 문제 현황을 진단하는 것이라면 조선일보는 이로 인해 발생한 현장 분위기를 전화란 모티브를 통해 잘 묘사하고 있다. 교사 성비 불균형을 해소하기 위해 남자 교사를 모시려는 학교들의 치열한 경쟁상황을 생생하게 전달하고 있다.

"남교사 구합니다"…교사 성비 불균형 심화[76]

귀하신 몸 된 '남자 교사'…학교들 "보내달라" 전화 쇄도[77]

2012년 슈퍼볼 중계를 맡은 미국 NBC 방송사는 30초짜리 광고단가를 350만달러(약 39억원)에 책정했다고 한다. 이러한 초당 1억3000여만원에 달하는 광고 시장 분위기를 아래 제목을 통해 잘 드러냈다. 삼성전자는 90초 광고를 위해 117억을 투자했었다. 경쟁적인 슈퍼볼 광고시장을 소개하면서 단순히 '광고 戰爭' 이라 표현하지 않고 '錢의 전쟁' 임을 부각시키는 재치 넘치는 제목이다.

30초에 39억원… 수퍼볼 '광고 錢爭' [78]

다음 제목의 기사는 2011학년도 경찰대학 신입생 최종합격자 120명(남자 108명, 여자 12명) 가운데 전체 수석과 차석을 여학생이 차지했다는 내용을 담고 있다. 감탄사와 호칭어를 활용하여 주목도를 높이고 '여봐라' 를 '女봐라' 로 의미 전환시켜 기사의 내용을 적절히 비유하고 있다. 사회 각 영역에서 여자가 남자보다 의미 있는 결과들을 만들고 있음을 제목으로 잘 드러낸 사례이다.

---

76) 연합뉴스, 2012년 12월 29일. www.yonhapnews.co.kr

77) 조선일보, 2012년 12월 29일. www.chosun.com

78) 조선일보, 2012년 2월 4일. 52면

'女봐라!' 경찰대 수석·차석 합격자 모두 여성[79)]

호기심 유발형 기사 제목도 빈번하게 사용되고 있다. 아래 제목의 기사는 천주교 주교회의 의장이 "내가 아는 추기경님의 유일한 취미는 '방콕'" 이라는 농담을 하여 근엄한 성당 안 분위기가 웃음소리로 가득 찼다는 내용이다. 아래 기사 제목을 접한 독자는 유일한 취미가 무엇인지 매우 궁금하게 생각할 것이다. 특히 그 발언이 신성한 공간으로 여겨지는 성당 안을 웃음바다로 만들었다니 더욱 안달 날 법하다.

"정진석 추기경, 유일한 취미는…" 말에 성당 안 '웃음바다'[80)]

다음 제시된 디지털타임스의 제목도 만족도 1위 업체에 대한 독자의 호기심을 자극하고 있다. 사용된 첫 문장은 "통신 3사중 LG유플러스의 LTE 서비스 만족도가 가장 높은 것으로 나타났다"였다. 독자의 호기심을 자극한 후 지연시킴 없이 이에 대한 궁금증을 해소할 수 있는 리드를 구성한 것은 바람직해 보인다.

"LTE 만족도" 2위는 SKT…그럼 1위는[81)]

'한 마리에 17억원' 하는 세계서 가장 몸값 비싼 개를 소개하는 내용의

---

79) 연합뉴스, 2010년 12월 20일. www.yonhapnews.co.kr

80) 조선일보, 2011년 3월 18일. www.chosun.com

81) 디지털타임즈, 2012년 10월 12일. www.dt.co.kr

기사 제목이다. 사용된 제목은 케이블방송 Mnet의 인기 프로그램인 슈퍼스타 K의 심사위원 멘트 "제 점수는요 ..."를 응용한 것이다. 친숙한 유행어를 사용하여 기사에 대한 친근감을 높이고 의미를 쉽게 전달하고 있다.

> 붉은 털 가진 '사자견' "제 몸값은요, 17억원이요"[82)]

'미국의 CIA요원도 아마추어처럼 실수' 라는 제목으로 어설픈 정보요원들의 행태를 보도한 기사에 대한 인터넷판 제목이다. 인터넷 기사의 제목 "왜들 이래, 아마추어같이!"는 코미디 프로에서 유행한 표현을 사용한 유머스런 표현이다. 일종의 문자적 패러디와 유사한 형태에 해당 된다.

> 왜들 이래, 아마추어같이! 국정원 뺨치는 CIA의 '실수'[83)]

다음 기사 내용은 취업을 위해 필요한 최근 스펙 쌓기 경향을 보도하면서 여러 취업자와의 인터뷰 내용을 다루고 있다. 인터뷰 관련 보도에서 중소건설사에 입사한 허 씨의 사례를 소개하면서 다음과 같은 내용을 보도하고 있다.

> ...... 허진(20)씨는 해군 해난구조대(SSU)를 제대하고 작년 11월 한 중소건설사에 입사해 수중 공사 관련 일을 하고 있다. 허씨는 취업을 위해 군 특수부대에 지원입대한 케이스다. 그

82) 조선일보, 2011년 3월 18일. www.chosun.com

83) 조선일보, 2011년 2월 23일. www.chosun.com

는 "입사 면접에서 'SSU를 다녀왔다'고 하니 면접관들이 '같이 일하자'고 하더라"고 했다. ......[84)]

인터뷰 내용 가운데 일부분만 발췌하여 기사 전체 흐름을 표현하는 방법으로 "면접서 'SSU 다녀왔다' 고 하니 바로 '같이 일하자' 하더라"를 제목으로 삼았다. 이렇게 작성된 제목은 취재원에 대한 직접 인용을 통해 독자에게 더욱 생동감 있고 친근한 느낌을 줄 수 있다.

위의 기사 제목 사례들에서 보듯 제목 달기에서 기호도 빈번하게 사용되고 있다. 빈번하게 사용되는 기호 유형별 용도는 다음과 〈표4-1〉과 같다.

**표 4-1. 기호 유형별 용도**

| 기호 유형 | 용도 |
|---|---|
| 작은따옴표(' ') | 의미 강조, 은유나 직유기법, 책이나 영화 제목 등의 고유명사.<br>예) '철의 여인' 잠들다 |
| 가운뎃점 or<br>하이픈( · or –) | 대등한 조건의 단어와 단어 연결, 쉼표대신 사용.<br>예) 북 핵·미사일 강행 → 추가 제재 → 공단폐쇄 선언 가능성 |
| 말줄임표(…) | 여운 표현, 다른 의미의 대등한 문장과 문장 연결에서 쉼표 대신사용.<br>예) 장기화하는 북한리스크… 시장불안 가속페달 |
| 쉼표(,) | 주어 나타낼 때 사용. 예) 청와대, ooo발표 |
| 물음, 느낌표(?, !) | 호기심 유발, 제목 내용 강조. 예) 9년째 '완판' 비결은? |
| 큰따옴표(" ") | 인용문, 시각적 작용으로 감동 부여.<br>예) 靑 "국내 외국인, 北 위협에 동요 않을 것" |

지나치게 충격적인 단어와 문장으로 구성된 기사의 제목에 대한 사회적 비난도 증대되고 있다. 특히 인터넷에서 자극적 제목으로 네티즌의 기사 조회를 늘여보자는 꼼수로 활용되고 있다. 조선일보 기사(2012. 2. 25일자)는 네

---

84) 조선일보, 2011년 2월 23일. www.chosun.com

티즌들을 희롱하는 몇 가지 '낚시성 제목' 들을 다음과 같이 소개하고 있다.

1) 외설형

한 인터넷 스포츠 매체는 '야동에 빠진 타격기계 ○○○' 이란 제목의 기사를 게재했다. 기사의 내용은 언급된 야구 선수가 '야구 관련 동영상' 을 다른 선수들에게 보여주었다는 내용이다. 일반적으로 생각할 수 있는 '야한 동영상' 과는 거리가 먼 낚시성 제목인 것이다.

2) 허무맹랑형

제목을 통해 네티즌들이 제시된 내용의 반전을 기대하지만 실제 기사 내용은 특별한 결과 없이 단순히 마무리되는 유형의 제목을 지칭한다. 예를 들어 '나가사끼 짬뽕 너무 많이 팔리더니 결국…' 이란 기사 제목의 내용은 단지 많이 팔렸다는 것으로 싱겁게 마무리되고 있다. 결국 뉴스 이용자의 기대감만 높여준 유인성 제목에 해당된다.

3) 말장난형

'말장난형' 은 일반적인 기표(signifier)와 기의(signified) 관계를 임의적으로 바꾸어 언어를 유희적으로 사용하는 경우이다. 예를 들어 '애플 2주 만에 반값으로 폭락' 이란 기사 제목은 네티즌들로 하여금 증권과 관계된 내용을 기대하게 만들지만 실제 내용은 사과(apple) 가격 폭락 내용이었다. 과일 이름과 IT기업인 '애플' 을 교묘하고 장난스럽게 바꾸어 놓음으로써 독자의 호기심을 부추기는 형태의 제목이다.

'낚시성' 제목은 기사 조회를 통한 광고수익 극대화와 관계있다. 그러나 정보 소비자에 대한 언론의 사회적 책무라는 시각으로 보면 이러한 제목들은 정보전달 왜곡 현상을 초래하고 독자를 기만하는 행위이다. 나아가 궁극적으로는 언론에 대한 국민들의 신뢰도를 떨어뜨려 독자 수 감소를 초래할 수 있다. 결국 단기간에 걸쳐 독자를 모을 수 있지만 장기적으로는 고객을 빼앗기는 경영적 딜레마에 직면할 수 있음을 명심하여야 한다. 언론이 정도(正道)를 가야하는 이유이기도 하다.

## 2. 용어해설

미디어글쓰기는 독자와의 소통을 중요하게 생각한다. 전문용어가 사용될 경우 독자에게 이를 설명하는 작업이 필요하다. 대부분의 용어해설은 기사의 말미에 오지만 아래와 같이 기사와 제목의 중간이나 기사 시작에 위치하는 경우도 있다. 아래 뉴스에서 동아일보의 해설은 적절한 공간이용과 기호의 사용으로 해설과 기사를 명확히 구분하고 있다. 조선일보의 경우 자간 변화와 기호를 사용하여 차별화하고 있지만 기사의 도입부에 위치하고 있다는 점을 고려한다면 폰트의 변화를 주는 것도 생각해 볼 수 있다.

용어해설은 신문활용교육(NIE : newspaper in education)이 활성화되면서 더욱 보편화되고 있다. 초등학교 고학년이면 누구나 이해할 수 있는 신문편집이 추구되고 있는 것이다. 분야별 기사의 독이성 수준을 고려한 세밀한 편집적 배려가 이뤄질 때 신문은 엘리트 전유물에서 벗어나 보편적 매체로 거듭날 수 있을 것이다.

그림 4-4. 전문용어 해설의 위치

## '대법관 빌려쓰기' 초유의 파행

〈代職〉

**4명 공백 장기화 따라**
**다른 小部소속 임시투입**
**전원합의체도 무기 연기**

**대직**
법관이 본래 업무 이외에 다른 부의 사건 심리나 재판 직무를 대행하는 일.

국회가 대법관 4명의 임명동의안 처리를 미루면서 공백사태가 길어지자 대법원이 소부(小部) 선고에 다른 소부의 대법관을 임시로 투입하는 '대직(代職)'을 하기로 25일 결정했다. 3개로 나뉜 소부(각 4명으로 구성) 중 김능환 안대희 대법관이 퇴임해 2명이 빠지고 이인복 박병대 대법관만 남은 1부에 2부 소속인 양창수 대법관을 참여시켜 선고를 진행하기로 한 것이다.

대직은 2008년 8월 신임 대법관 취임 전에 한 대법관이 휴가를 냄에 따라 이뤄진 적이 있다. 하지만 당시는 상고이유서를 내지 않은 단순 사건을 상고기각 처리한 것이었다. 64년 사법 역사에서 대법관 공백으로 정식 재판을 대직하는 초유의 일이 벌어지는 것이다.

현행 법원조직법상 소부 선고는 대법관 3명 이상이 있어야 가능하다. 대법원은 1부에 계류 중인 사건 중 선고가 시급하고 쟁점을 크게 다투지 않는 사건 143건의 선고를 진행하기로 했다. 양 대법관은 당분간 1부와 2부 사건 선고 및 심리에 모두 관여하게 된다. 대법관이 각 1명씩 빠진 2부와 3부도 26일 선고를 하지만 쟁점이 많고 복잡한 큰 사건의 선고는 모두 후임 대법관 선임 이후로 미뤘다.

대법관 13명으로 구성되는 전원합의체도 문제다. 전원합의체는 5일 마지막 선고가 열린 후 신임 대법관 4명이 충원될 때까지 선고를 하지 않기로 했다. 매달 셋째 주 목요일에 선고를 하지만 19일에는 아예 선고 기일을 잡지 않고 넘어갔다. 법적으로는 3분의 2인 9명만 있으면 선고가 가능하지만 첨예한 쟁점이 있는 전원합의체 사건의 특성상 대법관 공백 상태에서 재판을 진행하는 게 부적절하다고 대법원은 판단하고 있다.

대법원이 대직이라는 고육책까지 쓰게 되면서 대법관 공백사태의 부작용이 본격적으로 나타나는 것 아니냐는 우려가 나오고 있다. 엄청난 격무에 시달리는 상황에서 사건 부담이 더 커져 제대로 심리가 이뤄질 수 있을지 의문도 제기되는 형편이다. 이는 전반적인 사법 불신으로 이어질 수 있어 사법부 전체가 느끼는 불안감도 적지 않은 상황이다.

강창희 국회의장은 여야 합의가 안 될 경우 대법관 후보 임명동의안을 8월 1일 직권상정할 가능성을 내비쳤지만 처리 여부는 불투명하다. 야당은 "8월 임시국회를 열어 처리하자"는 태도지만 새누리당은 "박지원 원내대표의 검찰 구인을 막는 방탄국회를 열지 않겠다"며 강 의장에게 대법관 임명동의안의 직권상정을 요구하고 있다.

김성규 기자 sunggyu@donga.com

출처 : 동아일보 2012년 7월 26일 2면

## 여성부장관 조윤선 "군필자, 정년연장 등으로 반드시 예우"

**軍 가산점제는 여전히 반대**
**"이젠 국가가 엄마 역할해야"**

**군(軍) 가산점제도**
군 복무를 마친 사람에게 공무원 채용이나 공기업 입사 시험에서 가산점을 주는 제도. 정부는 1961년부터 공무원과 교사 임용 시 군 제대자들의 복무 연한에 비례해 가산점을 부여해왔으나 1999년 헌법재판소가 군 가산점제도에 대해 위헌 결정을 내리면서 제도가 폐지됐다. 헌법재판소는 "군 가산점제도가 여성과 신체장애인 등 사회적 약자들의 희생을 초래하고 있다"며 위헌 결정을 내렸다.

조윤선(趙允旋·47·사진) 여성가족부 장관은 11일 "군 복무에 소요된 시간과 노력에 대해 제대로 보상을 해주는 방안을 적극적으로 강구해야 한다"고 말했다. 군필자(軍畢者)에 대한 각종 보상 제도에 대해 긍정적인 입장을 보인 것이다. 군필자에게 채용 등에서 우대를 하는 것에 대해 여성계의 반대가 큰 상황에서 나온 조 장관의 발언은 전향적인 것이다.

조 장관은 이날 오후 취임식 후 가진 기자 간담회에서 "군 복무 가산점에 대해 어떻게 생각하느냐"는 질문을 받고는, "군인에 대한 예우와 대우는 반드시 해야 한다는 입장"이라며 이같이 말했다.

그는 이어 "현재 발의된 (군 가산점제) 법안을 보니까 전체 제대군인 가운데 공무원이 된 1%만 혜택을 받는 법"이라면서 "군 복무를 한 것에 대한 적절한 보상을 하기에는 균형이 맞지 않고, 오히려 공무원 시험에 합격하지 못한 사람들과의 불균형 문제가 있다"고 말했다. 군필자 보상 대상을 공직(公職)뿐 아니라 민간기업 채용으로 확산해야 형평에 맞는다는 얘기였다. 그는 "군 복무 기간을 경력 기간으로 인정하든지, 그 기간만큼 정년을 연장하는 등의 방법으로 보상을 하는 게 낫다"고 덧붙였다.

조 장관은 그러나 공무원이나 공기업 채용 시 군 제대자에게 가산점을 부여하는 '군 가산점제'에 대해서는 찬성하지 않았다. 남성들의 군 복무 기간을 직장에서 경력으로 인정하거나 정년을 연장해 보상하는 방안에 대해선 여성가족부가 반대하지 않겠다는 뜻을 밝힌 것이다.

한 여성계 관계자는 "과거 여성부가 제시한 (군필자 보상) 방안이 일시적인 지원금이나 프로그램을 제공하는 형식이었다면, 조윤선 신임 장관이 제시한 경력 인정, 정년 연장 등 방안은 보다 현실적이고 적극적"이라고 평가했다.

여성가족부 관계자는 "군 복무 기간의 경력 인정이나 정년 연장 등은 조 장관이 하나의 예로 든 것으로 다른 방안들도 있을 수 있다"면서 "중요한 점은 전체 군 제대자를 대상으로 적절한 보상을 해줘야 한다는 점"이라고 말했다.

지금도 공무원의 경우 군 복무 기간이 경력으로 인정된다. 그러나 민간기업은 의무사항이 아니어서 군 복무 기간을 인정하는 곳도 있고, 인정하지 않는 곳도 있다. 정부와 국회가 군필자 보상을 민간으로 확대하는 방안을 추진할 경우 여성가족부의 협조가 필수적인 상황이다. 지난해 새누리당 한기호 의원이 군 가산점제를 다시 도입하는 내용의 법안을 발의하기도 했다.

한편 조 장관은 취임식에서 "일하는 여성이 마음껏 일할 수 있게 하기 위해서 국가가 대신 '엄마'가 되어 주어야 한다"고 말했다. 김연주 기자

출처 : 조선일보 2013년 3월 12일 12면

## 3. 시각적 이미지

기사 작성에서 기자는 사건과 관련된 구체적 과정과 배경 등을 소상히 독자에게 알려주어야 한다. 이를 위해 기자들은 다양한 시각적 이미지를 활용하고 있다. 전달하고자하는 정보를 더욱 정교화(elaboration)하는 작업이다. 정교화 작업은 일어난 사건을 설명하고 어떻게, 왜 발생했는지에 대한 구체적 설명이라 할 수 있다. 기사의 중요한 요소로서 편집자는 사진, 차트,

혹은 그래픽 들을 사용하는 것도 고려할 필요가 있다. 시각 자료들은 독자들에게 명확하고 간결하게 제시되어야 한다. 독자들이 무엇을 보고 왜 보아야 하는지를 깨닫도록 만들어야 한다. 정보가 독자에게 효과적으로 전달될 때 사용된 시각 자료는 비로소 의미를 가진다.

전달하고자하는 내용들은 메시지와 연관된 기호와 상징물을 이용해 다양한 형태로 표현된다. 중요한 정보전달 수단인 다양한 정보 이미지들로 사용되는 것은 크게 그래프, 도표, 삽화(illustration), 컷 등이 있다. 시각적 이미지의 사용은 지면 디자인의 원칙인 강조, 균형, 리듬감, 통일성 등과 함께 고려되어야 한다.

### 1) 그래프

그래프는 통계자료를 단순화하고 명확하게 하는 장점을 가지고 있다. 독자들은 복잡한 숫자를 이해하는데 어려움을 가지곤 한다. 그래프는 통계적 경향이나 패턴을 보여주는데 매우 유용한 수단이다. 그래프는 막대나 선 그래프로 나뉠 수 있다. 선 그래프는 아래 〈그림 4-5〉이 보여주듯, 시간에 따른

**그림 4-5.** 신문 기사의 그래프

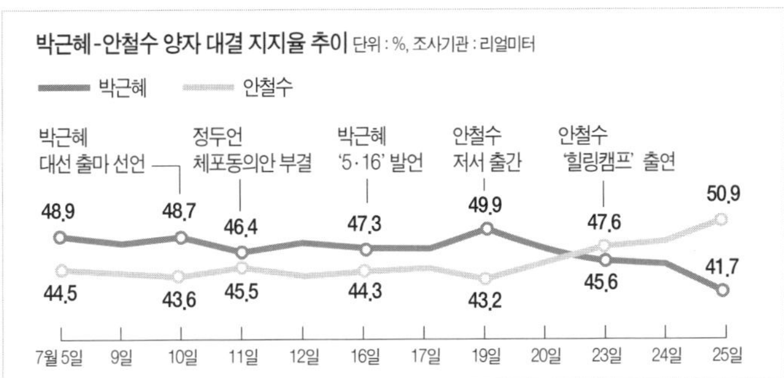


출처 : 중앙일보 2012년 7월 26일 6면

통계 수치의 변화를 적절히 보여줄 수 있는 장점을 가지고 있다.

### 2) 원도표

원도표는 단순한 분포 패턴을 보여주는데 매우 적합한 수단으로 알려져 있다. 원도표에서 제시된 데이터는 전체 정보 가운데 상대적 비율들을 그림으로 명확하게 알려준다는 장점이 있다.

**그림 4-6.** 신문 기사의 원도표

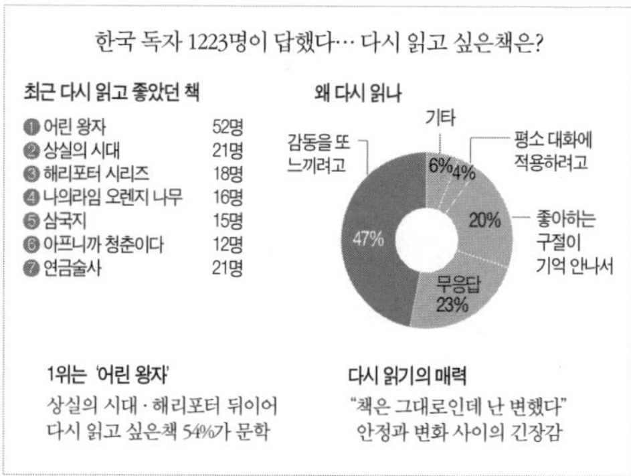


출처 : 조선닷컴인포그래픽팀(2013.3.11),
"성공에 내몰린 한국인, 어린 왕자가 그립다", www.chosun.com.

### 3) 삽화(illustration)

기사에 대한 시각적 이해를 높이고자 다양한 형태의 삽화도 빈번하게 사용되고 있다. 다음 그림은 중앙일보의 만평(2012. 7. 26일자)과 기사에 대한 효과적 설명과 독자의 주의를 끌 수 있는 조선일보의 삽화(2012. 8. 1일자)이다. 중앙일보의 기사는 국회의원의 불체포 특권의 문제점을 시각적으로 표현한 것이다. 법 앞에 무소불위의 힘을 보여주는 국회의원의 모습을 '트랜스포머' 로 이미지화하고 나약한 검찰의 모습을 대비시켰다. 조선일보는 김영환 씨가 중국에서 고문당한 과정과 정부의 대응 과정을 시점별로 체계화시켜 독자의 이해를 높이고 있다.

**그림 4-7.** 신문 삽화

3) 컷

언론사의 의도나 기사의 내용을 간결하게 함축하고 미학적으로 표현한 제목을 컷이라 한다. 컷의 종류로는 제호, 면 머리, 기사의 간판 제목, 고정물의 컷 등이 있다. 일반적으로 컷은 본문이나 제목서체와 다른 글꼴로 구성된다. 아래 〈그림 4-8〉이 보여주듯, 사용된 컷들은 정보전달의 중요한 수단이자 미학적으로 표현된 디자인이라 할 수 있다.

그림 4-8. 국내 신문 컷 사례

이 밖에도 최근에는 인터넷을 중심으로 인터랙티브(interactive) 뉴스도 서비스되고 있다. 다음은 조선닷컴 인포그래픽스팀이 만든 인터랙티브 뉴스이다. 뉴스 이용자가 마우스를 인터랙티브 뉴스 좌측에 있는 '⊙'와 우측 지도의 '▷'에 위치시키면 관련된 정보들이 서비스되는 방식이다.

그림 4-9. 인터랙티브 뉴스

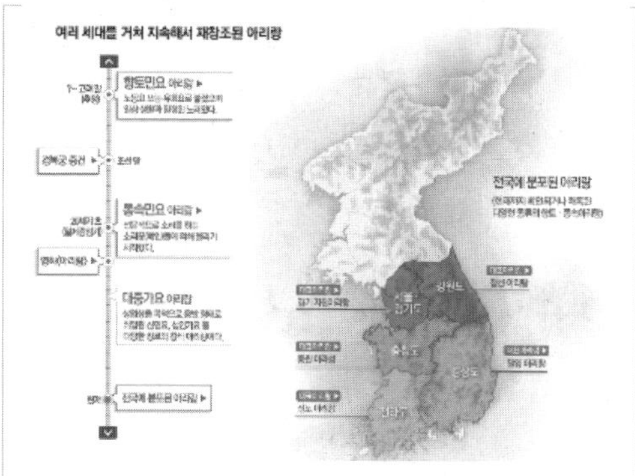


출처 : 조선닷컴 인포그래픽스팀(2012.3.11.),
"민족의 노래 아리랑, 세계로 뻗어 나가 한국을 알린다", www.chosun.com.

이밖에도 편집에 필요한 요소로서 선과 여백도 적절히 고려되어야 한다. 선을 많이 쓰면 지면이 닫힌 갑갑한 느낌을 주기 때문에 주의하여야 한다. 선보다 눈에 띄는 여백을 사용하는 것이 바람직할 수 있다. 일반적으로 가로선은 위아래 기사를 구분하기 위해 많이 상용한다. 글꼴도 유형별로 많은 의미를 담고 있으며 지속적으로 개발되고 있다. 하지만 폰트를 지나치게 많이 사용할 경우 가독성을 줄일 수 있기에 주의하여야 한다.

Chapter 05

# 맺음말

05

# 맺음말

앎에 대한 판단은 어디에서 오는가? 일반적으로 사람들이 무엇을 안다고 인식할 때 지식의 근원을 심각하게 고민하지는 않는다. 대다수 사람들이 안다고 주장하는 것은 미디어를 통해 매개되고(mediated), 구성된(constructed) 지식임을 간과하는 경우가 많다. 사람들의 인식에 대한 미디어의 영향력은 커뮤니케이션 관련 이론들을 통해 지지되어 왔다.[85] 언론활동은 사람들이 무엇을, 어떻게 생각해야 할지를 강제하는 권력적 측면을 가지고 있다.

---

85) 미디어가 중요하게 다루는 의제(agenda: a set of issues)를 사람들이 중요한 것으로 인식한다는 논의는 의제설정기능이론(agenda-setting function theory)을 통해 밝혀져 왔다. 나아가 미디어 틀짓기(media framing) 이론은 미디어가 어떤 측면을 선택, 강조하여 제시하지만 다른 부분은 소홀히 다루는 보도 성향을 설명하고 있다. 이러한 차별화는 개인의 뉴스 해석 프레임에도 영향을 미친다.

뉴스는 일반인들이 경험하지 못한 사건들에 대한 해석 틀을 제공하는 기능을 가지고 있다. 발생한 사건을 이해하는 과정에는 인구사회학적 변인과 같은 다양한 요인들이 관여할 수 있다. 그럼에도 불구하고 대다수의 해석은 그렇게 주관적이지 않다. 뉴스가 익숙한 요소를 주목하고 상이한 것을 간과하도록 만드는 틀을 제공하기 때문이다. 전달된 뉴스는 사람들이 유사한 세계관을 공유하도록 조장하기도 한다. 이러한 지식의 보편성은 우리 삶에 파고드는 미디어 편재성(omnipresent)으로 인해 더욱 강화되고 있다. 결국 미디어 의존성이 심화될수록 다원주의(pluralism)보다 보편주의(universalism)적 가치가 확산될 여지가 많다.[86)]

가속화된 정보흐름으로 유통, 소비되는 의미의 안정성은 약화되고 있다. 언론보도를 접한 사람들은 자신의 감성과 이성을 통해 세상을 이해하고 경험한다. 말과 글로 기록된 메시지는 이성적 측면을 자극하지만 사진이나 영상이미지는 감성과 맞닿아 있다. 유럽에서 1960년대까지 신문 지면에 실린 여성의 가슴 노출사진은 사회 문제를 일으켰다고 한다. 하지만 오늘날에는 특별한 이유도 없이 이러한 장면이 광고에 등장하고 있다. 무엇이 이러한 변화를 가져왔는가? 마르틴슈스터(2010)는 이러한 현상을 '표현 수위를 두고 벌이는 매체들 간의 경쟁' 으로 보고 있다.

월터리프만(Walter Lippmann)이 생각했던 머릿속 이미지(pictures in one' s mind)는 복사된 환경이라는 측면을 넘어 이미지들이 경쟁하는 모양새를 띠고 있다. 뉴스들은 신문 일면을 차지하거나 주요 방송뉴스가 되고자 경쟁한다. 호들갑스럽게 현상들이 소개되지만 분석은 박약한 것이 현실이

---

86) 스키마를 통해 수집된 보편적인 정보는 분류, 해석, 평가를 효율적으로 수행하는데 도움이 되는 긍정적 측면도 있다.

다. 이로 인해 원본이상으로 현실을 압도하는 가상현실(hyper-reality)이 우리의 삶을 강하게 지배하고 있다.

사고나 사건 피해 현장에 대한 사진과 글에도 많은 변화가 있었다. 충격적인 장면과 묘사에 대한 경쟁이 보다 자극적인 내용에 주목하도록 만든다. 생생하고 자극적인 불행한 소식들이 가정으로 배달되고 고통스런 장면들이 대화의 소재가 된 것이다. 이들에 대한 사람들의 무뎌짐과 익숙함이 언론인들을 더 혐오스런 장면들로 내모는 형국이다. 남의 이야기에 대한 관음증적 만족감을 자극하는 수위는 점차 높아가고 있다. 탈주체성으로 인해 미디어 현상에 대한 의존성이 커지면서 뉴스에 대한 비평적 사고는 무뎌지고 있다.

지난 한 세기 동안 언론은 자본의 논리 속에서 낡은 것을 지속적으로 파괴, 도태시키고 새로운 것을 창조하려는 창조적 파괴(creative destruction)에 중독된 것은 아닌지 되돌아볼 필요가 있다. 언론 활동이 기업 생존을 위해 고군분투해온 측면이 강하기 때문이다. 특히 다매체다채널 시대가 되면서 언론이 가졌던 생존에 대한 부담감은 더욱 커 보인다. 정보가 생산, 유통, 소비되는 주기가 급속하게 빨라지면서 의미의 정확성, 안정성보다 이미지의 화려함을 통해 시민들의 관심을 받을 수 있는지에 대한 판단이 글쓰기의 잣대 중 하나이다.

정보 주기는 가속화되고 있지만 아이러니컬하게도 작성된 글들에 대한 흔적들은 디지털로 인해 더욱 깊고 강하다. 정보 확산이 빠르고, 지속적인(persistent) 이 시대의 글쓰기는 어떠해야 할까? 무엇보다 언론은 외형적인 경쟁의 열기를 식히고 미디어글쓰기의 근본으로 돌아가야 한다. 왜 언론인이 되고자 하였으며, 언론은 무엇인지 성찰할 때이다.

기자는 남을 '배려하는 글' 을 써야 한다. 무엇을 어떻게 써야 할지를 고민했다면 글의 파급 효과를 숙고하여 타인을 배려하는 노력이 묻어나야 한다. 또한 글쓴이는 자신이 작성한 글이 누구에게 유익하거나 해가되는지를 따져보아야 한다. 이는 객관성과 공정성을 확보하기 위한 기법으로도 활용될 수 있다.

노사문제를 취재하는 기자가 노동조합이 엘리트주의적 현상을 보인다는 지적을 보도하는 경우를 생각해 보자. 귀족 노조 문제를 지속적으로 다룬다면 노사 관계에서 사측은 유리한 여론을 확보할 것이다. 자신이나 조직의 이익을 위하여 작성된 글은 정보 시장을 더욱 혼탁하게 만들 수 있다. 이런 측면에서 기존 언론들이 추구했던 기자의 윤리적 덕목은 더욱 주목받을 수 밖에 없다.

미디어글쓰기의 중요성은 영상과 비교, 해석되는 부분이 많다. 영상시대가 가속화되면서 미디어글쓰기의 기능과 역할이 퇴조할 것이라고 생각하였지만, 다매체 시대가 확산되면서 글쓰기 기회는 확대되는 추세이이다. 블로그, 미니홈피, 인터넷 토론 공간 등에서 다양한 방식으로 이뤄지고 있다. 기회가 늘어나는 것만큼 자유로운 글쓰기 활동에 개입되는 조건들도 다양하다. 예를 들어 실명 요구나 특정한 방식의 글쓰기를 요구하는 자본의 개입 등을 생각해 볼 수 있다.

대한민국 헌법 제21조 ①은 '모든 국민은 언론·출판의 자유와 집회·결사의 자유를 가진다.' 라고 정의하고 있다. 발표하고 전달하는 자유가 인간 존엄과 가치를 유지하고 행복을 추구하며 국민주권을 실현하는 데 필수적이라는 사상에 근거하고 있다.[87] 또한 이 조항은 발표와 전달에 앞서 사상과

87) 언론의 자유는 민주국가의 존립과 발전을 위한 토대가 되기에 다른 기본권에 비해 우월적인 지위를 점하는 것이 현대 헌법의 특징이라 할 수 있다. 언론기관의 면책 사유는 상대적으로 넓게 인정되고 있다.

의견의 자유를 전제한다. 다양한 사상과 의견을 자유롭게 교환할 수 있는 열린 공간의 확보는 인간의 기본 권리를 지켜내기 위해 무엇보다 중요하다.

그러나 보도 내용이 광고주의 이해관계나 국가적 이익과 충돌할 때 내외부적 통제 수단도 더욱 세련된 모습으로 간섭하고 있다. 과거 이라크 전쟁 관련 보도를 생각하면 쉽게 떠올릴 수 있는 영상 중의 하나는 전투기의 조준 좌표 안에 있던 건물이 제거되는 장면이다. 많은 부분 권력에 의해 통제되고 관리된 정보였다.[88] 정치 권력자와 자본가들은 자신의 이익 추구를 위해 정교한 언론 통제를 실행하고자 한다. 축적된 통제의 지식은 우리의 삶 속에서 지속적으로 재활용되고 있다.

한편 언론에 의해 사건 자체가 연출되기도 하지만 보도를 위해 사건이 기획되기도 한다. 축제의 장면을 사진이나 영상으로 담을 때 더 즐겁고 자극적인 장면을 구성하려는 언론인도 있지만, 언론보도 가능성을 높이고자 극적인 장면을 연출하는 정보원도 있다. 동물애호가의 시위에서 이뤄지는 누드 시위가 대표적인 예이다. 언론인은 이러한 과정에서 배제되고 선택된 것은 무엇인지 성찰할 필요가 있다.

언론에 대한 직간접적인 부당한 간섭과 통제에 맞설 수 있는 언론인의 체계화된 노력도 중요하다. 편집권이 결집하지 못하고 언론인간 연대의식이 희박하다면 효과적인 대응이 불가능할 것이다. 언론인은 깨어있어야 한다. '주의하라 깨어 있으라. 그 때가 언제인지 알지 못함이니라.' 라는 말씀처럼 언론인은 자신과 주변에 대해 민감하게 대처할 수 있는 능력을 길러야 한다. 정진하는 가운데 언론정신이 움직일 것이다.

---

88) "전쟁보도가 원인이 되어 베트남 전쟁에 대한 국민들의 지지가 감소했던 것을 경험한 집권자들은 걸프 전쟁에서 똑같은 실수를 되풀이하려 하지 않았던 것이다." 마르틴슈스터(Martin Schuter), '찰칵, 사진의 심리학', 이모영 옮김(2010), p.157, 갤리온.

미디어글쓰기는 공중을 위한 것이지만 자신과의 끊임없는 대화의 과정이며, 정체성 형성 과정이기도 하다. 글쓰기를 통해 이 시대의 철인(哲人)으로 성장하여 당당한 역사의 집필자(byliner)가 되길 바란다.

## 참고문헌


강명구(1994). 한국 저널리즘 이론. 나남.

강태완 외 (2001). 아카데미식 토론의 방법. 커뮤니케이션북스.

구교태(2011). 인터넷과 커뮤니케이션. 한경사.

김광협 외(2005). 커뮤니케이션과 미디어. 창경사.

김동규·김경호(2005). 신문사 취재조직체계와 관행의 문제점과 개선방안, 사라지는 신문독자. 커뮤니케이션북스

김동민(1998). 조선일보와 안보상업주의 1: 언론시평-오보, 거짓말, 그리고 조선일보, 사회평론 길, 98(11), 80-81.

김병철(2004). 미디어 글읽기와 글쓰기. 한국외국어대학교 출판부.

김병호(2006). 문장론. 학국학술정보.

김숙현(2005). 디지털 시대의 기사취재에서 작성까지. 범우사.

김열규(2010). 공부. 비아북.

김영욱, 신호창, 임유진 (2007). 정보 소스로서 홍보담당자와 언론인의 오보에 대한 인식 비교. 한국방송학보, 21(3), 164-203.

김창룡(1994). 보도의 진실, 진실의 오보. 나남.

마르틴 슈스터(2010). 찰칵, 사진의 심리학(이모영 옮김). 갤리온.

박규홍, 신재기, 윤정헌(2008). 사고와 표현. 그루.

박상건(2011). 언론 입문을 위한 기사작성 실무. 푸른사상.

박재선(2006. 4). 명예훼손? 어떻게 쓰느냐가 좌우!, 신문과방송, 44-48.

박재선(2006. 5). 공익 위한 불법과외 보도도 개인 교습실 촬영하면 사생활 침해. 신문과방송, 190-193.

박재선(2006. 6). 공인은 실명 가능, 사인은 익명보도. 신문과방송, 156-159.

박재선(2006. 7). 남녀 관계는 절대적으로 보호. 신문과방송, 164-167.

박재선(2006. 8). 위법성 없어도 정정보도는 해야. 신문과방송, 170-173.

송준호(2012). 좋은 문장 나쁜 문장. 살림.

신문과방송(2006). 바른말 좋은기사, 4-7.

오택섭·강현두·최정호(2005). 미디어와 정보사회. 나남.

우병동(2002). 뉴스 보도의 정확성 연구. 언론과 사회, 11, 34-65.

이건호(2010). 언론 글쓰기, 이렇게 한다. 한울.

이대희(2008). 뉴스저작권의 범주와 법적 해석에 관한 연구: 재산권으로서 뉴스저작권에 관한 국내외 판례 분석 연구. 한국언론학회〈뉴스 저작권의 현황과 과제〉 세미나 발표 논문. 서울: 프레스센터.

이외수(2012). 글쓰기의 공중부양. 해냄.

이창현(1995). 재난에 대한 한일간 방송보도 비교 연구. 한국방송개발원.

임정섭(2012). 글쓰기훈련소. 경향미디어.

임철순 외(2013). 내가 지키는 글쓰기 원칙. 이화출판.

전동성(2007). 유비쿼터스 시대의 신문편집. 이지출판.

정연구(1998). 한국 언론의 재난보도 준칙과 보도 시스템 구축에 관한 연구. 재난보도와 발전 방향 모색 세미나(1998, 8). 서울: 프레스센터.

차성진(2011). 지역신문 편집을 위한 멘토링. 커뮤니케이션북스.

채석용(2011). 논증하는 글쓰기의 기술. 소울메이트.

최영재·양영철(2011). 방송뉴스. 한림대출판부.

한국언론연구원(1991). 한국언론의 현주소.

한국언론진흥재단(2011. 4월호), "포털로 간 젊은 독자 끌어오려면…", 언론속으로.

한국언론진흥재단(2011. 4월호), "인터넷뉴스서비스 분석해 보니…", 언론속으로.

한국언론진흥재단 (2012.8월호). 방송 인터뷰에선 수식어 빼고 구어체로 하라. 언론속으로, 25호. p. 11.

한국언론재단(2006년 3-5, 8-9월). 바른말 옳은기사. 〈신문과방송〉.

한국편집기자협회(2006). 신문, 세상을 편집하라. 한국편집기자협회.

황성근(2005). 미디어글쓰기. 박이정.

Altschull, H. J. (1984). Agents of power, New York : Longman.

Bliss, E., & Hoyt, J. L. (1994). Writing News for Broadcast. NY: columbia University Press.

Maier, S. R. (2005). Accuracy matters: A cross-market assessment of newspaper error and credibility. Journalism and Mass communication Quarterly, 82(3), 533-551.

Metz, W. (1977). Newswriting. NJ: Prentice-Hall.

Nemeth, N., & Sanders, C. (2009). Number of corrections increase at two national newspapers. Newspaper Research Journal, 30(3), 90-104.

Pew Research Center(2002. 8. 4). News media's improved image proves short-lived. Online-available: http://people-press.org/2002/08/04/news-medias-improved-image-proves-short-lived.

Rich, C. (1994). Writing and reporting news. CA: Wadsworth Publishing Company.

Richardson, B. (2007). The process of writing news: From information to story. Boston, MA: Pearson Education.

Shoemaker, P. J. & T. K. Chang & N. Brendlinger (1987). Deviance as a predictor of newsworthiness : coverage of international events in the U.S. media. In M. McLaughlin(ed.), Communication Yearbook, 10, Newbury Park, CA : Saga.

Shoemaker, P. J. & S. D. Reese (1996). Mediating the Message : Theories of Influences on Mass Media Content, New York : Longman, 2nd ed.

Silverman, C. (2007). Regret the error: How media mistakes pollute the press and imperil free speech. NY: Union square Press.

Washington Post (2006. 14 May). The right way to admit a mistake. Online-available: http://www.washingtonpost.com/wp-dyn/content/article/2006/05/12/AR2006051201855.html.

White, T., Meppen, A. J., & Young, S. (1984). Broadcast news writing, reporting, and production. NY: Mcmillan Publishing Company.

Williams, R. (1977). Marxism and literature. New York : Oxford University Press.

부 록

## 1. 2011. 1-12월 전국일간지 인증부수(43개지)

(유료부수 순)

| 매체명 | 발행부수 | 유료부수 | 매체명 | 발행부수 | 유료부수 |
|---|---|---|---|---|---|
| 조선일보 | 1,799,166 | 1,353,159 | 헤럴드경제 | 56,919 | 32,523 |
| 중앙일보 | 1,300,354 | 943,860 | 아시아경제 | 35,734 | 24,352 |
| 동아일보 | 1,198,069 | 749,792 | The Korea Herald | 34,288 | 21,687 |
| 매일경제 | 900,135 | 580,001 | 파이낸셜뉴스 | 36,369 | 22,059 |
| 한국경제 | 504,230 | 348,259 | KOREA JOONGANG DAILY | 19,687 | 15,688 |
| 농민신문 | 302,545 | 297,466 | | | |
| 스포츠조선 | 318,256 | 246,757 | 천지일보 | 23,861 | 14,014 |
| 한겨레 | 280,906 | 210,721 | 스포츠월드 | 48,226 | 13,653 |
| 경향신문 | 246,798 | 187,384 | THE KOREA TIMES | 20,640 | 13,373 |
| 일간스포츠 | 261,701 | 181,384 | 건설경제 | 20,000 | 13,228 |
| 한국일보 | 282,424 | 174,797 | 아시아투데이 | 16,118 | 10,716 |
| 국민일보 | 228,102 | 145,494 | 디지털타임스 | 21,290 | 10,077 |
| 문화일보 | 172,933 | 135,006 | 전국매일신문 | 17,885 | 8,656 |
| 스포츠서울 | 212,842 | 133,763 | 아주경제 | 12,797 | 8,459 |
| 스포츠동아 | 192,680 | 123,215 | 아주경제중국어판 | 18,547 | 8,444 |
| 서울신문 | 162,923 | 113,281 | 이투데이 | 20,000 | 5,978 |
| 스포츠경향 | 87,904 | 60,004 | 신아일보 | 10,620 | 5,078 |
| 세계일보 | 83,965 | 59,133 | 수도권일보 | 8,657 | 2,721 |
| 서울경제 | 85,004 | 52,147 | 선경일보 | 2,300 | 651 |
| 전자신문 | 62,198 | 49,464 | 대한투데이 | 1,000 | 497 |
| 머니투데이 | 81,436 | 48,211 | 국방일보 | 150,000 | - |
| 내일신문 | 59,547 | 39,364 | 이데일리 | 55,058 | - |

## 2. 201. 1-12월 지역일간지 인증부수(68개지)

(유료부수 순)

| 매체명 | 발행부수 | 유료부수 | 매체명 | 발행부수 | 유료부수 |
|---|---|---|---|---|---|
| 부산일보 | 177,481 | 123,524 | 대구신문 | 20,638 | 5,690 |
| 매일신문 | 150,450 | 101,040 | 울산신문 | 13,600 | 5,423 |
| 국제신문 | 97,284 | 58,953 | 충청일보 | 10,169 | 5,397 |
| 영남일보 | 71,157 | 45,033 | 경남매일 | 12,127 | 5,298 |
| 강원일보 | 75,420 | 44,424 | 경기신문 | 10,106 | 5,295 |
| 경인일보 | 50,129 | 36,574 | 충청매일 | 9,441 | 5,070 |
| 경남신문 | 42,129 | 33,665 | 전라일보 | 11,708 | 4,995 |
| 강원도민일보 | 43,319 | 32,259 | 남도일보 | 10,641 | 4,887 |
| 광주일보 | 46,900 | 28,080 | 충청타임즈 | 10,449 | 4,404 |
| 대전일보 | 39,650 | 27,342 | 시민일보 | 11,449 | 4,155 |
| 전남일보 | 29,379 | 22,571 | 새전북신문 | 11,029 | 4,150 |
| 충청투데이 | 29,500 | 20,158 | 충청신문 | 7,863 | 3,627 |
| 전북일보 | 26,030 | 17,108 | 충북일보 | 6,521 | 3,580 |
| 경기일보 | 30,560 | 16,731 | 전북중앙신문 | 9,150 | 2,371 |
| 중도일보 | 22,600 | 13,974 | 경인종합일보 | 5,989 | 2,358 |
| 한라일보 | 21,776 | 13,343 | 중앙매일 | 5,100 | 2,311 |
| 전북도민일보 | 16,694 | 13,060 | 전북매일신문 | 5,200 | 2,219 |
| 제주일보 | 23,370 | 12,572 | 충남일보 | 5,801 | 2,164 |
| 경상일보 | 20,364 | 12,541 | 울산제일일보 | 6,881 | 2,123 |
| 인천일보 | 23,836 | 12,416 | 현대일보 | 5,300 | 1,968 |
| 경남도민일보 | 15,566 | 10,631 | 경상매일 | 4,667 | 1,958 |
| 제민일보 | 16,804 | 9,581 | 대경일보 | 5,903 | 1,643 |
| 경남일보 | 19,551 | 9,506 | 전민일보 | 5,671 | 1,611 |
| 경북매일 | 18,036 | 9,384 | 우리일보 | 5,500 | 1,603 |
| 광주매일신문 | 15,798 | 9,293 | 전북연합신문 | 4,289 | 1,133 |
| 광남일보 | 23,322 | 9,153 | 창원일보 | 6,825 | 1,507 |
| 울산매일 | 13,897 | 8,999 | 새만금일보 | 3,998 | 1,480 |
| 기호일보 | 12,655 | 7,387 | 조간호남일보 | 3,984 | 1,342 |
| 동양일보 | 12,562 | 7,169 | 전주일보 | 3,500 | 1,168 |
| 중부일보 | 10,593 | 6,737 | 경기매일 | 4,508 | 1,151 |
| 금강일보 | 14,782 | 6,699 | 경안일보 | 7,200 | 997 |
| 대구일보 | 17,779 | 6,546 | 경남도민신문 | 5,947 | 676 |
| 경북도민일보 | 12,073 | 6,124 | 울산광역매일 | 2,500 | 668 |
| 중부매일 | 12,850 | 5,875 | 광주드림 | 8,708 | - |

## 2011. 1-12월 지역일간지 인증부수(계속)

| 매체명 | 발행부수 | 유료부수 |
|---|---|---|
| 대구신문 | 20,638 | 5,690 |
| 울산신문 | 13,600 | 5,423 |
| 충청일보 | 10,169 | 5,397 |
| 경남매일 | 12,127 | 5,298 |
| 경기신문 | 10,106 | 5,295 |
| 충청매일 | 9,441 | 5,070 |
| 전라일보 | 11,708 | 4,995 |
| 남도일보 | 10,641 | 4,887 |
| 충청타임즈 | 10,449 | 4,404 |
| 시민일보 | 11,449 | 4,155 |
| 새전북신문 | 11,029 | 4,150 |
| 충청신문 | 7,863 | 3,627 |
| 충북일보 | 6,521 | 3,580 |
| 전북중앙신문 | 9,150 | 2,371 |
| 경인종합일보 | 5,989 | 2,358 |
| 중앙매일 | 5,100 | 2,311 |
| 전북매일신문 | 5,200 | 2,219 |
| 충남일보 | 5,801 | 2,164 |
| 울산제일일보 | 6,881 | 2,123 |
| 현대일보 | 5,300 | 1,968 |
| 경상매일 | 4,667 | 1,958 |
| 대경일보 | 5,903 | 1,643 |
| 전민일보 | 5,671 | 1,611 |
| 우리일보 | 5,500 | 1,603 |
| 전북연합신문 | 4,289 | 1,133 |
| 창원일보 | 6,825 | 1,507 |
| 새만금일보 | 3,998 | 1,480 |
| 조간호남일보 | 3,984 | 1,342 |
| 전주일보 | 3,500 | 1,168 |
| 경기매일 | 4,508 | 1,151 |
| 경안일보 | 7,200 | 997 |
| 경남도민신문 | 5,947 | 676 |
| 울산광역매일 | 2,500 | 668 |
| 광주드림 | 8,708 | - |

**용어해설**

1. 발행부수 : 신문 인쇄시 윤전기에서 발생되는 손실분인 파지를 제외한 배달 및 판매 가능한 부수

2. 발송부수 : 발행부수 중에서 발행사가 외부로 발송한 일체의 부수
   - 지국발송 : 발행사가 지국에 발송한 부수
   - 가판발송 : 발행사가 가판업자에게 발송한 부수
   - 기타발송 : 발송부수 중 지국부수와 가판부수를 제외한 부수

3. 유료부수 : 지국 및 가판업자가 구독자에게 판매한 부수
   - 지국유료 : 지국이 독자로부터 구독료를 받은 부수
   - 가판유료 : 반품을 제외한 판매부수
   - 기타유료 : 지국 및 가판 이외의 경로로 판매한 부수

4. 지역별부수 : 공사대상기간의 평균부수를 지역별 분포비율에 따라 배분한 부수

※ 신문 인증부수 관련 자료는 한국ABC협회 홈페이지(www.kabc.or.kr)를 통해 열람할 수 있음.

## 3. 2011. 1-12월 무료일간지 인증부수(8개지)

(가나다 순)

| 매체명 | 발행부수 | 유료부수 | 매체명 | 발행부수 | 유료부수 |
|---|---|---|---|---|---|
| 노컷뉴스 | 99,530 | - | metro | 411,098 | - |
| 스포츠한국 | 218,722 | - | metro 부산 | 32,727 | - |
| AM7 | 220,856 | - | The Daily Focus | 415,348 | - |
| City | 106,650 | - | The Daily Focus부산 | 41,329 | - |

## 4. 신문 광고형태 및 집행비용(일간지)

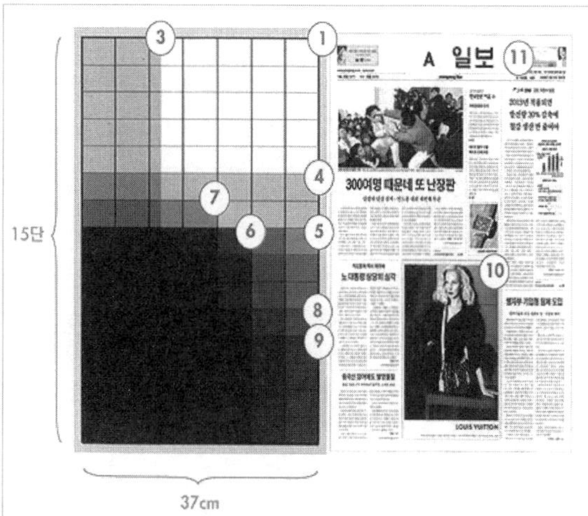


(단위 : 백만원)

| 번호 | 명칭 | 사이즈 | 사이즈 |
|---|---|---|---|
| ① | 전면 | 15단×37cm | 78 |
| ② | 양전면 | 30단×37cm | 155 |
| ③ | 내리닫이 | 15단×15cm | 32 |
| ④ | 10단통 | 10단×37cm | 52 |
| ⑤ | 8단통 | 8단×37cm | 41 |
| ⑥ | 8단27 | 8단×27cm | 30 |
| ⑦ | 9단21 | 9단×21cm | 26 |
| ⑧ | 5단통 | 5단×37cm | 26 |
| ⑨ | 1면4단통 | 4단×37cm | 61 |
| ⑩ | 1면변형 | 7단×15cm | 55 |
| ⑪ | 제호돌출 | 2.6×6.8cm | 월70 |

## 5. 주의할 표현

갈께요, 갈게요
깨끗히, 깨끗이
숫가락, 숟가락
닭벼슬, 닭볏
쌍동이, 쌍둥이
난장이, 난쟁이
햇님, 해님
끼여들기, 끼어들기
육계장, 육개장
설레임, 설렘
뛰어쓰기, 띄워쓰기, 띄어쓰기
모밀국수, 메밀국수
멀지않아, 머지않아
딱다구리, 딱따구리
눈꼽, 눈곱
꺼림직하다, 꺼림칙하다
개거품, 게거품
오손도손, 오순도순
주책이다, 주책없다
숫개, 수캐
숫닭, 수탉
숫돼지, 수퇘지
소꼽장난, 소꿉장난
잎파리, 이파리
착찹하다, 착잡하다
한 웅큼, 한 움큼
설겆이, 설거지
희안하다, 희한하다
웃도리, 윗도리
더우기, 더욱이
해꼬지, 해코지
추스리다, 추스르다
뒤치닥거리, 뒤치다꺼리

〈외래어〉
가스렌지, 가스레인지
까스, 가스
나시, 민소매
도너츠, 도넛
로보트, 로봇
리모콘, 리모컨
마후라, 머플러
맛사지, 마사지
메세지, 메시지
부페, 뷔페
블로치, 브로치
비디오 테입, 비디오테이프
샌달, 샌들
써비스, 서비스
센타, 센터
수퍼마켓, 슈퍼마켓
심포지움, 심포지엄
악세사리, 액세서리
워크샵, 워크숍
자켓, 재킷
쥬스, 주스
초콜렛, 초콜릿
카라멜, 캐러멜
카톨릭, 가톨릭
캐쥬얼, 캐주얼
커피샵, 커피숍
케익, 케잌, 케이크
코메디, 코미디
타올, 타월
트름, 트림
팜플렛, 팸플릿
후라이판, 프라이팬

주의할 표현(계속)

쉬운 것만 (쫓다가, 좇다가) 인내심을 잃을 수 있다.[89]

네게 있는 책을 모두 줄(께, 게).[90]

길동이가 어제 우리에게 메일을 보냈(대, 데).[91]

싸움을 하(든지, 던지)말(든지, 던지) 네 마음대로 해.[92]

길동이는 글쓰기를 잘(한대, 한데).

음식을 혼자 먹으면(안 되지, 안 돼지).

혼자 선물을 다 가지다니 넌 (욕심쟁이, 욕심장이)야.[93]

잘하겠다고(약속할게, 약속할께).

돌(로써, 로서) 기둥을 세웠다.[94]

길동이는 열심히 공부하였다. (그러므로, 그럼으로) 좋은 성적을 받았다.[95]

그러면 안 (되, 돼)지.[96]

그녀들의 우정은 나날이 (쌓여, 싸여)만 간다.[97]

(웃사람, 윗사람) 눈치 보느라 바빴다.[98]

생각이 뿌리(채, 째) 흔들렸다.[99]

담배를 (삼가하는, 삼가는) 것이 중요하다.[100]

구름이 (걷히다, 거치다).[101]

로봇을 (계발한다, 개발한다).[102]

귤(껍질, 껍데기) 가져오라.[103]

---

89) 어떤 대상을 잡거나 만나기 위해 급히 따라가거나, 어떤 자리에서 물러나도록 내몰거나, 생각이나 졸음 따위를 몰아낼 때 쓰이는 말과 직접적으로 뒤따라가는 것이 아니라 생각과 정신으로 목표나 이상, 행복 등을 따르는 것, 남의 말과 이론을 따르는 것, 규칙이나 습관 등을 따르는 것, 눈길을 보내는 것 등을 지칭하는 말을 구분하여야 함.

90) 발음상 된소리가 나는 음을 표기할 때 주의.

91) 남에게 들은 말이나 소문을 옮길 때 사용하는 말과 직접 경험하거나 사실을 확인했을 때 쓰는 말의 차이.

92) 어떤 것을 선택할 때 쓰는 말과 경험이나 판단과 관련된 말의 구분이 필요함.

93) 손과 간단한 기구를 이용하여 물건을 만드는 기술자를 이르는 말과 사람의 성질, 습관, 행동이나 모양 등을 나타내는 말에 대한 차이를 구분할 필요가 있음.

94) 지위, 신분, 자격을 가지고 있음을 나타낼 때 사용하는 말과 물질의 재료나 원료, 수단이나 도구, 시간을 나타내는 말에 대한 차이.

95) 이유나 원인, 근거를 나타낼 때 사용하는 말과 수단이나 방법을 나타낼 때 쓰는 말의 차이.

96) '되'는 '되다'의 어간이며, '돼'는 '되어'의 줄인 말. 사용이 혼란할 경우 쓸 자리에 '되어'를 넣어 자연스러운지를 확인할 필요가 있음. 예) 되지-되어지(×), 돼서-되어서(O), 됐니-되었니(O).

97) 경험, 기술, 지식 재산, 명예 등이 얻어지는 것과 '무언가에 겹겹이 가림을 당하다'와 '물건이 겹겹이 포개져있다'는 것을 의미하는 말을 구분.

98) 지위나 신분에서 위와 아래를 구분지어 부르는 말과 구분을 두지 않고 사용되는 말(예, 웃어른)에 대한 이해.

99) 있는 그대로의 상태를 뜻하는 의존명사와 온통의 뜻을 가진 말의 차이

100) 으뜸꼴은 '삼가다'이다.

101) 안개나 장마가 그치고 맑게 개는 것과 '지나거나 들르다' 혹은 '무성에 걸리거나 막히다'의 차이.

102) 재능, 사상 등과 같은 정신적인 면을 일깨워 주는 것과 기술, 상품 등을 쓸모 있게 만드는 것의 차이.

103) 딱딱하지 않고 물체를 싸고 있는 것과 딱딱한 물질이나 내용물을 빼내고 남은 물질의 차이.

## 찾아보기

ㄹ



ㅁ



ㅂ



ㅅ

ㅌ



ㅍ



ㅎ



外